浙江省哲学社会科学规划 后期资助课题（22HQZZ32YB）

民国著名大学校长高等教育思想研究

——一种场景模式的分析视角

杨凯良◎著

九 州 出 版 社

JIUZHOUPRESS

图书在版编目（CIP）数据

民国著名大学校长高等教育思想研究：一种场景模
式的分析视角 / 杨凯良著 . -- 北京：九州出版社，
2023.11

ISBN 978-7-5225-2385-9

Ⅰ . ①民… Ⅱ . ①杨… Ⅲ . ①高等教育—教育思想—
研究—中国—民国 Ⅳ . ① G649.29

中国国家版本馆 CIP 数据核字（2023）第 205505 号

民国著名大学校长高等教育思想研究：一种场景模式的分析视角

作　　者	杨凯良　著
责任编辑	王丽丽
出版发行	九州出版社
地　　址	北京市西城区阜外大街甲 35 号（100037）
发行电话	（010）68992190 / 3 / 5 / 6
网　　址	www.jiuzhoupress.com
印　　刷	涿州市荣升新创印刷有限公司
开　　本	710 毫米 ×1000 毫米　　　16 开
印　　张	16
字　　数	235 千字
版　　次	2023 年 11 月第 1 版
印　　次	2023 年 11 月第 1 次印刷
书　　号	ISBN 978-7-5225-2385-9
定　　价	68.00 元

序

　　校长是大学的灵魂，他们是国家教育政策的执行者、学校发展战略规划的制定者，校园文化的缔造者、学生信仰的塑造者和社会正确道德价值观的引领维护者，他们在大学改革与发展中起着举足轻重的关键性作用。党和国家高度重视大学校长选拔和任用，因此学界对大学校长的研究不仅重要，而且十分必要。民国时期群星闪耀，其中的一些著名大学校长大多被视为中国高等教育的先驱和开创者。

　　杨凯良同学自攻读高等教育学博士学位以来，对高等教育学者、大学校长、高等教育思想等相关研究领域表现出浓厚的研究兴趣，尤其对于民国著名大学校长的高等教育思想缘何产生及发展有着执着的研究意愿。她用心地查阅相关文献资料，力图在这片前辈们流连忘返的广袤田野当中有所收成。基于其史学功底相对薄弱，我建议她在进行研究时可注意凸显理论的优势，注重史论结合，从而弥补史料挖掘不深的相对缺憾。她也确实按照这个方向努力去做了，在阅读文献的时候着力寻找理论与高等教育思想产生的"连接渠道"，力图全面地勾勒民国大学校长群体高等教育思想形成和发展的状貌。

　　《民国著名大学校长高等教育思想研究——一种场景模式的分析视角》就是基于此价值导向进行探究的初步学术成果。该研究认为民国著名大学校长高等教育思想生发的场景亦是一种社会空间，是由当时高等教育所面临的政治经济文化环境和社会思潮的象征性符号以及民国著名大学校长的教育、学术、任职等诸多因素构成的。在客观性的实践空间之外，还蕴含着他们的理念和价值观。民国著名大学校长在地域文化、教育文化、学术交往以及社会任职诸要素组成的场景中思考、孕育、形成适逢其时的高等教育思想。研究从基础场景、产生场景（如地域文化、教育文化、留学文化等）、任职场景以及学术场景等视角对民国大学校长高等教育思想形成进行交叉性分析，揭示其时代特征和个人特点。

本书在如下三方面较值得肯定。

第一，史料类型多样、数量丰富，文献基础较为扎实。攻博期间，杨凯良同学研读了大量民国著名大学校长及相关学者的自传（传记）、教育思想的相关论述（文集或汇编）、民国时期主要报纸杂志、民国历史文化及思想史等方面的论著，对于相关史料有了一个较好的整体把握。

第二，对场景理论的运用具有一定程度的创新。本书对场景的本义及衍生义进行了多维度诠释，基于该理论所做的分析得出了一些具有新意和解释力的观点。如对留德派和留美派的高等教育思想的异同，做了具有一定新意的分析。对杜威一脉和北大派校长的高等教育思想的案例分析，亦具有一定的深度。

第三，研究方法应用较广，行文逻辑较为清晰。本书综合运用谱系分析法、文献分析法和比较研究法，着重就民国著名大学校长高等教育思想形成的多维度多层次场景进行了深入解析。以民国著名大学校长高等教育思想形成过程、影响因素及形成特点的分析为参照，建设性地分析了现代大学校长高等教育思想形成的理想场景及建设路径。

当然，本书还存在进一步值得研究和挖掘的空间，如可以加强历史研究对高等教育改革现实的观照性，在研究的理论架构方面可做更为系统的设计等。杨凯良同学有幸得到浙江省哲学社会科学后期资助来出版此博士学位论文，既是机遇，也是她后续在学术之路上行走的起点。值此《民国著名大学校长高等教育思想研究——一种场景模式的分析视角》一书付梓之际，我作为她的博士生导师，也为她由衷高兴，愿以此文表达自己的希望和鼓励。

周谷平

2023 年 2 月 23 日

写于浙大西溪校园

目　　录

前　　言

本书是在我的博士学位论文的基础之上修改而成的，主旨在于探析"民国著名大学校长的高等教育思想从何而来？"这一问题。

从《高等教育学》一书问世，至今我国的高等教育学作为学科发展了近四十年。然而，支撑高等教育学发展的高等教育研究却有着更深的历史积淀，高等教育研究在民国时期就已萌芽。高等教育学目前研究的不少问题，诸如大学教学、科研、社会服务、国际交流、文化（文明）传承等早在民国时期就已被大学校长所认识并得到相当的重视。我国早期的高等教育研究发端于大学院校史研究，但早期高等教育研究又不仅仅局限于大学院校史。民国时期著名大学校长所发表的一些演讲、所撰写的一些论文至今读来仍令人深思。在当时新旧文明交替、时局动荡混乱的民国时期，大学校长作为过渡时代的思想引领者，为什么会产生对现在大学影响深远的高等教育思想？这是当今学者持久深思的问题。知识是思想的书面化表征。这些高等教育思想和理念为当时的卓越知识分子——大学校长所拥有，是高等教育研究领域的思想结晶，是当时社会政体变革、时局动荡下高等教育研究的珍贵遗产，理应成为高等教育研究知识体系的一部分。而在当下的现实社会情境下，作为一所大学的掌舵者，大学校长如何获取、实践切实可行的高等教育思想也成为高等教育快速发展变革语境当中的一个中心议题，这就呼吁我们对民国著名大学校长高等教育思想形成的过程、影响因素及其形成过程中的特征等问题进行深入探讨和总结。本书结合运用场景模式的分析视角，对作用于民国著名大学校长高等教育思想形成的场景及相关因素给予了较为详尽的分析。

本书所指的民国著名大学校长，具体是指出生于 19 世纪 60—90 年代，任职于民国时期（20 世纪前 40 年）的著名大学的名校长，他们拥有近似的教育经历，都怀揣通过创办或建设现代大学来实现教育救国的梦想，对大学的改造是出于他们自我的高度责任感和使命感。他们虽不是一个有意识的有机组合体，但是他们之间大多存在地缘、学缘或业缘上的相关性，彼此互通有无，共同创造了民国时期大学的辉煌，也为后世留下了一笔丰厚的高等教育思想遗产。本书所指的高等教育思想，是指民国著名大学校长在国内外求学、社会任职、讲学以及与所在学术圈交流过程中所形成的关于高等教育发展的系列想法和观点，着重体现为大学办学理念和教育理念。

场景是一个隶属于传播学领域的概念，其本义是指环境。学者王金礼认为："传播学史的知识发现，需要将传播理论还原为历史 - 社会情境下的人的知识创造，将传播研究史 / 传播学史理解为人类反思自己的生活 / 交往方式的历史性实践，进而在研究者及其关系网络、研究建制及研究实践寓于其中的社会结构、社会意识形态等诸多因素及其复杂的交互影响中形成认知、判断。"① 如果将这套知识社会学的方法套用在高等教育思想上，应该也是适用的。民国著名大学校长的高等教育思想可以还原为历史 - 社会情境下他们关于近代中国高等教育应是什么样以及如何做才能实现革新与发展的思考，而引发这些思考的就是他们所处的场景。同时，曼海姆的知识社会学理论中关于"个体是在社会中成长起来的这一事实"的论述也指引我们用场景理论来分析民国著名大学校长的高等教育思想的形成。"高等教育思想"作为一种大学校长职业特有的"学术产出"，是他们在国内或国外教育机构求学的思想萌动，是他们接受学业师承或职业师承之时的吸收转化，更是他们在大学任教或大学校长实践中的切身体会。要对它的形成进行追根溯源，理应结合民国著名大学校长所生活的社会及文化场景进行分析。

清末民初的时代环境及教育近代化的开展为民国著名大学校长高等教育思想的萌芽奠定了一定的基础场景。西方现代性观念体系的西风东渐为他们高等教育思想的生发提供了思想来源和催化剂。儒家文化成为他们高等教育思想萌

---

① 王金礼.传播的理论与理论的传播：传播学史研究及其知识社会学方法［J］.南京社会科学，2017（2）：119.

生的原生思想背景。所处具体地域文化场景很大程度上影响了他们的高等教育性情和学术偏好，也为他们高等教育思想的形成铺设了个人思维层面的基底。

教育文化场景中：虽然民国著名大学校长国内的知识结构上存在共性，然而留德和留美学人群的不同教育文化场景导致了他们的知识结构和思维模式存在差异。大学校长所获取或感知的或显或隐的西方大学理念和古希腊哲学思想为他们回国后主持大学奠定了高等教育思想的来源基础。

社会任职场景中：在编译馆或杂志社任职为民国著名大学校长高等教育思想的交流和发展提供了炼化厂；在政府任职时期积累的人脉为他们日后执掌大学、保证大学正常运转提供了诸多方便；任职大学是他们最为关键的职业经历，加深了他们对于高等教育系统的感知和体认，为他们提出颇有针对性的建议提供了依据。

教育文化场景和社会任职场景烘托下，高等教育思想呈现出衍生从属性、中西杂交性、理想性和前瞻性、公共性和批判性。场景的转换对于民国著名大学校长高等教育思想认识和发展的心理产生了影响，其间伴随着民族主义和自由主义意识的冲突与磨合，偶有可能发生政域场和学域场之间高等教育沟通思维的调适。

对学术场景的聚焦研究发现：杜威一脉学术师承秉承实用主义的教育思想和实验主义的方法，然而其中国弟子在高等教育价值取向上与杜威相比发生了异变；北大同人的学术网络聚合性强，交互性佳，高等教育价值取向呈现同质性和细微分化。对大学实践场景考察发现：大学校长的人事变迁不一定会导致一所大学理念的断裂，职业场景变换却可能使大学校长教育理念发生微调或转变。

对大学办学理念与大学教育理念相关核心文本的分析揭示了高等教育思想内核的多元调和性与对立共生性。由于民国著名大学校长高等教育思想产生和实践的场景具有不可复制性和不可替代性、复杂性和多元性、联结性和交叉性这几种特性，因此从工具论角度出发截取他们的高等教育思想片段或者场景进行"神话"预制式的研究可能会造成研究结果的不适切，亦可能遮蔽真实的高等教育历史。此外，由于时代的局限性，民国著名大学校长的高等教育思想并未上升到理论化层面。

基于场景视角，本书总结了民国著名大学校长高等教育思想的形成过程、影响因素及其形成特点，以此为参照，初步探讨了现代大学校长高等教育思想形成的场景状貌并尝试性提出了场景建设的路向。

"场景"一词内涵相当丰富。就场景的本义来看，"场景"具有"环境、上下文语境"的含义。就目前已掌握到的文献，"场景"有如下几种衍生义或者有以下几种论说。

第一，场景的文化模式说。文化语言学创立者帕尔默（Palmer）认为，场景理论和脚本理论相似。场景应是一种由行为、事件、情感（心态）组合而成的图式或模式，是众多图式的综合作用。随着文化场景的变化，置身场景中的人感受到的文化差异随之而来，导致构成思想认知的图式也会发生变化。

第二，场景的关系说。2013年9月，斯考伯和伊斯雷尔（Scoble R.，Israel S.）出版了 *Age of Context* 一书，国内学者赵乾坤和周宝曜将其译为《即将到来的场景时代》。①Context 本质上有"发生于其中的关系"之意，因此场景可以从关系和连接的角度进行理解。②

第三，场景的社会活动场合说。这里的"场景"义同"情境"。欧文·戈夫曼被称为早期的场景主义者。在他的理论图谱中，每个人都在社会舞台上扮演着不同的角色，并根据自己所处的情境，比如"前台""后台"，来调整自己的行为。早在欧文·戈夫曼求学期间，他的导师们就已经认为职业位置会对人的行为与意识产生重要影响，这可说是场景理论的早期萌芽。戈夫曼认为行动者卷入其中并产生协作行为的社会场景应成为其核心关注点。③根据戈夫曼的见解，场景应是人的各种主体性角色相关的活动得以开展的平台和舞台。

---

① 斯考伯，伊斯雷尔. 即将到来的场景时代 [M]. 赵乾坤，周宝曜，译. 北京：北京联合出版公司，2014.
② 阎峰. "场景"即生活世界——媒介化社会视野中的"场景"传播研究 [D]. 上海：上海师范大学，2018：4.
③ 王晴锋. 戈夫曼与情境社会学：一种研究取向的阐释性论证 [J]. 社会科学研究，2018（3）：123.

　　第四，场景的空间和意义统一体说。国内学者吴军在《城市社会学研究前沿：场景理论述评》一文中结合城市发展来阐释"场景"，将场景定义为是由各种消费实践所形成的具有符号意义的社会空间。[①]他认为关于场景的分析可以从客观结构（实践结构）和主观认识两个方面展开。这也是目前场景研究的主流趋向。新芝加哥城市学派2016年出版的代表作《场景：地方特质如何影响社会生活》通过三个主维度（合法性、戏剧性和真实性）和十五个子维度来对场景的深层次结构进行解析，其中场景的语法（基本框架）如图0-1所示。

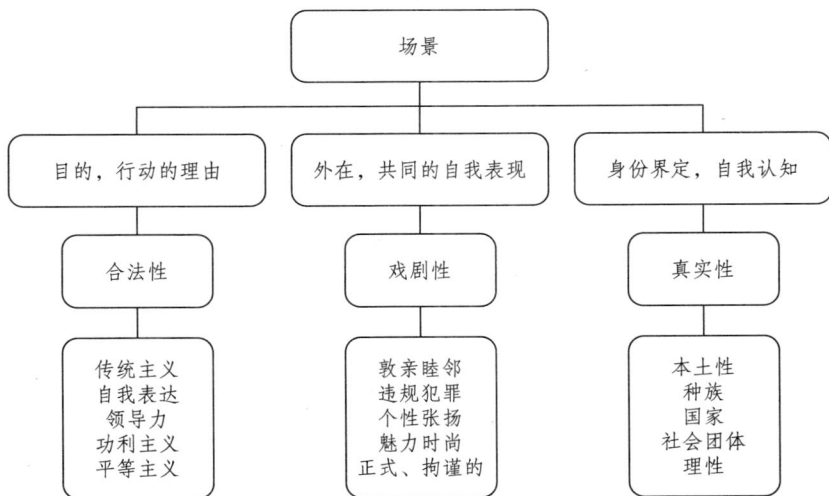

图0-1　场景的语法/基本框架：含15个维度[②]

　　考察如上几种场景的不同界定，场景理论看上去似乎颇为复杂。但是仔细分析场景的四方面衍生义，其实亦有其共通点——场景是一种多要素结合的统一体，具体可以从人与人相互连接的文化、关系、活动、意义等层面去解剖，其中前三者可放置于客观空间结构维度之中，而意义则被视为是一种主观认识。通过对于场景多元意涵的解析，可以较为全面地探知民国著名大学校长高

①　吴军.城市社会学研究前沿：场景理论述评［J］.社会学评论，2014（2）：92.
②　克拉克.场景理论的概念与分析：多国研究对中国的启示［J］.李鹭，译.东岳论丛，2017（1）：18.

等教育思想的特点。

本书中的场景主要借用了新芝加哥城市学派的定义，即认同民国著名大学校长高等教育思想生发的场景亦是一种社会空间，只不过是更为宏大的社会空间，是由当时高等教育所面临的政治经济文化环境和社会思潮的象征性符号以及民国著名大学校长的教育、学术、任职等实践构成的。在客观性的实践空间之外，还蕴含着他们的理念和价值观。民国著名大学校长在地域文化、教育文化、学术交往以及社会任职诸要素组成的场景中思考、孕育、形成适逢其时的高等教育思想，同时这也是他们产生和实践高等教育思想的合法性、戏剧性和真实性得到凸显的一个过程。由于本书研究的场景与城市研究场景具有较大的差异性，并不适宜从其给出的十五个子维度进行具体解构，故只倾向于从场景内部深层次结构的三个主维度进行分析。同时，本文所分析的场景还指向一种涂尔干所描绘的社会事实，是作为现有文化与价值观的外化符号而影响个体行为的社会事实。因此，从场景入手不仅要联系整个社会看得见的时代背景、环境，也要具体考察彼时代背景下可能型塑他们高等教育思想的思想资源和概念，而这可能是深深地隐匿在社会文化场景之下的，需要进行审慎的分析和提炼。

本书采用了场景不同要素和内涵综合运用的理论分析框架，目的在于多维度探知民国著名大学校长高等教育思想形成的过程、影响因素及其形成特点。主体部分章节通过场景本义和衍生义的具体运用对民国著名大学校长高等教育思想的形成进行探究，以期总结出他们高等教育思想形成和实践的深层次结构及特征，即合法性（获取高等教育思想的目的性：民国著名大学校长的理想和信念）、真实性（获取高等教育的现实可能性：民国著名大学校长的身份界定和认知模式）、戏剧性（所获取高等教育思想的实践和应用：民国著名大学校长掌校期间的表现）。值得注意的是，这里的合法性不同于政治学和社会学意义上的合法性，其提出的本意是为了论证民国著名大学校长高等教育思想生成的内在逻辑思维范式，即身处什么样的环境下可能会酝酿产生高等教育思想。第一章是对场景本义即时代环境的综述，包括民国著名大学校长高等教育思想产生的社会时代与教育制度大环境，目的是探讨高等教育思想生成的合法性。正是在民国社会这样内忧外患的环境中，才促使其中的一批知识分子们萌生了变革和发展中国高等教育的理想和信念。第二章对不同留学文化场景中的特点比较分析凸显了高等教育思想产生场景中的文化差异。第三章对学术场景的聚焦分析则深度剖析了高等教育思想产生场景中的关系联结。无论是文化差异还是关系联结，都是高等教育思想产生真实性的具体表现。第四章描绘了大学校长的大学任职实践场景，折射出高等教育思想产生和演进的戏剧性。场景的衍生义除了如上所言的客观结构中的文化差异、关系联结和活动构成以外，还是意义组合体。第五章集中探讨了场景中的核心价值观（意义组合）也即高等教育思想的内核，这也符合本文对场景理论的主要解析，即场景不仅是一种空间结构，亦是一种建立在此基础上的意义构成。

第一章　民国著名大学校长高等教育思想的基础场景

　　胡适在《中国哲学史大纲》第二篇中开篇即言明："大凡一种学说，决不是劈空从天上掉下来的。我们如果能仔细研究，定可寻出那种学说有许多前因，有许多后果。譬如一篇文章，那种学说不过是中间的一段。这一段定不是来无踪影，去无痕迹的。定然有个承上启下，承前启后的关系。要不懂他的前因，便不能懂得他的真意义。要不懂他的后果，便不能明白他在历史上的位置。这个前因，所含不止一事，第一是那时代政治社会的状态；第二是那时代的思想潮流。这两种前因、时势和思潮，很难分别。因为这两事又是互相为因果的，有时是先有那时势，才生出那思潮来；有了那种思潮，时势受于思潮的影响，一定有大变动。所以时势生思潮，思潮又生时势，时势又生新思潮。"[①]高等教育思想也一样，其酝酿结胎也与时代环境及那时代的思想潮流脱离不了关系。从某种层面而言，场景即环境，环境是空间，是剧本（高等教育思想）所涉及的时代、社会背景和自然环境。民国著名大学校长高等教育思想萌动的场景首先是他们所处的时代背景，包括国际国内环境和教育文化环境，其次是他们那个时代的思想潮流，或者说是他们的思想来源。

---

① 　胡适.中国哲学史大纲［M］.北京：中国城市出版社，2012：28.

第一节　时代背景：清末民初国际国内
政治社会演变

一、洋务运动与器物之变

"世界是无一息不变的，人，因其感觉迟钝，或虽有感觉而行为濡滞之故，非到外界变动，积微成著，使其感觉困难时，不肯加以理会，设法应付，正和我们住的屋子，非到除夕不肯加以扫除，以致尘埃堆积，扫除时不得不大费其力一样。"[①] 中国自迈入近代以来总体上就面临着这样的处境。

中国向来以文物之邦自居，雍乾时期，物产既丰，经济既盛，则未感有所求于外界，更未觉有何变通的必要。"清朝的衰机，可说是起于乾隆之世的。"[②] 这不仅表现为当朝统治者对于外界变动之不察，更在于其内政内务之不清，在位时六次下江南，耗费无艺，中岁后又任用和珅，导致吏治大坏，最为根本的还是其在思想言论上的灭绝政策，除了继续以八股文来消磨知识分子的聪明才智外，更屡兴"文字之狱"，将知识分子的鲜活思想压制起来，尤其是雍正禁教之举措，更是割断了中国与西学的接触，使得中国故步自封，孤陋寡闻，犹如吴下阿蒙。

禁教以后的一个世纪，刚好是人类的大时代，西方的各种新思想和革命尽皆出现于此百年之间。"十八世纪，再加上十九世纪前期，是欧洲历史进步最速，变化最大的时期。"[③] 西方涌现了大批的思想家、改革家和发明家。而中国由于跟不上外界的时代发展，本身又缺乏科学和民主思想培育的环境，在民族文化的竞赛之路上被远远地甩在了后头，也直接导致了19世纪中下叶开始在国家主权上的频繁受辱。

始于1840年的中英鸦片战争，中国遭受了第一次战败，开始了近代史。

---

① 吕思勉.中国通史［M］.北京：民主与建设出版社，2011：137.
② 吕思勉.中国通史［M］.北京：民主与建设出版社，2011：136.
③ 郭廷以.近代中国的变局［M］.北京：九州出版社，2012：6.

1860 年中法战争中国战败之后，中国与西方的关系就发生了根本的变化。此前虽说华夏民族与外族也有所交流，但是华夏族人向以"中央之国"自居，不屑于俯仰他族的文化。当华夏民族开始感受到强烈的挫败感和生死存亡的危机感时，才终于低下高昂的头颅，承认西洋军队优于我国，要以夷制夷。观念一转变，行动也马上跟上。晚清时期，由恭亲王、文祥在京内主持，由曾国藩、李鸿章、左宗棠负责京外推动的洋务运动拉开了序幕。中国开始走上了自强的道路。自强的事业很多，包罗各个领域的建设，但是重点着落在国防事业和军事建设上。中国开始走上了器物层面的革新道路。

但是洋务运动却无法救华夏民族于水深火热之中，反而由于同时期没有匹配近代化的政治和国民而导致自强失败。主要的原因是时代不容许他们彻底实行洋务运动，同时他们（恭亲王奕䜣、文祥、曾国藩、李鸿章、左宗棠）这五位领袖的教育背景也决定了他们自己的不彻底性。首先，他们都是出生于封建时代的旧社会，没有接受过西学教育，除了李鸿章之外，没有一个人到过外国，即使是李鸿章，他的第一次出国也在甲午战败之后了，晚于其洋务运动的建设事业期，这就决定了他们关于语言和科学方面的知识储备远远不够，或者说只停留在纸上谈兵的状态。另一方面，在思想层面上，他们始终秉承着"中学为体，西学为用"的方针，认为中国的政治制度和立国精神是无须动摇的，更不需要向西方学习。梁启超对此提出了尖锐的批评："知有兵事而不知有民政，知有外交而不知有内治，知有朝廷而不知有国民，知有洋务而不知有国务。"[①] 而同治、光绪年间的自强运动就因为缺乏相应的制度做支撑，因此并未起到实质的作用。1894 年甲午中日战争的惨败彻底让这些旧社会的领袖们意识到这一点。

二、变法运动与制度之替

在甲午战争之初，李鸿章多方出力，想要借西洋各国的势力来为本民族赢得自强的时间，但是国际关系的维系皆是以利益为鹄的，国外势力隔岸观火，

---

① 蒋廷黻.中国近代史［M］.武汉：武汉出版社，2012：97.

按兵不动，李鸿章也束手无策。《马关条约》签署后，德、法、俄试图在其中分一杯羹，尤其是俄国，更是打着盟友的旗号对中东铁路进行了控制。而李鸿章对于俄国的一味让步也导致他最终引狼入室，致使中国的国土面临着瓜分的惨况。在此情境之下，由于李鸿章主导的自强运动过于重视物质层面的改革，在政治制度供给上已经无法给予世人信心，这时候，康有为作为一个新旧知识兼备的人物，恰逢其时地出现了。

康有为对封建社会遗留的先圣先贤的法制深有体悟，认为如果不从思想源头上扭转过来，变法无法顺利开展。在甲午之前，康有为就写了《孔子改制考》论述孔子的改革思想，意图唤醒那些反对变法的封建士大夫们。此外，康有为数次上书光绪皇帝，得到了光绪帝的召见和变法支持。新政聚焦于两处：其一，取缔八股文，改为策论，大力提倡实学。其二，裁撤行政机构中无用官职，增添实用部门，重视推行经济建设。总的来说就是要重视实业和实学。康有为的变法由于触动了封建士大夫们的实际利益，斩断了他们的仕途，因此遭到强烈反对。变法仅仅维持了百日就宣告流产。根本原因在于当时封建社会性质未变，封建社会的政体尚未完全瓦解，因此，制度层面的改革始终犹如无源之水和无本之木，不能长久地稳固下来。此外，变法还有其思想的不彻底性。以康有为为代表的维新派仍然寄希望于封建旧王朝的势力来改变整个社会局面，挽救中华民族，这是与时代发展潮流相悖的，是有着领袖人物的时代制约性的。这可能也跟康有为对于西方的政治、经济、文化制度仅停留在纸上谈兵有关。因为康有为不懂外文，在戊戌以前也没有出访过西方国家，仅限于从所到过的香港、上海等大城市中了解的西洋人地方行政的整齐，对于西方文化缺乏本质层面的把握，因此注定无法取得变法的成功。但是总体而言，经过戊戌变法，封建社会的政治、经济制度已经岌岌可危，向西方学习和引进新的政治制度已开始成为大多数知识分子心照不宣的集体性意向。

三、革命运动和思想之立

晚清时期既面临前所未有的大变局，有识之士必寻思破解之道。19世纪末20世纪初，中国社会基本已形成一种新的社会政治力量格局。其一来自中等阶级，以旧有的文化为根柢的维新改良派，以康有为和梁启超为代表；其二是流传于下层社会中，以固有的革命思想为渊源，采取西洋文化而建立成一种方案的革命派，以孙中山为首。这两派都看到帝国主义瓜分中国的危险，都认识到必须学习西方，实行变革，建立资本主义制度，才能拯救中国。但两派却走着两条不同的道路，革命派认为，只有以革命手段推翻清王朝的封建专制统治，才能免于危亡；改良派则主张君主立宪，自上而下进行改革，不必采取暴力革命手段，因而形成了旗帜鲜明的两个营垒，彼此间展开了斗争。维新派在1898年的戊戌变法中尝到了失败的苦果，革命派却越战越勇，在1911年的武昌起义中，革命派推翻了清朝政府，建立了民国政府，结束了延续二千年之久的封建专制制度，标志着在改良派和革命派的斗争中，最终是革命派取得了胜利。

孙中山的革命思想精髓在于他的三民主义学说。在详细考究欧、美的社会、政治、经济状况之后，他提出了三民主义学说，分别为民族主义、民权主义和民生主义。他认为三民主义能够救国。在当时落后的社会状况下，三民主义学说对于中国来说似乎是超前的思想，但是孙中山的革命方略以军政、训政、宪政三阶段为支撑，循序渐进。他认为训政是衔接军政和宪政中必不可少的一环，因为凡是一个政治制度的成立，必须有一个缓冲期和过渡期，这中间就需要对人民予以训育。而当对人民的训政实现了以后，就能顺利进入宪政时代，也即真正地实现民主共和。这一规划是具有前瞻性的。

"民国的成立，虽说是由于人心的效顺，然以数千年来专制的积重，说真能一朝涤除净尽，自然是无此理的。"① 尤其是民国初建，即面临帝国主义势力的虎视眈眈。胡绳武认为："从辛亥革命到五四运动这七八年间的政局受到帝国主义和中华民族这一主要矛盾的规定和影响尤为明显。这期间国内政治斗争的焦点一直是民主与专制、新与旧对抗。表面上帝国主义与中华民族的矛盾似乎退居第二位，可实际上它是不间断地一直发展着，并明显地影响着国内的政局。"② 应该说，不止是民国前七八年，整个民国时期，帝国主义的不断骚扰与

---

① 吕思勉. 中国通史［M］. 北京：民主与建设出版社，2011：157.
② 胡绳武. 清末民初历史与社会［M］. 上海：上海人民出版社，2002：10–11.

侵略始终是当时中国社会无法摆脱的枷锁，尤其是1931年爆发的十四年抗战更是给中国人民带来了前所未有的灾难，正如吕思勉在民国三十年所言："中国革命前途重要的问题，毕竟不在对内而在对外。对外的难关，仍成为我们生死存亡的大问题。"①

　　然而，姑且不论外患，仅是国内政局的变动频仍就颇为影响民初社会的正常发展。民国始立，孙中山先生辞临时大总统之职，举荐袁世凯于参议院，袁氏遂居辛亥革命之功坚持在北京就职临时大总统。见此情景，孙中山主张由同盟会改组的国民党退居在野党，自己则专心置办实业。然而彼时的国民党骨干成员携革命胜利之机，哪肯甘心退居幕后，于是发动了二月革命。二月革命未能成功，反遭到袁氏解散新成立的国民党之报复。袁世凯得立宪派之帮助，妄图掌控宪政，进而复辟帝制。这一倒行逆施终究与民意相悖，也注定了袁氏的败亡。之后，民国政府就陷入了十年左右的所谓无政府时期，其典型特征是政局紊乱、军阀割据、社会震荡、民间力量介入明显，因缺乏强有力的中央政府来主导民生政策，导致这一时期民生凋敝，无法集中充足的经费来发展教育事业。教育总长的频繁更换和政策法令的朝令夕改使得教育的总体发展形势雪上加霜。"这时期的教育行政，出现了'上下不管'的局面。各省的学校，不受中央调遣；各县的学校，不受省府支配。"②虽则总体上高等教育也呈现混乱之态，如时人认为，当时高等教育存在的主要问题是"大学滥设现象严重、地理分布杂乱无章、院系结构设置不合理，以及教育效能低下等"③，但是由于政府管制相对较弱，使得大学享有了相对较为充分的自主办学权力，1912年到1927年，是高等教育自由发展的一个黄金时代。著名教育史家章开沅先生曾评价道："1928年以前的北京政府，因为多半由军人集团主导，长于武战而拙于文治，加以内部纷争你来我往，客观上为大学留下较为宽松的办学环境……"④

① 吕思勉.中国通史［M］.北京：民主与建设出版社，2011：161.
② 黄延复，钟秀斌.一个时代的斯文：清华大学校长梅贻琦［M］.北京：九州出版社，2011：48-50.
③ 陈玉玲，田正平.20世纪20至30年代初期中国高等教育的问题——基于时人视野的考察［J］.现代大学教育，2012（1）：74.
④ 许小青.政局与学府：从东南大学到中央大学［M］.北京：中国社会科学出版社，2009：序.

随着北伐的成功，南京国民政府始得成立。与北洋政府截然不同，南京政府实行明确的"一个政党、一个主义、一个领袖"集中管理型政治框架，各项方针政策皆秉持三民主义。1928 年 5 月，国民党在全国第一次教育会议上正式提出"三民主义教育"之称谓，1929 年，国民党确定其三民主义教育的宗旨，同时规定实施方针八条，其中第四条为："大学以专门教育，必须注重实用科学，充实学科内容，养成专门智识技能，并切实陶融为国家社会服务之健全品格。"[①] 明确了高等教育服务于国家政治、经济建设目标的使命。

在经济上，国民党亦颇有整顿之心，希望能够通过各项训政，恢复生产，发展经济。1928 年至 1937 年全面抗战爆发前，民国的教育事业取得了较为显著的成绩。及至抗战时期，国民党政府为求高等教育的维系与发展，相继出台了一系列方针政策及纲领，如《中国国民党抗战救国纲领》《战时各级教育实施方案纲要》等对战时教育予以具体指导。1939 年 3 月 4 日，蒋介石在第三次全国教育会议上强调教育要适应抗战救国的需要，对"战时教育"和"平时教育"的辩证关系给予了论述。[②] 虽然总的来说抗战时期高等教育经费严重不足，各项教育活动的开展殊为困难，但是国内一些主要大学在当时积极主动地内迁，弦歌不辍，还是为大学的维系和运作赢得了一些生机。

第二节　因应时局的中国教育近代化的展开

一、洋务运动时期的早期教育近代化

帝国主义列强各项不平等条约的相继到来以及这些条约三年后将实行非中文化的歧视性规定，迫使晚清政府不得不做出了开办外语学校的决定。1862 年，专门培养西语人才的京师同文馆在北京成立，这是清代最早的"洋务学堂"，是为了满足外交人才的需求而设立的。这成为了开启中国教育早期现代化之门的一把钥匙。随着上海广方言馆和广州同文馆的相继创办，京师同文馆

---

① 霍益萍.近代中国的高等教育［M］.上海：华东师范大学出版社，1999：194.
② 三次全教会.蒋委员长讲：教育的当前任务［N］.新华日报，1939-03-05.

的办学目的也发生了变化，开始将西文教育看作学习西方科技的必要工具，并希望通过学习西文精通西技从而达到自强目的。1866 年，闽浙总督左宗棠奏请开办了中国最早的真正意义上的西艺学堂——福州船政学堂。张之洞也先后筹办了湖北武备学堂、农务学堂及其他实业学堂。西艺教育从 19 世纪 60 年代产生至 90 年代逐步发展，其人才培养目标从培养军事技术人才扩展到培养各行各业的专业技术人才。甲午战败之后，洋务运动遭到巨大挫折，但是西艺教育主张并未因此消失，反而日渐与维新派的有关教育主张合为一体。

19 世纪七八十年代，从洋务派中分化出了早期改良派，他们对西方的"君民共主"表现了一种朦胧的向往。这种认识到 90 年代发展成为一股令人瞩目的维新思潮。他们对于科举制度持不满态度，主张对之予以改革。如梁启超认为，兴学校必须变科举，变科举是兴学校的前提和先决条件。而严复等其他维新派代表人物也对科举进行了猛烈的抨击。在维新派的建议和敦促下，光绪帝于 1898 年 6 月 23 日正式下诏废除八股取士制，改八股试士为时务策论试士。八股取士的废除成为 1905 年废除科举制的先声，为西学的广泛传播创造了条件，为各种专门人才的脱颖而出开了方便之门，给僵化的人才选拔制度输入了新鲜活力，为中国教育观念和制度的现代化奠定了基础。

在《请开学校折》中，康有为建议清政府仿欧美、日本的经验设立各级各类学校。梁启超在《教育政策私议》中对建立新型学校提出了自己的观点，建议模仿日本教育制度，根据学生身心发展状况，设计一个学校教育制度。同一时期，严复也大力批评旧书院制度，主张改为学堂，并大力提倡西方资产阶级的三级学校制度。维新运动时期，维新派的代表人物对建立新型学校的鼓吹部分地被清廷实施，使中国的旧式书院向新式学堂转化，这从观念上到制度上都是一个巨大的进步。

早期改良派亦大力提倡包括西政在内的西学的主张，如康有为认为，遣员到西方国家去考察和留学是学习西方推进维新改革的重要途径。他说："考俄、日之强也，由遣宗室大臣游历各国，又遣英俊子弟诣彼读书。"对于学习外国的重要性，他解释说，甲午战败，关键在于闭关自守，缺乏人才。中国虽地大物博，历史悠久，但因学者全力习帖括，并把它作为入仕的唯一途径，导致国人对西学茫然无知。而自嘉道以来，西方科学技术的发展程度早已远在中国之上，中国万万不能再以天朝大国自居，而应遣员出国，学习西学，完成振兴中国的大业。梁启超把中国的未来托付给学生，尤其是留学生。而严复与康有为、梁启超的主张并无二致，同时提醒出国留学者应精通该国语言和重视科学。

随着 1901 年《辛丑条约》的订立，瓜分之祸日益严重，关心国事的人提出了"学习日本，走明治维新之路"。从 20 世纪开始，留学教育兴起，首先即以留日教育打头，但是不久后留学人士发现日本那些令人惊叹政治、军事、教育制度的源头还是在欧美国家，因此留学欧美国家的浪潮开始席卷，彼时美国正筹划退还庚子赔款中的多余部分用于选派更多学生留美，更加助长了中国学生留美的驱动力。由于庚款的强力支持，留美学生日渐增多，并且学成回国后逐步掌握了中国政府、工商业以及教育界的若干重要位置，大有与留日学生分庭抗礼甚至盖过留日学生的趋向。

二、民国成立以来的教育近代化

晚清时期教育早期现代化的各项尝试，如传统教育的变革、新式教育的推进和留学教育的兴起等为民国时期的教育发展奠定了一个良好的基础。同时，辛亥革命的胜利不仅使中国的政治面貌焕然一新，各项教育方针、制度和设施也上了一个新的台阶。

民国始立，相比于新生的、根柢较弱且需要花大力气维护的资产阶级共和国政权，教育的各方面虽说算不上需要经历一个彻头彻尾的大变动，至少也承继了晚清时期的传统教育改革之重任，且其力度有过之而无不及。传统教育的变革到了资产阶级共和国时代，其立意越发明确，即要革除教育的封建内容和形式残留，为教育近代化扫除一切障碍。

蔡元培任中华民国第一任教育总长，他上任伊始，就明确地提出了"忠君与共和政体不合，尊孔与信仰自由相违"的论断，主张以"自由、平等、博爱"作为民国教育新的灵魂。这一旗帜鲜明的立场使得民国教育具有了全新的精神理念。蔡元培所揭橥的五育并重主张，后来被概括为民初的教育宗旨。1919 年 5 月，由蔡元培、范源濂、陈宝泉等二十四位著名教育家组成的教育调查会首次提出应对民初教育宗旨进行修改，建议以"养成健全人格，发展共和精神"为宗旨，并具体阐述了"健全人格"与"共和精神"的内涵。

《壬戌学制》颁布，正式以七项标准取代了民初的教育宗旨。七条标准是：（一）适应社会进化之需要。（二）发挥平民教育精神。（三）谋个性之发展。（四）注意国民经济力。（五）注意生活教育。（六）使教育易于普及。（七）多留各地方伸缩余地。纵观所列七项标准，所体现出来的是一种民主气息和科学精神，其中的几项标准，如谋个性之发展，注意生活教育等充分体现了杜威的实用主义和民族主义教育思想的影响。

而就高等教育的发展而言，民国时期是高等教育现代化得以持续推进的一个重要阶段。具体表现为在高等教育各项政策和规定上，有了现代化的制度和规程引领。

民初的高等教育制度与清末相比，主要体现在：大学经学科的取消；评议会和教授会的设立；文理科为主的系科设置方案。[1]1922 年《壬戌学制》的颁布是中国高等教育近代化完成的标志。[2] "新学制"就高等教育的以下几个方面予以规定或强调：（1）大学科系的设置；（2）大学修业年限的规定；（3）选科制的采用；（4）专门学校的设置；（5）大学及专门学校中专修科和师范专修科的设置；（6）大学院的定位及设置。[3] 而 1924 年重新制定并颁布的《国立大学校条例》则对于大学的相关管理制度作了更详细的规定。

到了南京国民政府时期，国民党颁布了系列高等教育法规，加大了对于大学系统的管理，如《专科学校组织法》（1929.7.26）、《专科学校规程》（1929.8.19）、《修正专科学校规程》（1931.3.26）、《大学组织法》（1926.7.26）、

① 霍益萍 . 近代中国的高等教育［M］. 上海：华东师范大学出版社，1999：102.
② 彭江 . 民国时期中国高等教育思想中的科学与人文之争［J］. 黑龙江高教研究，2008（11）：12.
③ 陈元晖，陈学恂 . 中国近代教育史资料汇编·学制演变［G］. 上海：上海教育出版社，1991：992-993.

《大学规程》（1929.8.14）和《大学研究所暂行组织规程》（1934.5.19）等。[1] 这些法规对于专科学校（即民初的专门学校）、独立学院、大学和研究所的相关制度予以分门别类的规定，一定程度上深化了高等教育管理体制改革。由上可见，随着各项学制和管理制度的不断革新和细化，高等教育体制日渐向现代化演变。

三、近代教育及高等教育制度变革对现代大学的呼唤

如前所述，民国成立以来教育近代化的开展和相关教育制度、政策的出台为民国著名大学校长成长的高等教育环境奠定了制度基础。以蔡元培为代表的民国主要教育领导人所提出的取消"忠君"和"尊孔"，倡导五育并举的教育宗旨使得近代新式教育与传统封建教育彻底划清了界限[2]，也为高等教育从封建官僚养成模式向现代学术人才培育模式的转变奠定了基础。从所处的时代来看，本书所论及的这些民国著名大学校长皆置身于清末民初大学理念和高等教育体制迅速变革的进程当中，一种新的大学标识和符号——"为公为民为学"的办学思想和理念正在日渐兴起并逐步取代"为私为官为政"的大学办学思想和理念。

民国著名大学校长正是处于这样一种近代大学理念变革和发展的命运共同体当中——他们对教育制度的变革最为关心，对高等教育相关方针和政策的出台犹为关注。他们普遍认为，唯有教育方能救国，而民国的社会和高等教育要发展，唯有创建中国自己的现代化大学。这激发了他们潜意识中对于中西高等教育思想、文化和理念的进一步探寻和挖掘。

---

[1]　霍益萍. 近代中国的高等教育［M］. 上海：华东师范大学出版社，1999：200-201.

[2]　田正平. 蔡元培与民初教育改革［J］. 高等教育研究，2011（7）：92.

第三节　思想文化的鏖战：中西文化之间的冲突与取舍

清末科举制度的废除使得中国儒家文化的传输链条发生断裂。然而，对于已经深受儒家文化熏陶千余年的中国社会而言，要一下子隔绝这些规范伦理和德性伦理，却是着实不易，因文化有其延续性和韧性。儒家文化虽已伴随着王朝共同体的消亡而式微，却始终潜埋在士大夫的心中，成为他们内心的底蕴式文化。同时，欧风美雨也与儒家文化进行了实打实的碰撞，西方现代性观念长驱直入，在文化的碰撞之中迅速占领了制高点。

一、中国儒家文化的式微和演变

有学者认为，在某种程度上，所有的文化都是"传统的"，也就是说，文化是在特定社会群体的历史延续中逐渐形成的，又是社会行动者经由遗传、适应、传播、扩散等途径而获得，并在个人的社会经历中传承的。[①] 中国历来属于人伦社会，将崇尚伦理道德的儒学文化视为文化之要。"中国数千年来，立国之本，在于道德。凡国家政治，家庭伦纪，社会风俗，无一非先圣学说发皇流衍。是以国有治乱，运有隆替，惟此孔子之道，亘古常新，与天无极。"[②] 对于民国著名大学校长而言，博大精深的儒家文化是他们出生甫始就必须予以承载的。

中国人对于"人"的观念早已确立，对于"群""己"之分尤为在意。在梁漱溟看来，中国文化是伦理本位或关系本位的。[③] 钱穆亦认为："人与人该如何相处，此即中国社会最大理想之所寄。"[④] 伦理道德思想为中国儒家思想文化之要义。儒家思想最初是从道家思想资源中萌生而来，儒家的三大名家孔子、董仲舒和朱熹的儒家思想无不植根于道家思想。随着中国历史的演进，儒家思

---

① 斯皮罗.文化与人性［M］.徐俊，译.北京：社会科学文献出版社，1999：34.
② 胡适.袁氏尊孔令［M］//胡适.胡适留学日记：上卷.北京：同心出版社，2012：270–271.
③ 梁漱溟.中国文化要义［M］//中国文化书院学术委员会.梁漱溟全集：第3卷.济南：山东人民出版社，1989：79–95.
④ 钱穆.民族与文化［M］.贵阳：贵州人民出版社，2019：144.

想在高等教育当中的地位日益凸显，而道家思想资源则一直很好地包裹在儒家思想资源的面具之下得不到彰显，这是与中国人对自身国家的文化优势感密切联系的，修身齐家治国平天下或者说内圣外王的入世精神藏匿在中国士子阶层的内心深处，因此整体上形成一个重儒轻道的思想文化环境。道家思想文化资源虽然未得到彰显，却犹如泥土覆盖下的竹笋，时刻等待着一个合适的机会破土而出。譬如每当"入世"的理想遭遇到挫折的时候，士子阶层（知识分子们）则会采取避世或者寻求"出世"的路径。

但是儒家思想并不是一成不变的，儒家思想在历史的演变过程中也会发生异化。唐凯麟和曹刚在《重释传统：儒家思想的现代价值评估》一书中对于儒家思想有三种认定：第一，经典中的思想，是儒家思想的原义；第二，儒家思想在历史传承中可能发生变异，这是儒家思想的它义；第三，儒家思想在今日创造性的阐释，是儒家思想的今义。儒家思想的原义是由孔子确立基本的理论形态，经由孟、荀、《易》三环节发展而成的思想体系[①]，体现在原始儒家的著作中，且儒家思想的原义是一种学术理论，甚至是作为统治者的一种异己力量而存在的。杜维明认为"儒教中国"指的是以政治化的儒家伦理为主导思想的封建社会的意识形态，而"儒家传统"就是所谓"人文关切"或"人文睿智的宝藏"，[②]儒家思想中随着 1905 年科举制取消而日渐消亡的只是意识形态化和世俗化的儒家思想衍生出来的它义部分，而非一种儒家传统，故此把进入民国以后儒家思想中衰败的部分明确地指了出来。

随着西方思想的侵入，为了接纳西学思想，儒学传统中的部分内容亦开始发生异化，形成了新的它义。学者荀渊认为，"中国高等教育在近代的变迁，尽管在过程和目标上都指向以西方高等教育为蓝本的现代高等教育，但首先是以传统高等教育的改造和承袭为基础和前提之一"[③]。传统高等教育的具体表现形式即是书院教育。事实上，儒家思想中的一些要素，亦与西学有着某种程度

[①] 唐凯麟，曹刚.重释传统：儒家思想的现代价值评估［M］.上海：华东师范大学出版社，2008：2.
[②] 唐凯麟，曹刚.重释传统：儒家思想的现代价值评估［M］.上海：华东师范大学出版社，2008：13.
[③] 荀渊.中国高等教育从传统向现代的转型——对 1901—1936 年间中国高等教育变革的考察［D］.上海：华东师范大学，2002：9.

上的契合性，因此，早年受过书院儒家经典思想教育的一些人物，尤其是一些政治思想界的巨擘如梁启超、蔡元培、章炳麟、吴稚晖等，皆能够融会贯通中西学问。

儒家学说所构建的道德规范体系对于中国古代高等教育的影响，集中体现在朱熹的《白鹿洞书院揭示》一文中。《白鹿洞书院揭示》只有正文七十九字（加粗）、附注九十八字。全文如下：

父子有亲，君臣有义，夫妇有别，长幼有序，朋友有信。

右五教之目。尧舜使契为司徒，敬敷五教，即此是也。学者学此而已。而其所以学之之序，亦有五焉，其别如左：

博学之，审问之，谨思之，明辨之，笃行之。

右为学之序。学、问、思、辨四者所以穷理也。若夫笃行之事，则自修身以至于处事、接物，亦各有要。其别如左：

言忠信，行笃敬。惩忿窒欲，迁善改过。

右修身之要。

正其义不谋其利，明其道不计其功。

右处事之要。

己所不欲，勿施于人。行有不得，反求诸己。

右接物之要。

正文和附注中所言的"五教""五序"和"三要"皆出自《论语》《孟子》等四书五经的经典当中。五教都是讲伦理，伦理是道德之本，不是道德本身。朱熹认为，五教是教育尤其是高等教育的全部内容。涂又光先生认为：朱熹《白鹿洞书院揭示》之所以可作为中国高等教育"人文"阶段集大成的代表之作，正是因为中国高等教育"人文"阶段的深层内容——"五教"，即社会伦理抓住了道德的根本所在。

民国著名大学校长的成长期大多数见证了儒家思想的兴盛、衰败和异变。

儒家思想成为他们高等教育思想萌生的原生文化场景。然而，儒家伦理思想对于民国著名大学校长高等教育思想的来源架构主要还是就道德层面而言的，或者说是杜维明所说的儒家传统，即"人文关切"或"人文睿智的宝藏"。

在儒学文化中，伦理和道德是两个相互联系又相互区别的概念。在儒家看来，伦理是人伦关系的次序、条理和道理，它和天地宇宙的法则一样是客观的、不以人们意识为转移的，而道德则是人们对伦理的认识、体悟及内化。因伦理之中既含有不可混淆和不容置疑的充满封建意识形态的人伦关系（"三纲五常"），亦包含为调节和维护这一人伦关系进而达致理想人格的道德路径，因此伦理两字乃是有着刻板化效应的。对于民国著名大学校长而言，他们所汲取的高等教育思想的资源，不是来源于固化的"伦理"之资源，而是侧重了人性化的"道德"之宝库，是通过他们对伦理中的精华部分的提炼和感悟，并付诸言论或行为，使之内化到他们的思想和实践当中。因此，在他们经受西方高等教育资源洗礼，酝酿、生成自身的高等教育思想之时，依然能够回过头来审视和关照这些融入血脉的道德思想，使他们的高等教育思想充满了德性的光辉。

二、西方现代性观念的涌入

学者王汎森曾撰文《"思想资源"与"概念工具"——戊戌前后的几种日本因素》一文，为我们挖掘了看待思想的另一视角，即思想资源与概念工具的视角。他说，"以'思想资源'这一点来看，宽泛一点来说，清末民初已经进入'世界在中国'（郭颖颐语）的情形，西方及日本的思想、知识资源大量涌入中国，逐步充填'传统'的躯壳，或是处处与传统的思想资源相争持。"①

经历甲午战败后，伴随着西方现代性观念和思想体系的"逼迫性"涌入，中国传统重视人文的思想文化发生了龟裂，科学极大地冲击了人文。因此民国著名大学校长的高等教育思想资源中少不了西方科学、民主、自由、平等、独立、自治等概念，他们靠着这些概念工具来思考、整理、构筑他们的高等教育世界和高等教育思想。

---

① 王汎森.中国近代思想与学术的系谱：增订版［M］.上海：上海三联书店，2018：204.

（一）"进步"与"竞争"的人生趋向

1859 年 11 月，英国著名博物学家达尔文（1809—1882）的著作《物种起源》一经出版即受到广泛关注，其所提倡的生物学上的进化理论得到了时人和后人的广泛称道和研究，这一理论不仅席卷了自然科学领域，也全面影响到了人文社科领域，乃至成为了高等教育思想价值取向的理论资源之一。沃特·贝利亚（Wouter W. Belier）指出，19 世纪最为盛行的学术范式可谓是经典的进化论。而自 19 世纪末以来，进化论却遭到冷落。涂尔干（Durkheim）和莫斯（Mauss）的研究是进化论的尾声。[①]

与西方相比，进化论传入中国并且发挥舆论主导性作用的时间则晚了将近半个世纪。1915 年创刊的《科学》与 1916 年创刊的《民铎》分别出版了进化论专号，由此将进化论在中国的研究带至高潮。

"进步"是与进化论伴随左右的概念。当时中国的传统士子们，一般是通过西方著作或西学译著来了解西方的科学、文化与史实，"进步"的观念在这些著述中无处不在。这些书籍无形中刷新了他们对于西方思想文化的认知。除了西学书籍为媒介的无意识传播，基督教在近代中国的有意识传播也间接推动了这些进步观点的宣传。

进化论、进步之观念是立基于传统的易学强调变易的哲学思想之上的，也因为与中国的道家思想有着哲学上的契合性，所以进化论与进步的观念能为中国广大知识分子甚至民众所接受。

严复在《译天演论自序》提出，宇宙万物的演化都受质力相推法则支配。[②]质、力本来是近代自然科学概念，严复将其变为哲学范畴，是对中国近代哲学思想的发展，具有重要的意义，尤其重要的一点是他认为中国古代哲学思想中某些地方与西方思想的确是存在相通之处的，作为后人的我们不能说这点相通之处仅出于巧合，也不能说西方的发明都渊源于中国，体现了严复客观又审慎

---

① BELIER, WOUTER W. DURKHEIM, MAUSS. Classical Evolutionism and the Origin of the Religion［J］. *Method & Theory in the Study of Religion*，1999，11（1）：23-24.

② 赫胥黎. 天演论［M/OL］. 严复，刘帅，译. 重庆：重庆出版社，2018［2019-12-10］.https://read. douban.com/reader/ebook/161967331/?dcs=ebook.

的哲学思想。

这种进步的观念和信仰恰好挽救了当时中国民众在丧权辱国的时代环境下普遍悲观的心态，因此，一经倡导，迅速在国人当中引起轩然大波。正如学者高瑞泉所言，"进步"的信仰，指示出一种新的历史观和世界观。这种价值观是世所公认的，是现代性的根源。"没有作为价值的'进步'观念，就无法理解所谓现代性。"①西方进化论和进步的观点与中国传统儒学资源相碰撞并产生系列反应，康有为推行的戊戌维新变法运动是这个碰撞的产物之一，虽然最终以失败告终，但是西方进化论与进步观已经深入人心，并长久地主导了20世纪的中国民族文化和精神，使得社会民众，尤其是精英知识分子身上呈现出了一种乐观积极向上的气质。

随着进化论和进步观念的流行和民族主义的高涨，"竞争"或"斗争"意识随之而来并且愈来愈成为一种社会进步和社会发展的思潮。在西力尚未东侵以前，自认为坐拥天下之中的中国并无这种竞争意识，及至鸦片战争以后，各种战争接连爆发，终于使中国看清了不"斗争"就"灭亡"的命运。由于当时中国社会所处环境之恶劣，内外交困，外有帝国主义入侵，内有封建主义掣肘，因此，中国社会需要面临很多重未知的"战争"。达尔文进化论传入中国，仿佛一剂猛药，一下子将原先传统的士子在理念上甚至或实践上蜕变为对抗各种恶势力的勇猛斗士。

五四时期思想启蒙家所达成的共识是中西最大的不同就在于是否以"斗争"为价值取向。文化激进主义、文化自由主义和文化保守主义三派之间存在不同的价值取向。如文化激进派代表陈独秀说："西洋民族以战争为本位，东洋民族以安息为本位。"②又如李大钊说："东人持厌世主义（Pessimism），以为无论何物皆无竞争之价值，个性之生存，不甚重要；西人持乐天主义（Optimism），凡事皆依此精神，以求益为向上进化发展，确认人道能有进步，

---

① 高瑞泉.中国现代精神传统——中国的现代性观念谱系［M］.上海：上海古籍出版社，2005：47.
② 陈独秀.东西民族根本思想之差异［M］//陈独秀.陈独秀著作选：第一卷.上海：上海人民出版社，1984：165.

不问其究极目的为何，但信前事惟前进奋斗为首务。"①而文化自由主义知识分子胡适亦认定"不争""安命"是中国文化的最大弱点，西洋文化的长处在于敢争。但是他并未从西方所倡言的个人利益价值层面去争，他说的"争"是从整体的、群体的视角着眼的，因此他所认为的斗争的主体，应是"群"而非"己"。文化保守主义知识分子，新儒学思想家梁漱溟亦提到中国文化倾向于走一种路向，即"遇到问题不去要求解决、改造局面，而是就在这种境地上求我自己的满足"，随遇而安。②

不管如何，西方传入的进化论和竞争性学说已经广为当时的中国知识分子所接受。对于民国时期著名大学校长而言，这种进化论思想的冲击使他们绞尽脑汁去思考中国如何根据这一进化论和竞争论的思想资源去谋得民国的高等教育发展和社会文化发展。有一位学者说得好："五四时期学者们的复杂特点就是：一方面信奉历史进化论，认为中国文化在现代世界处于一种落后的状态，有待改造和改进；另一方面又带有强烈的民族主义情绪，相信中国文化顽强的再生能力和内在的价值。"③因此他们的内心是矛盾的，归根究底是现代和传统两种观念在较量。但他们总体的心态还是积极向上的进化论占了主导，这引导着他们集中起来开展了五四新文化运动，以进化论思想去批判、革除陈旧的封建儒家传统思想，促使社会进步、更新和发展。由西方引入的"竞争"观念在五四新文化运动时期被赋予了新的内涵，大部分知识精英意识到了中国传统文化当中的"不争"之弊端，因此通过各种思想论争来确立竞争意识之重要。而竞争观也经历了从以"生存竞争"为主导，逐步扩展到"物质（生存）竞争"和"思想竞争"并存的局面。

（二）"自由"与"民主"的价值理念

自由和民主是西方现代性思想观念体系中的核心词汇。清末民初知识分子对于自由、民主的讨论似乎未曾断绝过。1894 年甲午战争爆发后，严复即发表

---

① 李大钊 . 东西文明根本之异点［EB/OL］.（2017–12–11）［2019–09–21］. https://www.sohu.com/a/209920255_700680.
② 梁漱溟 . 东西文化及其哲学［M］. 北京：商务印书馆，1987：57.
③ 陈宝云 . 学术与国家：《史地学报》及其学人群研究［M］. 合肥：安徽教育出版社，2008：168.

了一系列论文，抨击专制主义，主张开议院，实现君主立宪式的民主政治。其中有一段关于西方自由与民主之关系的阐述是这样说的：

> 推求其故（指西方之所以在政治、经济、军事等多方面胜过中国——引者注），则彼以自由为体，民主为用，一洲之民，散为七八，争雄并长，以相磨淬，始于相忌，终于相成，各殚智虑，此日异而彼月新，故能以法胜矣，而不致受法之弊，此其所以为可畏也。[①]

由上可见，严复对于自由与民主关系的探讨所得出的"自由为本"的认识有其独到之处。他认为，中西文化在学术求真与政治向公这两方面的追求本是一致的，但是中国的实践效果却远远不如西方，根本原因在于中国文化中缺乏自由之语境。

与严复不同，中国的一些文化保守主义者倾向于发掘中国传统中的自由民主思想。如梁漱溟认为，基于中西迥异的人生态度和精神条件，在追寻自由民主的道路上，中国必须回归儒家传统。[②]徐复观亦持类似观点，认为以孔子所代表的儒学家"创发了中国的自由社会"，主张通过个体积极努力地入世以改变自身所处的社会地位，内中就蕴含着一种自由民主精神。

相比严复对于中国传统文化中自由民主之要素的否认和文化保守主义分子对于儒家传统中自由民主精神的据理力争，自由主义者胡适的看法则相对较为综合，他认为，中国古代文化中的自由是通过自己的内心去寻求自由的意义，过度强调自由、自然中的"自"字，而往往看轻外面的拘束力量，因此未曾把握住自由的真谛。他总结说："自由主义的第一个意义是自由，第二个意义是民主，第三个意义是容忍——容忍反对党，第四个意义是和平的渐进的改革。"[③]

自由主义和保守主义基于各自的立场对"自由""民主"在中国文化中的存在和作用进行了评判。事实上，这正是立足于西方语境下的自由观和中国语

---

① 严复.原强［M］//王栻.严复集：第1册.北京：中华书局，1986：11–12.
② 方光华."自由"观念与20世纪中国思想史的中西会通［J］.天津社会科学，2015（1）：184.
③ 胡适.自由主义［M］//欧阳哲生.胡适文集.北京：北京大学出版社，1998：805–810.

境下的自由观在思想层面的不同反映。在中国近代价值观念的变迁史上，自由主义曾扮演过十分重要的角色。这一思潮发源于戊戌时期。严复翻译约翰·弥尔的《论自由》（*On Liberty*）为《群己权界论》和亚当·斯密的《原富》等古典自由主义的论著，引入了英美自由主义的源头。而 19、20 世纪之交的十年，是中国现代民主观念真正发轫的时期。这一时期，大量反映西方民主理念的译著涌现，其中最为著名的是《天演论》（1898）和《民约论》（1901）。这些译著的出版对于清末民初中国社会确立民主、自由、平等这些现代性价值观念奠定了基础。

通过自由主义知识分子和激进主义知识分子的广泛传播和引入，这些译著所高扬的自由、民主等观念被奉为清末民初主导社会、政治、文化变革的核心价值观念。自由主义思潮及其所倡导的民主、平等、自由等价值观念在新文化运动中正式攀上了顶峰。在这一时期，自由主义知识分子和激进主义知识分子寻到了文化自由的真义，即破除一切陈规旧制，试图通过打倒孔家店，倡导白话文等途径创建一个新的文化运作规则。无疑，自由主义者的立场是不主张调和。正如胡适分析对于中国旧有的学术思想持什么态度之问题时直言不讳道："调和是人类懒病的天然趋势，用不着我们来提倡。"[①] 在当时的环境下，不通过一场狂风暴雨般的新文化运动，一切反映封建旧文化和旧思想的权威和程序无法得以根除。辛亥革命在革新思想文化领域的未竟之处的确是通过激进主义和自由主义知识分子的联盟有效地达成了。而自由、民主等价值观念也从根本上得到了有识之士的拥护和倡导，甚而为此奋斗余生。

民国著名大学校长高等教育思想的理念和精神来源正是来自"自由"和"民主"，其中"自由"是最为根本的，反映在大学校长的理念之上，体现为力主学术（思想）自由、学术（教育）独立、教育民主等。

（三）"科学"与"实用"的内容导向

如前所述，进步观和竞争观给清末民初的知识分子指明了走出悲观主义、

---

① 胡适.新思潮的意义——研究问题 输入学理 整理国故 再造文明［M］//李传玺.现代大学校长文丛：胡适卷.合肥：安徽教育出版社，2015：82.

重塑美好理想的道路方向，而"自由"与"民主"观念则昭示着一种精神理念。在救亡图存的时代环境下，在崇尚力量和自强的社会舆论下，时人注重"科学"和"实用"似乎也应当是题中应有之义了。

严格说来，中国人追求富强之"技"可以追溯到 19 世纪 60 年代的洋务运动。魏源最早提出"师夷长技以制夷"。当时多数中国人眼中并无崇尚和发展科学之宏愿，只是单纯地习得技术以求自强。但是事实上当时已有少量的有识之士注意到了西方的科学是其力量的根本之所在。如冯桂芬在他的《校邠庐抗议》中说，西方人的"算学、重学、视学、光学、化学等，皆得格物至理……皆中人所不及"。他认识到了现代科学与数学之密切关系，因而建议设专门机构，令青少年学习外语和数学，"由是而历算之术，而格致之理，而制器尚象之法，兼综条贯，轮船火器之外，正非一端"。[①] "术""理""法"这三个词的出现，说明当时的少数先知先觉者认识到不仅学习西方制造业技术重要，揣摩其原理和方法也同样重要，这可视为呼吁中国注重科学的较早声音。

晚清开始教育制度发生了变革，无论是洋务学堂还是清末兴办起来的各种实用主义学堂，抑或大量派遣留学生，其本质都是为了追求国家富强。但是无形中却对国人科学观的培养和实用主义精神的熏陶，产生了潜移默化的影响。

与前述进步、民主、自由等观念的传入一致，科学与实用观在中国的导入主要途径之一也是通过一些西文译著的传播。广方言馆、同文馆既是教育机构，又是翻译机构，这些机构翻译了大量西方科技类著作。如在江南制造局特设的翻译馆中，聘请了外国人傅兰雅、林乐知等与中国学者李善兰、华蘅芳、徐寿等合作，翻译科学著作多种，范围涉及数学、化学、地理、天文、医学等多种学科。[②] 这些译著对于中国科学技术传播产生的作用是巨大的。

同时，早期赴欧美留学的一些幼童的归国亦为中国输送了一批懂科学和技术的人才，这其中以詹天佑为代表。詹天佑是 1873 年清政府派遣的第一批留美学生，众所周知，詹天佑为我国铁路事业的发展做出了巨大的贡献。虽然清

---

① 高瑞泉. 中国现代精神传统——中国的现代性观念谱系［M］. 上海：上海古籍出版社，2005：299.
② 高瑞泉. 中国现代精神传统——中国的现代性观念谱系［M］. 上海：上海古籍出版社，2005：300.

政府总理衙门在 1881 年议决"将出洋学生一律调回"，损失重大，但是毕竟还是收获了一小批较为精通西方科技的人才。后来，清政府亦派出了一些学生赴欧洲留学。早期留欧学生当中以严复为著名。严复翻译了大量西方科学著作，并在倡导科学的思维方式上不遗余力。他认识到归纳法和演绎法这两种方法都是西方科学所倚重的逻辑。并且严复主张要更加重视学习归纳法。"外籀术重矣，而内籀之术乃更重……惟能此术，而后新理日出，而人伦乃有进步之期。"[①] 总的来说，这些受过西方科学技术熏陶的知识分子对于科学技术在中国的传播以及科学精神和方法的倡导用力颇多。

　　基督教在中国的传教也加速了现代西方科学知识的传播。传教士不仅在中国兴办教育机构，如有名的格致书院和中西书院，还积极推行和印发刊物，如《万国公报》和《格致汇编》。如康有为之思想就深受《万国公报》之影响。彼时中国之不识西文的传统士子，一般皆通过阅读《万国公报》之类的译文来了解西方科学与史实。梁启超曾言："而教会之在中国者，亦颇有译书。光绪间所为'新学家'者，欲求知识于域外，则以此为枕中鸿秘。"[②] 可见，基督教为了传教而举办的书院及其印发的刊物为培养中国过渡时代的思想启蒙式人物和具备接受西方科学思想之知识结构的知识分子打下了很好的基础。

　　科学的价值观念通过晚清乃至民初的持续蓄势传播，至新文化运动之时终于名正言顺地成为主导中国文化发展的核心价值所在。以陈独秀、胡适、李大钊等为代表的激进主义和自由主义知识分子正是以科学作为旗帜，对于封建传统文化予以激烈的批判。经此新文化运动，科学之价值在学术界知识界无人不知，无人不晓。当然，科学自五四以来的地位骤升还与彼时享受庚子赔款留学美国的中国科学社成员的大力宣扬不无相关。

　　伴随着五四期间杜威来华宣扬其实用主义思想，中国社会中根深蒂固的实用思想更得到进一步催化和扩大。中国古代科技是实用型的，有娴熟的技术，却没能找到很好的科学原理去解释它，如庖丁解牛和卖油翁的故事都能恰到好

---

① 高瑞泉.中国现代精神传统——中国的现代性观念谱系［M］.上海：上海古籍出版社，2005：307.
② 梁启超.清代学术概论［M］.北京：人民出版社，2008：79.

处地说明这一事实。对于中国传统人伦文化中过分张扬实践工具理性以及在思维方式上重直觉轻逻辑的特点，蒋梦麟曾在《西潮》中亦有过入木三分的分析："中国学者的座右铭就是学以致用。在我们中国人的眼光里，自然科学的价值只是因为它们能够产生实际的用途。……科学发展在中国停滞不前，就是因为我们太重实际。"① 因此，才会有严复对于科学实验方法（归纳法）的极力推崇，正是因为严复知晓科学实验方法和科学原理方面乃是中国薄弱之所在。

由上可见，虽然当时中国输入了西方的现代科学知识和技术，但是国人并未将之视为一种可以穷理究源的学问，对于科学知识缺乏深入的研究，既然国人本着不求甚解、只求实用的心态去学习科学技术，中国的科学发展自然受到掣肘。事实说明，中国人过于功利性的价值趋向对于科学的长远发展是有害无益的。

这里需要言明的是，美国的实用主义思想是建立在科学探究之上的实用主义。实用主义精神传入中国，在中国学界引起较强共鸣，但中国人只注意到工具理性的一面，内在的以知识为本位的精神却被忽略，因此当时的中国人普遍缺少一种为科学而科学的精神。或者说，中国在近代以来一直缺乏一种科学文化。毋宁说从小接受传统儒家伦理道德教育的知识分子们对于"奇技淫巧"甚为不屑，单就在科举取仕制度的杠杆作用下也不可能造就一种重视科学技术和科学文化的氛围。科学文化是西方近代科技革命的产物，是与中国传统文化截然不同的一种异质文化。在中西文化的频繁交流与碰撞过程中，科学文化的幼苗才开始在中国社会萌芽，其后才慢慢得到长足的发展。因此中国的科学文化是外发衍生型的。

然而在民国时期，由于科学思想和科学的作用被人为地摆到了一个极高的地位，科学的大肆宣传和教育简直成了大学教育的主导性内容，因此对人文造成极大的冲击。具体有两方面的表现。首先是对中国人文的伦理道德之冲击。中国的三纲五常等人文流弊在"打倒孔家店"等口号下被清场，其中发生在1923 年的科玄论战是最为典型的例子。张君劢和丁文江各自作为玄学派和科学派的主角，针对科学能否解决人生观问题展开激烈的辩论，以玄学派的落败告

---

① 蒋梦麟. 西潮与新潮——蒋梦麟回忆录［M］. 北京：东方出版社，2006：277-279.

终。这体现了科学对于人文的学术圈层面的冲击。其次是对人文和通识性学科造成了冲击，即在学生培养模式上用专才教育代替了通识教育，用智育冲击德育，使得大学培养人才的思路有失偏颇。凡事过犹不及，渗透到大学教育的过于偏重科学的内容导向，正是通过民国时期著名大学校长的正确把舵，才使得大学的教育不偏离方向，中国的高等教育才能顺利地完成现代转型。

（四）"社会改良"与"社会改造"的政治诉求

民初之际，留学潮流大盛，西方政治、社会、哲学、经济、法律等学科知识开始借由一部分趋新知识分子的传播进入国人的视野，在当时国家政局动荡，社会不稳之际，"社会改良"与"社会改造"成为摆在知识分子面前的当头之重。

1924年，社会学家陶孟和呼吁："人人都应该明白共同生活的性质，设法将共同生活整理完善。一方面因为每人都是社会的一分子，所以他应该知道他的社会，并负有改良他的社会的责任。又一方面，因为适宜的社会生活是各人实现他的生命的所在……"①陶孟和的这番言语充分映射了时人对于改良社会的期求，如果社会得不到改良，个人的生存和发展也难以为继。而社会改良所依赖者，唯教育耳。来自西方的思想资源，诸如马克思主义、社会主义、教育民主等思想成为中国知识分子尤其是留过洋的知识分子的新宠，很多新式知识分子在学习西方的知识之后得出结论认为，教育是促进社会改良与促成社会改造的源动力，只有通过改造教育，才能整体上改造中国的社会。教育改造又分为温和的方式和激进的方式，前者是在认同现有社会体制的基础上对社会进行局部改良，而后者是主张通过疾风骤雨似的措施和手段来对社会体制进行全面推翻和改变。

民国始立，暴风骤雨的革命换来了政权的暂时稳定。来自西方或日本的各种概念资源蜂拥进入中国，成为国人探求解决中国所面临的经济、政治、社会问题的良药。学者唐小兵认为，"剥削""剩余价值""掠夺"等反映社会性质的词语成为民国时期认知社会性质的主要概念工具。对社会的体认影响到对社

---

① 唐小兵.形塑社会想象的思想资源与概念工具——以二十世纪二三十年代"社会问题"系列图书为中心的考察［J］.中共党史研究，2016（5）：22.

会的改造和改良行动。社会改造其实等同于彻底推翻这一剥削、掠夺的社会而建立一个民主、自由的社会。由于马克思主义和社会主义在"历史愿景的承诺、革命手段的去道德化、两分法的辩证思维、现实中国与理论中国的对接等各方面因素的纵横交错"①，被很多学者奉为拯救中国社会的圭臬。但是民国时期在通过改造教育改造社会的具体实践当中，却是崇尚民主、科学与自由的社会改良主义占据了上风，社会改良主义的理论当以实用主义为代表。实用主义思想力主通过教育改良社会，反对固化的形式化的教育，强调尊重学生个性发展和社会发展规律的、独立的、自治的平民主义教育。

民国的一些新知识分子认为教育改造是与社会改造相辅相成的。他们认为教育，尤其是高等教育与社会改良和进化有着脱离不开的联系。个人的品性、智力完善与社会培育、发育是相辅相成的。新教育在于个人要在教育中获得一种自我启蒙甚至解放的能力，也就是养成一种自由的心性，同时也要求社会具有相匹配的社会环境为施行自由教育提供方便。

由于高等教育区别于普通教育的属性，因此与社会产生了更多的互动。如许崇清认为教育的发展依赖于社会环境的发展，新教育的推行需要社会环境具备足以容纳新教育的条件。所谓的新教育指的是欧美现代式的教育。从欧美现代化教育的历程里面去研究，欧洲社会是先有社会进化才有教育改造以适应社会，而中国的目的则在于通过教育去促进社会进化和改造。由于中国社会教育各方面条件尚不是完全具备，况且教育者无法把握产业革命的权，因此教育者对此教育改造并无信心和把握。许崇清呼吁在中国教育与产业两相分离的积习应该破除。教育的基础在于产业。学校教育是促进社会进化的试验场。"社会是断非只有法治而可以发达进步的，想求社会的进步发达必定要兼施教育。凡想在社会里头改良的事物，应要先在学校教育里头着手改良。"②

在各种层次的教育之中，又唯高等教育为对社会改造最力者。雷沛鸿对于

---

① 唐小兵．形塑社会想象的思想资源与概念工具——以二十世纪二三十年代"社会问题"系列图书为中心的考察［J］．中共党史研究，2016（5）：21.
② 许崇清．教师与社会［G］//周谷平，赵师红．走向一流的历史轨迹：中外著名大学校长治校理念与办学制度文献选编：中国卷之一，1．杭州：浙江大学出版社，2015：414.

教育与社会两者之间关系的看法与许崇清类似，认为当前欠健全的社会阻碍着教育的推行。教育改造能够促进社会改造，而社会发展又能影响科学教育发展，两者有相互依附的关系。他将希望寄托于高等教育和自由教育。他认为建立了自由社会之后才能有科学教育与科学发明，但是只有先做好教育工作才能促进自由社会的建成。

综上，社会改良和改造依赖教育，因此社会改良和社会改造也成为了高等教育的政治社会诉求。同时，教育的发展也依赖于社会的和谐稳定，需要有一个良好的社会环境。

三、思想文化环境："无序的多元"

五四以前，民国著名大学校长所处的是一个儒家文化主导的思想环境，接受着儒家文化的深厚滋养，酝酿生成家国天下的人文情怀，及至国家遭遇存亡危机，他们开始接触西学，向西方寻求致富图强的思想资源。五四以后，西方文化中五花八门的学说、思潮大肆进入中国，西风压倒东风，书院被迫关闭，儒家文化在自身"繁衍体制"难以为继的情形之下，遭受到进一步的空间挤压和价值重审。民国著名大学校长的高等教育思想资源的重心也随之发生变迁。当然，促使高等教育思想发生转变的主体性因素与当时接受过西学熏陶知识精英的自觉文化选择和新的价值诉求密切相关。

西方现代性观念思潮中除了前述所介绍的几组概念之外，各种对立且相互依附的思想观念纷纷闯入学界的研究视域，成为探究如何铸造民族国家和培养造就新民的重要学术话语。正如刘梦溪所言："文化秩序中既有累积的旧传统，又有正在衍生的新传统，这两部分也是一种互相制衡的关系，通过互相制衡以保持文化发展的渐进性。"[①]一个国家和民族的文化是处于不断的变化和发展过程中的。民国成立，在政治上处于混乱分裂的局势下，文化上也处于这样"无序的多元"之中[②]。到底是彻底的西化还是保留中国文化的一席之地，并借西方

---

① 刘梦溪.中国文化的张力：传统解故［M］.北京：中信出版集团股份有限公司，2019：444-445.
② 许纪霖.家国天下——现代中国的个人、国家与世界认同［M］.上海：上海人民出版社，2017：119.

文化资源来发展壮大自己，成为民国社会各界知识分子所讨论的核心议题。民国著名大学校长的高等教育思想所萌生的思想文化环境正是这样一幅面临着冲突和纷争又不断变动进行微调最终寻求制衡的情景。

第四节　时代和思潮影响下高等教育理想的型塑

一、树立教育/科学救国的信仰

对于清末民初的知识分子而言，目睹政治救国的无望，摆在他们面前的唯有两条路可走，一条是教育救国，一条是科学（实业）救国。相较而言，饱读诗书的知识分子救国更倾向于采取前一种路径。对此，张君劢曾有评论："在清末至民国初年，国内外知识界对于学问有一种风气：求学问，是为改良政治，是为救国，所以求学问不是以学问为终身之业，乃是所以达救国之目的。"① 虽然这话未必适合于所有知识分子，却揭示了当时学界一种普遍的教育学术救国的倾向。

蔡元培从第一次游学异国起，即抱有教育救国的强烈理想。在其两次学习与感受德国文化、教育的基础上，犹觉西方国家教育思想可取，在第三次出国在法游学期间，除了自身孜孜以求之外，他更多地想到应尽自己之所能，宣传、介绍西方先进文化，尤其宜宣传于中华民族有所裨益的新思想、新学说。为此他同旅欧同人一道，积极筹办报刊，主要面向旅欧华人。原拟办《民德报》，几经努力而未成。后改办《学风》杂志。蔡元培对办这一杂志倾注了极大热情，他想以此作为介绍西方文化的重要窗口。他以殷殷之情为《学风》杂志的发刊撰写了着力阐述办刊宗旨的发刊词。发刊词首先点明当今时代，为全世界大交通之时代。在点明时代背景之后，发刊词着重阐明增进世界文化的主要手段与内容是为科学与美术（这里的科学包含哲学于其内）。在援引古今中外以科学、美术增进世界文化之例证后，文章认为，以中国特有的诸多优越条

---

① 许纪霖.无穷的困惑［M］.上海：三联书店，1989：25.

件，本应为人类文明作更多贡献，而近代许多领域都大多为欧洲人越俎代庖。欲改变此种已显落后之状况，则宜效仿日本，取西方学术之精华，"急取而直追之"。鉴于此，发刊词深切要求留欧学子应主动担当传播欧洲文化的使命。发刊词结尾用形象的比喻说明了发刊者的用意所在：

> 鹿得革草，以力美食，则呦呦然相呼而共食之。田父负日之暄而暖，以为人莫知者，则愿举而献之于其君。吾侪既有所见，不能不有以报告于内国之同胞，吾侪之良心所命令也。……然则吾侪之所报告者，不能有几何之价值，吾侪固稔知之。然而吾侪之情，决不容以自己。是则吾侪之所以不自惭其夅陋，而有此《学风》杂志之发刊者也。①

这一洋洋大观之发刊词，既表明蔡元培对于增进世界文化的远见卓识，又表明他以游学之身，甘愿为介绍西域文化，促进故国文化健康发展的真诚心态。游学不忘救国，或为救国而游学，这是蔡元培一以贯之的思想与信念。1917 年 2 月 5 日，蔡元培先生接受《大公报》访问，谈及相应之教育观点，说道："从欧洲战争（第一次世界大战）之观察……军国主义与人道主义之战耳。从多助与寡助上观察，德之战也必矣。吾人观于此等趋势，故甚不愿吾国扩张军备，以召世界之注目，务宜从改革社会、普及教育、振兴实业上入手，但使我国不起排外之思想，则瓜分之祸不足虑也。"② 再一次明确了他教育救国和实业救国的理想和追求。综上可见，当时学术界的宗儒蔡元培已经为国内的教育救国和实业救国的合法性和必要性奠定了基调，那么以教育救国为己任成为当时大多数有识之士的抱负也是自然而然的了。

民国其他著名大学校长亦抱持教育、学术和科学救国之理想。郭秉文选择哥伦比亚大学师范学院的初衷是"有感于'培养人才，则有赖于教育'"③。他在博士论文中在论及"教育与国民进步"关系时亦强调："教育的改良成为所有

①　张乐天，檀传宝. 蔡元培传［M］. 北京：团结出版社，1998：110–111.
②　蔡元培. 蔡元培自述［M］. 文明国，编. 北京：人民日报出版社，2011：89.
③　高明. 郭故校长秉文先生行状［G］//高明. 郭秉文先生纪念文集. 台北：中华学术院，1971：4.

变革的中枢。正是新教育造就了国家栋梁，他们掌好舵向才能使国家之舟进入平安的港湾。"① 足见其对于教育救国之认同。蒋梦麟在 1919 年提出："救国之要道，在从事增进文化之基础工作，而以自己的学问功夫为立脚点，此岂摇旗呐喊之运动所可及？"② 表达了其学术文化救国的志向。"国民导师"胡适亦持学术救国的抱负："救国不是摇旗呐喊能够行的；是要多少多少的人投身于学术事业，苦心孤诣实事求是的去努力才行。所以我主张要以人格救国，要以学术救国。"③ 他同时列举了法国人巴士特（Pasteur）的传记来说明这个道理。巴士特是个科学家，研究了发酵作用、养蚕以及畜牧的问题，并为法国发明了某种疫苗。胡适觉得只有辛勤耕耘于学术研究或科学研究的作为才是真正的学术救国，而罢课则是毫无意义的做法。怀抱着"教育学术救国"的理想和热忱，胡适将"为祖国造不能亡之因"看作自己义不容辞的历史责任，他不仅自己主张学术救国，亦积极鼓动大学生学术救国。"希望我们的同学朋友注意，我们的责任是在研究学术以贡献于国家社会。没有科学，打仗、革命都是不行的！"④ 怀有远大志向的任鸿隽认为："现今世界，假如没有科学，几乎无以立国。"他所谓的"科学"并非专指化学物理生物等自然科学，而是运用归纳法等研究方法对天然和人为现象进行研究所得规律的总和。为了实现科学救国的理想，任鸿隽与友人共同发起成立科学社，创办《科学》杂志，为中国的科学教育事业发展拉开了帷幕。

综上，无论是教育（学术）救国还是科学（实业）救国，都是传统士子和现代知识分子在当时社会场景影响下对于改造时局的一种反应。无数有识之士感怀于时局维艰，出于强烈的民族主义倾向，希望在救国之路上另辟蹊径。而通过以留学为形式的中西文化交流，如上知识分子看到了西方教育之可取之处，因此主张教育（学术）救国和科学救国，通过创办具有现代化理念的大学

① 郭秉文．中国教育制度沿革史［M］．储朝晖，译．北京：商务印书馆，2014：170.
② 蒋梦麟．初到北京大学时在学生欢迎会中之演说［M］//曲士培．蒋梦麟教育论著选．北京：人民教育出版社，1995：120.
③ 胡适．学术救国［M］//胡适．博爱：胡适人生讲演集．昆明：云南人民出版社，2012：34-35.
④ 胡适．学术救国［M］//胡适．博爱：胡适人生讲演集．昆明：云南人民出版社，2012：38.

和科学教育机构以改造国民，改变中国的落后面貌。他们已自动自发地将教育救国或科学实业救国看成他们的信仰。

二、树立创办现代一流大学的理念

教育救国、科学救国乃是时代潮流，这成为了当时无数有识之士的共同使命。但是随着资产阶级民主共和国的成立，少数先进的知识分子得西学风气和留学资源之先，从更深的层次挖掘了教育救国的方式方法，那就是要彻底改造深受封建教育理念荼毒的大学堂、创办具有现代教育理念的一流大学。

在古代中国，进行高等教育的机构早在两千年前就出现了，那时称之为"太学"。董仲舒在《对贤良策》中提出"养士之大者，莫大于太学。太学者，贤士之所关也，教化之本原也"。[①]太学不仅是培养人才的场所，而且也把它作为推行教化的手段及官僚选拔的基地。[②]太学的学习内容以传授儒家经典为主，并要求"一岁皆辄课，能通一艺以上，补文学掌故缺；其高第可以为郎中"。[③]随后，太学演变为主要涵括伦理教育、政治与文学教育，后来又增设包括写与算等更多学科的"国子监"教育制度。数百年来，教育的目的只有一项，即教化民众和培养维护封建王权的文官。高等教育机构开设的目标也是以培养官吏为主。如北京大学的前身京师大学堂开办之初就设有仕学馆，是官吏养成之所，官僚风气浓厚，学术气息淡薄。随着时代和社会的演进，官吏养成之高等教育状况亟待改革，而改革端赖一些有着远见卓识的教育家。

大学作为一种传播新文明、新知识的重要组织结构，已在清末民初被许多有志之士所认识，但是真正意识到一国大学的重要意义并意图建构起中国自己的现代大学的，在当时却仅有为数不多的人士。这些先知人物通过官费或自费的方式留学或游学国外，眼界渐宽，在对中西文化和教育理念比较之下，创办世界一流大学的理念油然而生。回国后，因缘际会投入高等教育体制当中，创办或主掌大学，因他们独特的办学、教育理念和卓越的治校之能成为了著名大学校长。

①　孟宪承.中国古代教育文选［G］.北京：人民教育出版社，1996：140.
②　周谷平，张雁.中国古代太学与欧洲中世纪大学之比较——兼论我国现代大学的起源［J］.高等教育研究，2006（5）：90.
③　程舜英.两汉教育制度史资料［M］.北京：北京师范大学出版社，1983：83.

蔡元培早在德国留学期间，就立下了为中国创立世界一流大学的鸿鹄之志。此志向于他在北大二十年校庆纪念会上的演讲词中讲得最为明晰。他将北大与德国几所著名的大学作了对比，认为北大近二十年的发展在学科专业设置上渐与德国大学类似，未来有希望与德国柏林大学比肩。蔡元培用世界一流大学的纪念会来与北大的纪念会作比较，表明无论是历史悠久的大学还是历史相对短暂的大学，大学之精神不在于外部表现，而在于内在灵魂，因此不必苛求于纪念会的规模之盛，所要者，仅在于纪念之带给师生群体的意义。

为了将北大建成世界一流大学，1921 年蔡元培集中周游欧美诸国，考察各国的高等教育情况，个中详情在《蔡元培日记》中均有记载。如 2 月底至 3 月上旬他参观了法国著名大学，询法国各大学研究院或大学校长、教授各种情况，并于 3 月 8 日与李圣章同访居里夫人（Madame Curie）邀请其来中国学术交流；3 月 15 日访德国教育次长贝克（Dr. Becker）询问大学改革情况；3 月 17 日访柏林大学校长赛佛尔（Sefle）询大学情形；5 月 7 日访伦敦大学委员会主席麦科靡克（Sir William M'cormick）询欧战后英国大学新情况、政府对全国各大学的管理政策及政府对大学是否加以干涉等情况；6 月 2 日到纽约哥伦比亚大学访孟禄（Monroe）询美国大学与中小学之关系；6 月 14 日访美国高等教育司长育克博士（Dr. Yook）询高等教育情况。[①] 这些考察记录表明他对于西方现代一流大学和高等教育管理机构从其面临的整体环境到具体办学细节的关注，通过不断考察、比较和借鉴先进国家的办学经验以为中国所用。借由游学的方式考察教育，蔡校长使得自己的高等教育思想时刻保持与世界一流大学的大学理念和制度接轨，并将这种新思想和新趋势传递到中国大学的治校实践中去。

胡适留美期间就认识到国内若没有一个地方让人们去求取高等学问，会造成人才外流，到外国去留学，这种局面不改变，国内文明将永无进步之希望。在《国立大学之重要》（1915 年 2 月）一文中通过与英文教师亚丹先生（Prof. J. Q. Adams，jr.）就中国有无大学之问题的探讨，宣吐了他对建立一所类似于哈佛、剑桥、柏林、巴黎大学的国立大学的殷切期望："吾他日能生见中国有一

---

① 王世儒. 蔡元培日记：上［M］. 北京：北京大学出版社，2010：272-288.

国家的大学可比此邦之哈佛，英国之康桥牛津，德之柏林，法之巴黎，吾死瞑目矣。"①从胡适在国外留学期间的所思所感足见其早已树立了创办可与世界一流大学相比肩的中国现代大学的理念。或许是受到蔡元培和胡适两位学界导师的熏染，罗家伦、傅斯年在海外游学期间也异常重视考察各国高等教育详情，吸取一流大学办学经验，为他们日后主掌大学奠定了基础。

郭秉文在留美攻博期间也萌生了改革中国教育，在中国创建一所类似美国哥伦比亚大学，并可与北大相比肩的综合性大学之宏愿。他在获得博士学位回国之后，并未按江谦给其设定好的南高师发展路径去办学，而是遵循了他在美国哥伦比亚大学师范学院留学时心中所设定的大学的理想希冀，孜孜以求地办一所寓师范于大学的一流综合性大学。

任鸿隽虽主修理科，然而他在创办现代一流大学方面的理想和努力丝毫不逊色于一些主攻人文社科的教育家。他自留学起就强调要从学界入手而不是从政治入手建设中国。在留学期间，他作了数篇观照科学教育、西方大学和我国学术思想的论文，从中可见其深厚的中西方文化功底。以他的这种见识则早早地为其铺垫了一条通往大学校长的道路。1919年刚回国之际，他就向胡适写信，问道："尊处有美国大学制之参考书否？（如有美国州立大学之组织法更好。）如有，望借我一阅。"②借阅美国州立大学组织法，大约是为了构想其心目中的省立四川大学。1922年，任鸿隽在成都召开的全川教育会议上重提建立四川大学的议案，且要求在全川教育专款中每年拨四五十万元，做分年筹办省立四川大学之用。经大会表决通过。但仍因军阀混战，不了了之，③直至抗战前夕，执掌四川大学的大任派发到他身上，他终于有了施展抱负的机会。任鸿隽的理念和行动无不说明其创办和经营一所现代大学的宏愿。

当然，有着创办现代大学理念的有识之士不止如上诸位，但他们却是其中

---

① 胡适．国立大学之重要［G］//周谷平，赵师红．走向一流的历史轨迹：中外著名大学校长治校理念与办学制度文献选编：中国卷之一，1.杭州：浙江大学出版社，2015：113.

② 任鸿隽．询借书与联系代售《科学》及《科学通论》［G］//任鸿隽．科学救国之梦：任鸿隽文存．樊洪业，张久春，编．上海：上海科技教育出版社，2002：191.

③ 四川大学校史编写组．四川大学史稿［M］.成都：四川大学出版社，1985：91.

的典型。他们不仅仅停留于片面的教育救国的口号，而是落实到了创办现代一流大学以救国的行动当中。他们这种理念的产生与其所受的教育背景尤其是留学阅历密切相关。他们以所留学（游学）国家的大学理念为模板，从中抽取出适合中国大学发展的理念，同时也可见他们对于本国高等教育发展之关注，这从他们对于本国教育学术发展一些细节方面的考究可以看出。如果没有一种建立现代大学的理念，没有一种自觉的中西大学文化比较意识，可能也无法成就他们之后掌校的游刃有余。

本章小结　高等教育思想孕育的基础场景分析

一、共时性：所处基础场景的特征

结合本文研究的场景模式进行讨论，民国著名大学校长高等教育思想孕育的基础场景正是清末民初动荡的社会政治经济文化局势。"个人作为时代的产儿，不是站在他的时代以外，他只在他自己的特殊形式下表现这时代的实质——这也就是他自己的本质。"[①]20世纪初的中国社会是一个融复杂社会心态于一体的社会，身处风雨飘摇的时代，使得民国著名大学校长对于本土的环境、国家的局势、种族面临的危机均有着颇为清醒的认识，对于国家的教育发展现状颇为担忧，总体上的心态可以说是"紧迫与忧虑交集""悲怆和恐惧并存"，然而却有着"在欧风美雨中创造中国的近代文明"的雄心壮志[②]。而这点雄心壮志本源于他们的民族主义和爱国主义情怀，更被来自西方现代性观念谱系中的进步和竞争等口号所激昂。

若是把整个时代浓缩成一幅宏大的画面卷轴，那么民国著名大学校长所处的就是同一种社会关系和同一个社会空间，这些大学校长都处于一个西学东渐、大学制度变革、社会文化思潮激荡的时代，共同经受了西方现代性观念的冲击，换言之，他们共同感受和体验了民国时期的社会空间生态和社会思想文

---

①　黑格尔.哲学史讲演录：第一卷［M］.贺麟，王太庆，译.北京：商务印书馆，1981：57.

②　陈旭麓.近代中国社会的新陈代谢［M］.北京：生活·读书·新知三联书店，2017：211-213.

化生态，这集中反映了民国著名大学校长高等教育思想所孕育的基础场景的共时性。"共时原则表现为一种空间建构，最大限度地强化了空间关系，而弱化了时间关系。"①不仅如此，在本书整体的行文过程中，也是以共时性分析为主要倾向，辅之以历时性讨论的。

二、教育／学术救国：所处基础场景的主题和灵魂

在这一共时性基础场景中，中国教育近代化之图景徐徐展开。"壬寅学制""癸卯学制"的制定，教育行政机构的改革，以及新式学堂的兴办，一波又一波留学高潮的涌起，在说明中国教育近代化已经势不可挡，与此同时，中国高等教育面临着百废待兴的时代环境，亟待时人中的一些精英知识分子，尤其是本书所论及的这些大学校长有所思，有所为。而这些大学校长有感于这一艰难的时局，认识到要救国，唯有依靠教育或者科学实业，也就是通过进入到一定的文化和教育场景中，也即通过学习西方先进的现代化的科学技术，来改造中国的教育，进而改造中国落后的社会，以达到救亡图存的目的。他们能够理性地考虑国家和民族的出路，认为教育是唯一改变国家前途和命运的机会，因此他们树立了教育救国、科学救国的理想和创办现代一流大学的理念。民国著名大学校长高等教育思想产生的场景主题即为教育救国、科学救国的理想和创办现代一流大学的理念。这种场景主题亦伴随着他们之后所处的接受教育和社会任职的过程之中，成为他们高等教育思想萌生的源动力，尤其是当民国著名大学校长在各种场景中被来自西方的错综复杂且令人眼花缭乱的社会思潮包围时，他们依然能清醒地理清自己的思路，将己所坚持的大学理念和教育理念贯彻下去，所依凭的正是"教育救国、学术救国"的本心和初心。某种程度上来说，"教育救国、学术救国"成了民国著名大学校长群体的一种集体意识，这种集体意识引导着他们，自觉地运用自身积累的儒家文化底蕴、西学修养和知识理念对中国高等教育进行创建、改造和革新。

---

① 刘广远，张青岭.现代性视野中的共时性理论——巴赫金的《陀思妥耶夫斯基诗学》理论之一［J］.电影文学，2007（6下）：72.

第二章　民国著名大学校长高等教育思想产生的子场景分析

"芝加哥学派认为，抽离了时空背景的社会事实是无意义的。每一个社会事实都是情境化的，被其他关联性事实环绕着，并且与它过去的进程息息相关"。[①]这就要求仔细考究民国著名大学校长所处的特定的场景。民国著名大学校长置身有着特定历史记忆的社会、政治、经济、文化环境，其所借鉴和发展的高等教育相关思想，早已深深烙印了社会文化记忆和集体记忆，是有着场景依赖的。结合场景理论来看，表现在外围的是民国著名大学校长所置身的文化和社会场景，具体呈现为地域文化、教育文化及社会组织场景的客观结构；表现在内核的则是文化价值观，具体展现为民国著名大学校长对于大学及高等教育的主观认识。本章将从高等教育思想产生的子场景所呈现的客观结构予以分析。

第一节　地域文化场景及其影响：以吴越文化为例

文化的主体即是民族。安东尼·史密斯认为"民族是一个共享历史和文化的地域共同体"[②]。正因为民国时期著名大学校长群体出生于中国这片黄土地上，同属于中华民族这个大家庭，均处于一个共享历史和文化的地域共同体，因此他们的文化总体上带有民族的共性，表现为重视国家完整和民族自决的民族主义精神和集体意识，以及中国儒家传统文化的共性。

---

① 何雨.社会学芝加哥学派：一个知识共同体的学科贡献［M］.北京：社会科学文献出版社，2016：445.

② 史密斯.民族：是真实的还是想象的［M］//莫迪默，法恩.人民·民族·国家.刘泓，黄海慧，译.北京：中央民族大学出版社，2009：58.

　　具体到各个地域，民国著名大学校长的高等教育思想又受到出生地不同的人文环境特点影响。近代以来，虽经历史、时代及社会文化的大变动，地域文化特点却不会轻易更改。地域文化受到三个因素的影响。一是自然环境，二是生产方式，三是人文环境。在三者当中，人文环境是其中的核心部分。以下也主要是从人文环境这一维度来探讨。不同的地域文化会对大学校长的高等教育思想产生一定的影响。由表2-1可见，所选取的十一位大学校长中，其中有六位的籍贯或者出生地隶属于吴越文化区域，分别为蔡元培、郭秉文、胡适、蒋梦麟、罗家伦、竺可桢，还有两位（梅贻琦和任鸿隽）的祖籍也隶属于吴越文化区域。因此，本部分将主要结合民国时期著名大学校长出生比较密集的吴越文化区域来谈区域文化如何对大学校长个性特质产生潜移默化的影响。

表2-1　大学校长籍贯（出生地）和从事教育/文化活动的主要区域

姓名	出生年份	籍贯（出生地）	从事教育和文化活动的国内主要区域
蔡元培	1868	浙江绍兴	绍兴、上海、北平
傅斯年	1896	祖籍江西永丰，生于山东聊城	广州、长沙、昆明、重庆、北平、台北
郭秉文	1880	江苏江浦县	南京
胡适	1891	祖籍安徽绩溪，生于江苏川沙县	上海、北平、长沙、昆明、台北
胡先骕	1894	江西省新建县	江西、南京、北平、江西
蒋梦麟	1886	浙江余姚	上海、杭州、北平、长沙、昆明
罗家伦	1897	浙江绍兴柯桥镇	北平、武汉、南京、重庆
梅贻琦	1889	祖籍江苏武进，生于天津	北平、长沙、昆明
任鸿隽	1886	祖籍浙江湖州，生于四川巴县	重庆、北平、南京
张伯苓	1876	天津	天津、北平、重庆、长沙、昆明
竺可桢	1890	浙江绍兴市上虞	武昌、南京、天津、北平、杭州、江西、广西、贵州

　　吴越文化是指长江下游，包括今天苏、浙、皖在内的区域文化。[①]吴越文化的典型特征是柔、细、雅。蔡海榕曾论道，吴越地区之所以学术风气浓厚，

---

① 中国李白研究会　马鞍山李白研究所.中国李白研究（2009年集）——中国李白研究会第十四届年会暨李白国际学术研讨会论文集［C］.合肥：黄山书社，2009：169.

是因为地处鱼米之乡，物资丰厚，人们无须为物资生活操心，可以匀出较多精力关注和追求那些精神文明层面的东西。①吴越地区又远离政治中心，追名逐利的功利性相对少一些，因此可以使人静下心来埋头做学问。这也是为什么在中国文化转型第一阶段的物质转型和第三阶段的精神转型中吴越地区都是能者辈出，唯独在第二阶段的制度转型中，吴越知识分子却是大多静观其变，然而当时代暴风雨来临时，吴越地区的响应者之多仍居全国前列；暴风雨过后的精耕细作，更是这里人们的优长。②以上海为代表的吴越地区，是思想文化的重要传播基地。传播途径或方式主要以创办学会、报刊杂志以及新式学堂为主，润物细无声地培养了新一代的知识分子。吴越文化的这种地域性特点深刻地影响了以民国著名大学校长为代表的知识分子的行为和思维模式。

1915年9月，随着《新青年》的创办，民国时期的思想文化领域开始风起云涌。主导新文化运动的是陈独秀（1880—1942），安徽安庆人。安庆地处长江下游，属吴越文化区的西陲。同时引领新文化运动的还有胡适。胡适（1891—1962），安徽绩溪人，亦属于吴越文化区。如果说《新青年》是新文化运动的代言报，那么，陈独秀和胡适等人就是新文化运动的发言人。

具体到大学校长，蔡元培、蒋梦麟、罗家伦、竺可桢等大学校长的出生地皆属于吴越地区。从总体上看，吴越知识分子个性温和、冷静，具有自由主义的倾向，与柔、细且雅的吴越文化特质相吻合。在民国救亡图存和思想启蒙的大背景下，他们所提出的口号是"教育救国""实业救国""科学救国"，而非通过强硬的政治干预手段来救国。因此，投身于教育事业成为了他们共同的选择。

民国初期，中国近代教育家群体大多在吴越、上海、广州等沿海地区活动频繁。新文化运动之后，随着《新青年》杂志移到北京，北京大学成为五四新文化运动的根据地，而这里也成了现代大学校长的摇篮。罗家伦、傅斯年等大学校长均是在这里成长起来的。

---

① 蔡海榕.中国近代科学中的理想主义与功利主义形成的地域文化因素——试论吴越文化与岭南文化对中国近代科学精神气质的影响［J］.自然辩证法通讯，2005（3）：37.
② 董楚平.近代的吴越文化［J］.杭州师范学院学报（人文社会科学版），2001（3）：18.

20世纪20年代以后，大学校长的地域特征相对而言日渐淡薄，代之而起的是几乎人人都有的出国留学的经历。[①] 由于吴越地区大多为沿海区域，更利于吸纳西方先进的思想，因此成为西方文化最先光顾的区域。随着西学东渐的局面日益打开，吴越地区的知识分子大多选择出国留学或游学。这些新式知识分子出国留学的经历也呈现鲜明的地域性分布，尤以日本、德国、美国三个国家的留学为主。留学归国后，由表2-1可以看出，他们从事教育或者文化活动的地域已经不再局限于吴越地区，而是遍及国内各区域，尤以在北平、南京、武昌等国内政治文化活跃地区的知名高校任职或者任教为主。1937年抗战骤起，国内多所大学发生南迁或西迁，大学校长们的教育和文化活动的轨迹转战西南地区，具体所处地域呈现驳杂不一的景象。其时，整个国内教育环境所面临的困局主导了大局，所在区域对于大学校长的作用力和影响力也因之减弱。

以如上所讨论的吴越文化为例，出生地域的文化尤其是人文环境很大程度上会影响民国著名大学校长的高等教育性情和学术偏好，也为他们高等教育思想的形成铺设了职业生涯层面的基底，而之后从事教育及社会文化活动中所处的地域文化对他们所带来的影响相对而言就没有出生地域文化那么大了，这主要是因为民国著名大学校长所置身场景的关键性要素发生了变化。

第二节　教育文化场景及其影响

一、教育文化场景所形成知识结构的共性

民国著名大学校长所置身的国内教育文化场景有其相似性。本书论及的十一位民国时期著名大学校长按年龄不同，大致可分为两代人，较年长的一代出生于19世纪70年代左右，他们更多地受传统教育的熏陶，以留日学生构成其主体，代表人物是蔡元培和张伯苓等。这一代人是民国初年教育界的中流砥柱，为打开中国高等教育近代化的局面起到了先行者的作用。而较年轻的一代

---

① 田正平，肖朗．中国近代教育家群体特征综论［J］．教育研究，1999（11）：48.

出生于 19 世纪 80 年代以后，尤以 19 世纪 90 年代后出生的占主体，他们在国耻国难中度过年幼时代，在新式学堂中完成初等、中等教育，是留学教育风潮的惠及者，亦是中国高等教育近代化事业的接替者，其余九位大学校长——郭秉文、胡适、傅斯年、罗家伦、胡先骕、梅贻琦、竺可桢、蒋梦麟、任鸿隽等大抵如此。

总体而言，民国著名大学校长皆经历了幼年时儒家教育思想的熏陶，之后或是曾任教于新式学堂，或是在新式学堂上过学，与西学亲密接触，显示了儒家传统文化和新学的双重修养。这样的学习经历不仅为他们未来成为大学校长奠定了基础，也间接催生了他们各具特色的高等教育思想。而在接受西方教育方面，无论是通过游学或者是留学的方式，他们都无一例外地接受了西方高等教育思想。他们接受教育的简况如下表 2-2 所示。

表2-2　民国时期大学校长接受教育情况表

校长	出生年份	接受启蒙教育和中等教育	接受国内高等教育	接受国外高等教育
蔡元培	1868	六岁发蒙，少年时推崇宋明理学	—	游学于莱比锡大学（1907—1911），法国大学（1912—1913.5），德国汉堡大学（1913.9—1916），习哲学、实验心理学、美学、民族学
傅斯年	1896	五岁入私塾，接受过几年高等小学堂教育，十三岁离开聊城，入天津府立中学堂	北京大学（1913—1919），主攻文科	游学于爱丁堡大学、伦敦大学（1919—1923）；柏林大学（1923—1926）。涉猎各种自然科学、文学
郭秉文	1880	上海清心书院	—	伍斯特学院（1908—1911），习理学；哥伦比亚大学（1911—1914）习教育学，获博士学位
胡适	1891	四岁入私塾，先后在上海梅溪学堂、上海澄衷学堂学习	中国公学	康奈尔大学（1910—1915），由农学转文学和哲学；哥伦比亚大学（1915—1917），习哲学，获博士学位
胡先骕	1894	四岁启蒙，之后在南昌府洪都中学学习	北京大学预科	加州大学（1912—1916），由农学转植物学；哈佛大学（1923—1925），习植物分类学，得博士学位

校长	出生年份	接受启蒙教育和中等教育	接受国内高等教育	接受国外高等教育
蒋梦麟	1886	先是接受家塾教育，之后在绍兴中西学堂学习	先后在浙江省立高等学堂、上海南洋公学学习	加州大学（1908—1912），由农学转教育学，历史学、哲学为副科；哥伦比亚大学（1912—1917），习教育学、哲学，获博士学位
罗家伦	1897	上海复旦公学（中学部）	北京大学文科	游学于普林斯顿大学、哥伦比亚大学（1920—1922）；伦敦大学、柏林大学、巴黎大学（1922—1926）。习哲学、历史
梅贻琦	1889	天津第一私立中学堂（南开中学前身）	保定直隶高等学堂（学习一年后，报考并成为首批"直接留美生"）	伍斯特理工学院（1910-1914），习电机工程专业；芝加哥大学（1921-1922），习机械工程，获硕士学位
任鸿隽	1886	重庆府中学堂	上海中国公学高等预科	日本高等工业学校（1909—1911），习应用化学；康奈尔大学（1913—1916），习化学和物理学；哥伦比亚大学（1917—1918），习化学，获硕士学位
张伯苓	1876	六岁入私塾，后考入天津北洋水师学堂	—	两次参观日本（1903、1904）；在美国哥伦比亚大学师范学院研习教育学（1917—1918），七十岁时获荣誉博士学位
竺可桢	1890	在家塾学习，后入小学堂，毕业后入上海澄衷学堂，在复旦公学补完中学末年	唐山路况学堂学习土木工程	伊利诺伊大学（1910—1913），习农业；哈佛大学（1913—1918），习气象学，获博士学位

从民国著名大学校长相似的教育场景中可得他们知识结构方面的一些共性。

（一）幼年扎实的儒家文化功底

由于科举制度在 1905 年方被废除，所以从时间上看，十一位大学校长，无论是年岁最长的蔡元培抑或年龄最小的罗家伦，幼年时毫无疑问地都接受了儒学的启蒙教育。一般于 4 ~ 6 岁开始在私塾接受启蒙教育。私塾是中国私学的一种，有塾师自设的学馆、地主和商人设立的家塾，以及用祠堂、庙宇的地租收入或私人捐款举办的义塾，①是中国传统教育体制中的一个重要教育场所。幼年的教育重记忆和背诵，所授内容无外乎蕴含儒家思想的那些典籍。

国学启蒙教育使他们慢慢地了解到中国传统儒家的做人标准。他们一般是从《百家姓》《千字文》等小书开始启蒙，然后开始接触儒家经典"四书"和"五经"。由于在他们幼年时被灌输参加科举考试的思想，因此无论愿不愿意，都被要求学作八股文，这也直接养成了他们良好的儒家文化的底蕴。从总体上来看，他们的共同特点在于学思敏捷，好学不倦。即便如蒋梦麟，虽然幼时有过厌学心理，但是能够自我调整，重新端正学习的目的，也是值得肯定的。他们接受启蒙私塾教育或家塾教育的时间长短各不相同，最长的如蔡元培，受过长达十年的私塾教育，短的至少也有两三年的时间沉浸其中，使他们的思想中留存了儒学思想的基因，烙印他们一生。

（二）与新式学堂的亲密接触

清末民初，中国传统文化面临着西方文化的挑战和解构。随着新式教育的日渐摄入和科举取仕制度的瓦解，传统士大夫的知识结构开始发生变化，新旧两面同时呈现，对于现代性价值理性的追求使一些传统士子日渐转型为公共知识分子。有识之士为了出国寻得"疗国贫"的方法，通过考取中学堂和高等学堂的形式，一方面积淀了西学知识，一方面为出国留学做好语言上的准备。大学校长群体中或是接受过新式学堂的教育，主要是那些出生于19世纪80年代末及90年代的知识分子们，恰逢新式学堂的兴办热，如傅斯年、胡适、蒋梦麟、罗家伦等；或是在新式学堂里任教过，指那些年纪较长的有识之士们，如蔡元培，足见新式学堂作为西学教育传播场所的重要意义。新式学堂能传授西方的自然科学知识，各种外国语，虽然仍兼及旧式教育，但是毕竟已为他们开辟了一层未知的认识空间了。

（三）对于国内思想学术的共同关注

在接受新式教育的同时，大学校长群体中的大部分亦存有对于国内思想学

---

① 中国百科大辞典编委会.中国百科大辞典［Z］.北京：华夏出版社，1990：467.

术发展的关注。对于亲身经历当时西化浪潮的大学校长群体，他们中很多都对梁启超佩服甚深。如胡适在上海澄衷学堂读书时深受梁启超的资产阶级改良主义思想影响，特别是梁启超所著的《新民说》和《中国学术思想变迁之大势》对他影响至深。他认为，《新民说》是学术界第一次用历史的眼光来整理中国学术思想，而结合他后来的研究趋向，可以说这本书打开了他研究中国哲学史的大门。可见，在当时的中国学术界，能存有中国自己独立的学术思想是多么不容易，而梁启超则为中国学术思想独立树了一杆旗帜。任鸿隽一直记得，"有人翻印梁任公之《灭国新法论》，读之尤令吾感动"①。对于任鸿隽而言，值得共鸣的地方在于：梁启超提出"物竞"之不可免，而"灭国新法"并不仅仅着眼于少数人，而是针对全体国民的；其表征也不只是传统意义上的"毁其宗庙，迁其重器"式亡国，而更是一场全方位的战争，通商、开路均可成为亡国之渐，而国家在形式上的保存并不意味着"不灭"。② 由此也酿造了任鸿隽终生最为关注的问题，即与西人竞争，建立中国学界，在世界民族之林中有一席之地。罗家伦在上海复旦公学学习时非常崇拜启蒙巨子梁启超，深受其思想的影响。由于旧文学功底深厚，罗家伦往往下笔千言，当选为《复旦》季刊的编辑。"在校期间他写的《二十世纪中国之学生》，以'新学生'与'陈死人'比喻相对，以20世纪中国的主人翁自喻，号召青年努力成为'新学生'，以拯救中国于惊涛骇浪之中。这是他最早提出以学生的身份来改造社会的主张。"③ 胡先骕在京师大学堂就读时心中佩服的也只是改良派领袖梁启超。综上，说明大学校长群体在接受新学的同时，心中还暗存中国学术独立以改造社会的美好期待。

（四）以留学（游学）作为扩充知识的必要途径

派遣留学生作为中国近代教育改革的主要措施之一，为无数有志于出国留学（游学）的有识之士提供了机会。如果说在国内的启蒙教育和中高等教育像是一把钥匙，为这些大学校长打开了中国传统儒家文化的大门，那么国外的留

---

① 沈伟.梁启超《灭国新法论》中的编辑与翻译问题［EB/OL］.（2019-04-29）［2019-11-17］.http://dzb.whb.cn/html/2019-04/29/content_784385.html.
② 王东杰.建立学界 陶铸国民——四川大学校长任鸿隽［M］.济南：山东教育出版社，2011：26.
③ 许小青.诚朴雄伟 泱泱大风——中央大学校长罗家伦［M］.济南：山东教育出版社，2012：9.

学或者游学生涯则像是一剂催化剂，把他们的爱国之心和强国之情转化为了丝丝缕缕的知识碎片，他们如饥似渴地吸收着这些知识。傅斯年的这番话或可代表他们出国留学的心情："近二三年来，更蕴积和激出了许多问题。最近四五个月中，胸中的问题更大大加多，同时以前的一切囫囵吞枣答案一齐推翻。所以使得我求学的饥，饥得要死，恨不得在这一秒钟内，飞出中国去。"① 带着一腔热情，载着一筐问题，他们走上了一条出国留学教育学术救国的道路。通过留学（游学）以获取更多知识的模式是当时新式知识分子的普遍选择。

二、留学文化场景不同导致知识结构的差异

（一）留德学人群：庞杂且多元的知识结构

20 世纪初，正是留日潮兴起之际，"在二十世纪的最初十年中，中国学生前往日本留学的活动很可能是到此时为止的世界史上最大规模的学生出洋运动"②。一般而言，清末传统士子皆会自觉不自觉地跟随主流趋势选择东渡日本，然而，在这样的一种环境中，蔡元培始终明确抱定坚不留日，以德为师的目标。他曾言："救中国必以学。世界学术德最尊。"③ 这说明他对于当时世界学术文化史现象的敏锐把握。无论是在明治维新后大开留洋之风的日本还是在世界其他教育新兴国家如美国都是曾以德为师，并取得了教育学术领域的较大突破和发展。近邻日本的系列教育改革凸显了其师法德国之痕迹。"日本的教育体制及内隐的教育价值观主要是以德国为蓝本的，两者之间有着相当多的共通性"。④ 而他还知悉美国大量派遣学生留德以兴国内教育："昔美当十九世纪前半衰弱，欧洲列强不以同等国视之，美知转弱为强非兴教育不可，于是开办学堂遍立报馆，凡可使教育发达者，无不竭力从事。但卒以人材稀少，虽有大学，未臻完善，爱遣大学毕业生留学德国，冀截德国之长以补其短，其结果适如所期，著述发明迭出，不鲜比年以来进步尤速。其科学大家类能独树一帜，

① 欧阳哲生.傅斯年全集：第一卷［M］.长沙：湖南教育出版社，2003：375.
② 费正清.剑桥中国晚清史（1800—1911）（下卷）［M］.北京：中国社会科学出版社，2007：393.
③ 黄炎培.吾师蔡孑民先生哀悼辞［M］//梁柱.蔡元培与北京大学.北京：北京大学出版社，1996：12.
④ 田正平.中外教育交流史［M］.广州：广东教育出版社，2004：588-589.

以与德国相对峙，此美国假途于留学，以致其富强者也。"①这说明蔡元培打定留德主意之前，曾对当时的"世界教育高地"所在进行一番了解和考察，他的留德选择确是深思熟虑、坚定不移的。德国成为他游学的第一站也是最为重要的一站。而继他之后，一些北大毕业的学子也纷纷选择游学德国，渴盼求得德国的治学和教育之术。德国一时之间成了国人的主要留学聚集地。

大学校长群体中，蔡元培、傅斯年、罗家伦在国外游学多年，他们并不以取得学位为目的，纯粹是为了学得教育术以救国贫。因此他们游学一般也不局限于一所大学，而是多个国家的多所大学。他们从不同的国家感受不同的高等教育理念，并将这些理念融入他们的知识体系当中，酝酿宣吐出自己的高等教育思想。但是总的来说，这三位对于德国大学理念的感受颇深。

蔡元培一生多次出国留学，由于出国时已到不惑之年，可以算是一个十足的"老"学生了。第一次是在1907年，也是奠定他高等教育思想的最为关键的一次留学。蔡元培选择留学德国的直接原因还在于德国是一个哲学研究发达的国家。蔡元培经孔好古氏（August Conraty）介绍，转入莱比锡大学，专攻心理学和哲学史。但总的来说，他在德国莱比锡大学涉猎的学科非常广泛，从哲学到文学，从心理学到美学，从民族学到比较文明史，从美术史到自然科学发展史，几乎涵盖了所有的人文学科。②他对冯德和兰普莱西非常推崇，认为："冯德是一位最博学的学者。……而兰普莱西是史学界的革新者，曾著《德意志史》，创设了文明史与世界史研究所，学生在三四年级被允许入所研究，我以外国学生，不拘年级，亦允入所，并在兰氏所指导的一门中练习。"③兰氏的教学及研究方式，在很大程度上影响了蔡元培日后执掌北大时研究所设置的理念，尤其是兰氏讲史时重美术的风格，也陶冶了蔡元培对于美学的修养，型塑了大学里注重美育的观念。

① 蔡元培.本校派生留学近闻［M］//王学珍，郭建荣.北京大学史料：第2卷1912—1937年第1册.北京：北京大学出版社，2000：686.
② 费路.蔡元培在德国莱比锡大学［C］//蔡元培研究会.论蔡元培：纪念蔡元培诞辰120周年学术讨论会文集.北京：旅游教育出版社，1989：460-464.
③ 蔡元培.蔡元培自述［M］.文明国，编.北京：人民日报出版社，2011：38-39.

蔡元培在莱比锡共待了三年。学习之余，他还十分注重研究德国的教育制度。虽然蔡元培在德国留学期间所学专业并非教育学，但是他具有一种归国后"能效壤流之助于教育界"的使命感，故将考察德国教育制度现状和研读大学教育相关书籍作为其专业课程学习之外的重要任务。他曾将已故柏林大学教授、博士巴留岑所著的《德意志大学》总论部分译成中文，寄回国内，在《教育杂志》上发表。该文全面介绍了德国大学制度的特色，对德国大学职员的选举，教员的任免，学校的权力，以及德国大学如何将学术研究与讲授知识"融合而为一"等均有扼要论述。[①]这是所知的较早将德国大学理念和制度输入中国的尝试。在莱比锡期间，他还认识了治民族学的但采儿（Teodos Wilhelm Danzel），并与其妹婿野该尔氏相识。野该尔氏是一新式中学的教员，"此校重在启发学生，使能自动的研求，于训育特别注重"。[②]蔡元培在这所学校住了一星期，切身体会了该校的教学和科研作风，大约对这所学校的办学理念也是深表认同的。这也是他后来在北大强调学生自动的研求的一种理念渊源。之后蔡元培在北大的一系列高等教育办学理念，很大程度上就是潜移默化地受到他曾游学过的德国各大学的影响。

傅斯年与罗家伦是蔡元培的学生，他们在出国留学时选择不以获取学位为旨归，极有可能是受到了蔡氏的影响。与蔡元培的知识结构类似，他们在求取学问上本着贪多务得，细大不捐的学习精神，广泛涉猎各个专业，形成了对于哲学、心理学、历史学、社会学等人文社科的综合性知识结构，而这使得他们在未来担任大学校长之职时具有更多的学术上的自信。但是这两位与蔡元培的游学国别结构有着相异之处。他们均是先选择去欧美国家游学，再去德国游学。因此他们的知识结构相比蔡元培显得更为复杂。

傅斯年曾在国外游学七年，足迹遍及英美及德国的多所著名大学。傅斯年所涉猎领域集中于理工科和文史哲类。在柏林大学人文学院注册以后，他便开始了博览群书，综揽各科的留学之路。他把学位文凭这一形式看得很轻，因此

---

① 崔志海.蔡元培传［M］.北京：红旗出版社，2009：55-56.
② 蔡元培.蔡元培自述［M］.文明国，编.北京：人民日报出版社，2011：42.

并未花时间去写作学位论文，事实上他也不是为了学位而出国的。从这里可以看出，傅斯年性格当中有一种不为形式所趋，而更为重视学术知识的获取本身的品质。他保持了对自然科学的热情，物理课是他的爱好所在，同时，对于像数学那样的基础学科也是偏爱有加，其中，统计学中的或然率是他尤为注重研究的领域。1925年的一本笔记本表明，他相信或然率能够帮他获得解决一些社会问题的方法。[①]总而言之，他在柏林大学的学习对象主要是那些能够对多种社会现象加以科学解释的科目。他广泛地听课，包括逻辑、医学心理学、人类学、梵文和语音学等。受北大同学陈寅恪的影响，傅斯年逐渐向柏林大学的一群东方学者靠拢。在那里，他和陈寅恪参加了弗兰克林（Herman Franke，1870—1930）讲授的几门关于西藏的课程。他甚至对梵文和缅甸语产生了兴趣。而从1924年起，他的兴趣又回归至史学。[②]而当他回到国内之时，其在语言学和历史学的深厚底蕴已经预示他创建史语所之举的成功了。

与傅斯年相比，罗家伦的游学国度更为多样，游学六年，可谓将当时的西方教育强国尽皆"游"遍，也加深了他对世界高等教育系统的体悟。他的兴趣在于历史和哲学，无论是在美国的普林斯顿大学还是在哥伦比亚大学甚或在柏林大学和巴黎大学，他的兴趣爱好始终如一。他没有专门读学位，而是师从名师、大学者研究文学、哲学、历史、民族、教育、地理学，尤其对这些大学文理学院如何办得成功最为注意。罗家伦与傅斯年一样，不为求取学位，而是广泛涉猎自己感兴趣的学科，因一度兴趣范围过广还引起其老师胡适的不满。他自己后来解释说："我们年轻时，在欧洲各地是游学而非留学，在出国的四五年中，我们不会固定地在任何一所大学里作过长达一年的停留，依照我们预定的计划，我们几乎访遍了欧洲所有著名的学府，也曾向许许多多大师级的学者当面请教。"[③]这种游学的经历，极大拓展了罗家伦的学术视野，也赋予了他日后拥有独到的学术眼光来为所出长的大学访求人才的能力。

---

①　傅斯年.傅斯年全集［M］.台北：联经出版事业有限公司，1980：2365–2366.
②　王汎森.傅斯年：中国近代历史与政治中的个体生命［M］.王晓冰，译.北京：生活·读书·新知三联书店，2012：71.
③　刘维开.罗家伦先生年谱［M］.出版地不详：中国国民党中央委员会党史委员会，1996：203.

彼时德国柏林大学成了中国青年学者的汇聚地。与傅斯年、罗家伦交往密切的有陈寅恪、俞大维、何思源等。他们在学业上互相砥砺，共同进步，生活上互相帮扶，结成了深厚的友谊。罗家伦对于当时的留德学人群有一个恰如其分的描述："这群人的学术的心理的背景若是明白了，可以帮助了解当时那种旁征侧羁，以求先博而后专的风气。因为当时大家除了有很强的求知欲而外，还有想在学术里求创获的野心。"[①]充分昭示了以蔡元培、傅斯年、罗家伦为代表的留德学人之留学风气。

（二）留美学人群：术业有专攻的知识结构

20世纪初期国人赴美留学之潮流与美国退还庚子赔款之举措直接相关。1900年八国联军侵华，清政府签订丧权辱国的《辛丑条约》，不计利息，须向14国赔款共数为美元30000.3万元，合白银45000万两。[②]美国为了扩大其文化对于中国的影响力，间接为其未来发展培养和储备具有美国文化和理念的人才，决定将超收的庚款退还中国，用此款项资助中国学生留学美国，于是就有了1909年开始的一年一度的选派合适的中国学子赴美留学规划。20世纪早期虽然有散在的个体通过自费或者其他公费形式考取在美留学生，但大多学子是经由这种途径赴美的。

美国在20世纪初期虽称不上世界高等教育顶尖强国，但其具有发展高等教育的先见之明，19世纪即通过派遣本科毕业生赴德继续求学。自1815年第一次派遣3名留德学生起，至1915年有10000余名学生到德国求学。[③]德国重视科学研究的传统以及倡导学术自由的理念随着他们回到美国后，也一并引入，[④]使美国高等教育多了重视科研和学术自由等要素。美国现代学者对于受惠于德国大学理念之事实也并未否认，认为美国今日所取得的成就应直接或间接归功于那个时代远赴德国留学的美国人[⑤]。这些留德人员在借鉴、融合、创新德

---

① 马亮宽，李泉.傅斯年：时代的曙光［M］.台北：五南图书出版股份有限公司，2013：57.

② 孟广青.罗家伦的教育思想及实践［M］.南昌：江西人民出版社，2012：91.

③ 赵九霞，范忠雄，马德山.高等教育本质的变迁——基于美国高等教育发展史的考察［J］.陕西学前师范学院学报，2015（5）：82.

④ 陈学飞.美国高等教育发展史［M］.成都：四川大学出版社，1989：10-12.

⑤ 贺国庆.近代欧洲对美国教育的影响［M］.保定：河北大学出版社，1994：105.

国古典大学理念方面甚为出色，结合美国实际凝练出了具有美国本土文化特色的现代大学理念，并且付诸制度和实践。创建新型大学和改造旧式学院齐头并进，20世纪初期，威斯康辛大学将社会服务功能融入大学使命，美国形成了源于英德，而又融入自身实用主义文化特色的大学理念，其高等教育的综合实力几乎直追德国。美国大学的模式，也因此而逐渐成为世界高等教育场域的典范样式①。

对于当时急求教育救国之术的中国人而言，美国自然也成为中国学人趋之若鹜的留学国度。又，美国重实用主义文化，而这正好与中国传统文化中重实用、轻理论的取向相对口，因此，相对德国古典大学理念而言，留学众人似乎更容易接受美国现代大学理念。一般而言，只要在美留学若干年，耳濡目染美国的高等教育办学模式和制度，潜移默化间受到美国现代大学理念的熏陶，就会自觉不自觉地将之拿来与中国大学进行比对，并在回国后以美国大学为模板，创办或改造中国的大学。

相较于多处取经、广涉各科的蔡元培、罗家伦、傅斯年等人，留美学人如郭秉文、胡适、蒋梦麟、胡先骕、竺可桢、任鸿隽在出国留学期间均有较为明确的学习专业和学习目标，他们通过孜孜不倦的努力，获得了美国所留学大学的相应学位。他们的留学经历使他们具备了较为专业的知识结构，他们大多学有专攻，成为某一领域的专家学者，为将来校长任上充分发挥自己的才能奠定了知识基础。这里面按照术业有专攻的学科领域，大致又可分为两类大学校长。一类是偏重文史哲和教育类的，如郭秉文、胡适、蒋梦麟、张伯苓，还有一类是偏重理工类的，如胡先骕、竺可桢、任鸿隽、梅贻琦。

首先是文史哲和教育类专业的大学校长。这类大学校长留学最初所选择并非为教育类和哲学学科，但是由于在国外留学期间发现原先所选专业并非自己心头所喜或者并非自身所长，辗转徘徊后依然捧起了文史哲类专业，并且取得突出的学术成就。如胡适和蒋梦麟一开始所选择的留学学科是农业，这说明了在农业立国的年代，这些胸怀天下的学子们首先想到的是农业科技救国的道

---

① 叶隽.异文化博弈：中国现代留欧学人与西学东渐［M］.北京：北京大学出版社，2009：253.

路，彼时刚好西方国家也盛行农学，"夫中国自来以农战立国，近年始趋重商政。泰西素以商战立国，而近来农学大兴，美国农利甲于欧洲，盖以农为邦本，故于农政农器最为究心"。[①] 因此选择美国大学就读农科是符合当时潮流的选择，不过在西方国家学习农业与在中国的农业实践毕竟是不相符合的，在发现这一点后，他们转向了其他学科的学习，如教育学和哲学，并以此为职志孜孜以求，取得了骄人的学术成就。蒋梦麟和胡适在留美时期皆主张用西方的研究方法来做中国的研究，这种中西比较的学术研究思路使他们具有了较高的教育视野，为他们日后掌校期间倡导一系列具有西方特色的高等教育思想与理念奠定了扎实的基础。

除了这些专事文科和教育学科的留学生们，潜心研究自然科学的留学生们亦为数不少，这其中就包括胡先骕、任鸿隽、竺可桢等。虽然他们所研习的专业与教育无关，然而对于中国社会民生、政治和教育问题的关注却是他们的共同点。实际上，清末民初那一代正在由传统士人向新式知识分子过渡的读书人社会参与感都是非常强的。他们认为传统学问之所以无力救国，正因其"空"而不实，故他们要学更实在的学问，且最好是直接有利于当下事业的。因此，这些研习自然科学的知识分子，较之传统士子，在"以天下为己任"的情怀之外，更多了一份"起而行"的勇气。而选择理工科类的留美学子有些也并非一开始就选择自己感兴趣的理工类专业，是他们在留学期间经过自己兴趣磨合后，才最终选择了真正能学以致用的专业。如胡先骕和竺可桢，起初并未选择植物学或者气象学作为他们的毕生志业，他们如大多数留学人士一样，选择的是农学，然而在学农学的兴趣和愿望被无情打碎之后，他们转而找到了对当时中国来说相对较为欠缺的且他们又能一展身手的专业，并且取得了学科专业上的最高文凭。这说明中国新式知识分子对于寻得救国术经历了艰难的探索。他们自觉地将自己的未来发展与国家的所需紧密结合起来。正如胡先骕所言，要"学得救国术，借以疗国贫"。他们目标明确，就是奔着学以致用，科学救国的目的去学习和从事研究的。因此，创立科学社也成为了留美学人群的必然选择。

---

① 　陈学恂，田正平.中国近代教育史资料汇编：留学教育［G］.上海：上海教育出版社，2007：9-11.

三、不同留学文化场景下思维模式的差异

知识结构会影响思维模式。不同的知识结构会产生可能不一致的思维模式。就两类学人群的不同知识结构而言，留德学人群普遍具德国思辨哲学传统的精神取向，留美学人群则更偏重英美经验主义的科学取向。这主要是由于留学或游学的大学校长所选择的国别不同，在国外受到不同的学术研究氛围的长期熏染所导致的。欧洲哲学存在着两种不同的取向。一为理性主义的思辨哲学传统，一为经验主义的科学哲学传统，分别以德国和美国为典型代表。

对于两种哲学传统思维结构和模式的不同，德国哲学家沃尔夫冈·诺义萨教授曾对此有精辟的分析：

> "大西洋传统更为注重概念形式上的逻辑化和理性化，而忽视了这些概念形式背后的语言的'文化'或者'文化传统'；而大陆哲学恰恰是注重了这些'文化'或'文化传统'……从方法论的视角讲，大西洋哲学是一种逻辑的分析，而大陆哲学是一种历史的分析。"[①]

考察近现代中西哲学文化交流史，20世纪20年代前后是一个特殊时期。这一时期留学浪潮迭起，以重视主体之理性、重视本体论建构为主要特征的法德哲学与以实用主义、分析主义为特点的英美哲学在中国平分秋色。留德和留美的知识分子一方面受到了所在留学国度的哲学传统的影响，一方面回国后又帮助进一步加深传播了相应的哲学传统。

（一）留德学人：思辨理性哲学传统的精神取向

西方哲学史上，希腊哲学以理性批判和鲜明的思辨性质为特点。思辨哲学在柏拉图和亚里士多德身上得到了表达和发展。柏拉图所提出的"理念论"，亚里士多德提出的"理念科学"或"思辨科学"，代表了希腊哲学的浓缩和精华，可说是现代西方哲学思想"生成"和"发展"的一项"根本酵素"。"我们

---

① 郭贵春. 欧洲大陆和英美哲学传统之间的区别、关联与融合——记与德国哲学家沃尔夫冈·诺义萨教授的谈话［J］. 哲学动态，2005（1）：43-44.

所说到的理性是高贵的和真正意义上的理性，是原本的希腊意义上的理性。"[①]

20 世纪上叶的德国哲学总体上以理性思辨为主要特点，代表人物如康德、黑格尔等哲学大家，但是又不纯粹是理性主义，其间还有着生生不息的浪漫主义因子，相继产生了一大批忽视理性主义，崇尚浪漫主义的哲学家和文学家，如叔本华、尼采、席勒等。这两种因子可谓是交织缠绕的。身处其中多年的留学生，自然也会感受到这种氛围。

蔡元培选择留学德国的直接原因即在于德国是一个哲学研究发达的国家。著名学者贺麟曾言，"一进入柏林大学，立即感到德国人对学问的热爱远远超过美国人，德国人对纯哲学的爱好更胜美国人一筹"[②]。由于学习气氛好，蔡元培对于哲学和伦理学的研究兴趣更胜从前，对于康德哲学相关的课程及讲座则更为热衷。在翻译西方伦理学著作上，他也是不遗余力，留德时期就译出了德国著名哲学家、教育学家鲍尔生（F. Paulsen）根据康德哲学思想撰写的《伦理学原理》一书。

蔡元培对于康德思想是了然于胸的。在之后的留法期间，他草拟了《康德美学述》一文，将他对康德美学思想的熟稔尽皆展示。在关注康德美学的同时，他也重在学习康德的哲学思想。康德从三分法，即纯粹理性、实践理性和判断力看待人的认识能力，认为人的认识能力所追求的无非是三点，即真、善和美。教育的目的就是要把人培养成三方面认识能力得到全面和谐的发展的全人。

蔡元培受康德的二元论哲学影响颇深，与康德所提出的教育观基本一致，亦主张培养完人，但是他在康德哲学思想上有了新的看法。他认为现象世界与实体世界并非不可逾越，这中间存在着一个桥梁，那就是"意志"。蔡元培借用叔本华的唯意志论观点，将"意志"看成沟通两个世界的"通性"。由于他深受中国传统道德思想资源和西方道德哲学思想的影响，他认为意志即实践理性凌驾于纯粹理性（知识）和判断力（情感）之上，所以一向看重道德实践，

---

① 宋武红. 希腊哲学的"明珠"——思辨理性［J］. 文教资料，2007（1）：94.

② 叶隽.《留德学人与德国》系列随笔：贺麟［J］. 德语学习，2001（3）：13.

着力构建公民道德教育的目标与体系。

虽说德国哲学以思辨理性为标志，但是浪漫主义也是有其渊源所在。浪漫主义与古典精神相联系。哲学是追根究底的学科，是探究精神何在的学科。浪漫主义精神崇尚一切从文化和文明的源头都是"古典"的精神。某种程度而言，在德国，浪漫主义之花是与理性主义之花同时盛开的。

蔡元培对于叔本华和尼采的浪漫主义哲学观了解颇深，这可从他写的《五十年来中国之哲学》文章中充分体现。在这篇文章中，他细致描述了王国维对叔本华和尼采学说的看法。作为当时中国学术界的耆宿，王国维所获取的德系哲学思想观念对于蔡元培而言可说是一种补足式的影响，更何况蔡元培亦亲身游学德国多年，自身所获取的德系资源肯定不少于王国维。蔡元培明面上是对于德国哲学的思辨理性情有独钟，却也同时潜移默化地受到了德国浪漫主义精神的影响。

而傅斯年与罗家伦因为既曾追随蔡元培游学于德国，又在他们的老师胡适所留学的美国等英美国家汲取学术思想，因此他们的思维模式则不纯粹受德国的理性主义和浪漫主义影响，也受英美经验主义哲学的熏陶，甚或受到英美经验主义哲学的影响更深。

（二）留美学人：经验（实用）主义哲学传统的科学取向

有学者曾总结，一般而言，对于欧洲大陆理性主义，中国学者比较容易接近和接受，但对于英美经验主义、逻辑主义到语言哲学的分析系统，中国学者通常是难以进入的。因为中国学者长于思辨，而英美哲学偏重技术性，两者在气质上是迥然有别的，因而，中国学者很难有耐心做这种细致的技术性的工作。[1] 这样一种看法无独有偶。学者郭继民亦表达了相应的看法。"考察近现代中西哲学文化交流史，我们会发现一个有趣的'奇怪现象'，即以分析、实证为主要特征的英美哲学流派很难在中国流行和发展，而欧洲哲学流派则反

---

① 张梅．杜威的经验概念［D］．上海：复旦大学，2008：5．

是。"[1] 但是民国时期尤其是 20 世纪 20 年代前后，经验实用主义和逻辑分析哲学对于中国在美的留学生却有着很强的吸引力。李济所说或可概括当时以胡适和任鸿隽为代表的留美学人对于具有经验主义哲学传统的科学家的观感："他们（科学家）思想的原料供给，大半由五官的感觉得来；别人的经验，记录在文字里的，只有供他们作比较参考的作用。"这种观点表现在教育制度上，"就是注重官觉与外界的实物接触。一切自然科学均由此作起"，而此实在"是科学思想的一个基点"。[2]

胡适是其中对实验主义和实用主义思维了解颇深的一员。早在 1915 年的暑假，在认真拜读过杜威写的实验主义相关著作之后，胡适决定转学哥大去向杜威学习哲学。杜威是胡适所倾慕的实验大师。胡适的思维模式受到杜威影响甚深。杜威的实用主义教育思想主要包括三个方面：经验论上的经验主义；真理观上的工具主义；实践观及方法论方面的试验主义。胡适说："我对杜威的多谈科学少谈宗教的更接近'机具主义'（Instrumentalism）的思想方式比较有兴趣。"[3] 这是因为当时中国学人身处中华民族和文化的空前危机和急需解决救国强国问题的局面之中，故"今日吾国之急需，不在新奇之学说，高深之哲理，而在所以求学论事观物经国之术"[4]。因此以胡适为代表的留美学人更多地倾向于从认识论的角度而非从本体论的角度去解读杜威的实用主义学说，换言之，他们将经验自然主义看成真理观上的工具主义或一种方法论和实践方式，而这种方式能够有助于他们更好地接受现代科学。不得不说，这样的一种思维模式相比德国的思辨哲学传统更具有功利性和实用性。

胡适的弟子罗家伦亦受杜威实验主义哲学影响颇大。1919 年春，杜威受邀来华讲学交流其实验主义思想。杜威在华两年多期间，罗家伦受杜威思想影响，开始转向思想史和哲学领域。1922 年，罗家伦去美国留学，更是专门入哥

① 郭继民 . 试析欧陆哲学与中国哲学思想上的"亲和性"[J] . 烟台大学学报（哲学社会科学版），2014（6）：7.

② 李济 . 考古琐谈 [M] . 武汉：湖北教育出版社，1998：19.

③ 王法周 . 胡适自述 [M] . 郑州：河南人民出版社，2004：87.

④ 崔玉婷 . 胡适、陶行知接受杜威实用主义教育思想的方法论比较 [J] . 宁波大学学报（教育科学版），2005（6）：48.

伦比亚大学选修了杜威的课程。其时杜威的新著《哲学改造》刚出版，罗即时向国内写回详细的报道，在《新潮》杂志中"世界名著介绍特号"中刊出，认定此书不但能打破哲学神秘的观念，也能以"历史法"来"引导人从抽象的到具体的，从普遍的到特殊的观念上去"。而这对于"救中国思想界的危机，尤为紧要"。可见，在不遗余力地借由美国经验（实证）主义哲学（尤其是杜威哲学）思维方式和方法来发展中国的科学事业这一点上，罗家伦的想法与胡适基本一致。

而对于那些在美国留学期间选择理工科专业就读的留学生而言，他们更是美国实验（实证）主义科学思维方式的直接推行者。

1914 年 9 月，任鸿隽在《建立学界再论》一文中提出了何所谓"学"的问题："今欲言建立学界，当先定其学为何物。……学分两类：'一以求真，一以致用。'……今日为学，当取科学的态度，实吾人理性中所有事。"[①] 任鸿隽认为，中国无科学，"第一非天之降才尔殊，第二非社会限制独酷。一言以蔽之曰，未得研究科学之方法而已"[②]。这些言论充分显示出任氏对于科学方法之重视。他认为科学的本质在于方法而不在物质。胡适曾提及求学论事观物经国之术，具体说来有三，一曰归纳的理论，二曰历史的眼光，三曰进化的观念。[③] 后来胡适亦体认到演绎法也是科学方法之一，于是加上了演绎法。在"西人为学之术为何"这一点上，任鸿隽表达出了跟胡适相同的看法。由任鸿隽所发起的科学社在传播科学精神和科学方法上不遗余力，在中国学界（尤其是在留美学人群体）中反响颇大。或许可以这么说，任鸿隽在留美学生群体中对于科学方法和科学精神取向的宣传与杜威在中国对于实用主义的传播中所起的作用是可以媲美的。美国的文化同时成为留美学生获得并巩固实践这一思维模式的宝贵土壤。1932 年国联教育考察团发表的《中国教育的改造》这一考察报告上所说亦有几分道理："近代之科学与专门技术，并不曾产生现代之欧美；反之，欧美人之心理，实产生近代科学与专门技术，并使其达到今日之优越之程度。"

① 王东杰.建立学界 陶铸国民——四川大学校长任鸿隽［M］.济南：山东教育出版社，2011：90.
② 王东杰.建立学界 陶铸国民——四川大学校长任鸿隽［M］.济南：山东教育出版社，2011：102.
③ 胡适.今日吾国急需之三术［M］//胡适.胡适留学日记：上卷.北京：同心出版社，2012：82.

所说无疑指向的是英美国家之偏重经验主义和实用主义的文化传统，对于推动科学和技术发展实在是居功至伟。

四、教育文化场景的衍生：古希腊哲学思想及西方大学理念的灌溉

前已提及，中国留学生在出国时既已背负着"习得救国术，借以疗国贫"的希冀，从当时的高等教育发展状况来看，儒教文化根深蒂固，在高等教育体系中盘根错节，很难自主生成解除社会困境的资源，因此取法西方、学习并借鉴西方大学及其发展源头的思想资源，自然是他们留学的题中应有之义。当这些大学校长得其所愿在西方大学中自由徜徉时，对于求知若渴的他们而言，古希腊哲学思想以及西方大学理念等理所当然成为他们求知体系当中的一分子。

（一）对于古希腊哲学思想的涉猎

在汲取思想一途上，民国时期的知识分子们对于外来思想可谓是"来者不拒"——受"师夷长技以制夷"的思维导向影响，通过广读西书，利用各种途径涉猎西方思想，对于西方的历史和思想起源予以学习，这当中，古希腊哲学思想就成为其中的一种重要思想养分。

古希腊人宗教观念中有着人性化倾向，认为人生的目的在于实现人的自由本性。希腊人对于艺术、哲学、科学具有深邃思考和热情探索，尤其是哲学上的成就蔚为可观。英国哲学家罗素甚至写道："严格地说，全部西方哲学就是希腊哲学。"[1]希腊人富有进取和批判创新的精神，既凸显在他们深邃的理性思考上，也表现在他们富有的强烈情感上。前者使希腊人创立了各种哲学思想和早期科学，后者使他们创造了丰富多彩的、反映对人生命运进行深思探索的各种艺术。概而言之，体现了希腊人对真善美的人文追求。同时，希腊人注重身体的强壮和健美。古希腊是奥林匹克运动会的发祥地。[2]

总之，在古希腊，基于其经济、政治、文化等方面发展的特点，从公元前 5 世纪中叶起，许多古希腊思想家逐渐将思考的重心从对自然现象的关注而转向对

① 罗素.西方的智慧［M］.瞿铁鹏，殷晓蓉，王鉴平，等译.2 版.上海：上海人民出版社，2017：2.
② 李明德.西方教育思想史——人文主义教育之演进［M］.北京：人民教育出版社，2008：11—14.

社会、道德和人自身的探究。关于人是怎样起源的，生命的意义是什么，什么是幸福和快乐，人和社会的关系应该怎样，什么是善和恶，人应该怎样去谋取幸福的人生，人应该有怎样的理想和信念，人应该怎样成为完美的人等，都成为当时许多思想家热烈讨论的话题。[①] 这种对于人和社会关系及人生观的探讨，恰恰符合五四新文化运动时期知识分子们的研究兴趣和学术旨向。既然现代西方欧洲国家的近代科学与智识教育皆起源于希腊，那么，国人意欲学习西方现代科学和人文科目，一番追根溯源后就会发现早在希腊时期就已有朦胧的学科架构。现代人的智识与思想很多都是希腊文明的延续和拓展。而高等教育思想作为教育制度和教育实践的理念性产物，自是与古希腊教育哲学脱离不了关系。

胡先骕认为，近代我国学制导源于西欧，欧西之教育与我国渊源大异，欧西之文明导源于希伯来之教义，与希腊之爱智精神，前者究天，后者究物……近代科学，导源于希腊，而成长于文艺复兴时代，自伽利略将物之可测量与不可测量之性质区分，物质科学，固日进千里，工艺文明于兹产生。[②] 本书所论及的这一大学校长群体并非个个都受过古希腊教育哲学思想的熏陶。如果从他们对外公布的求学履历来看，蔡元培、胡适、罗家伦、蒋梦麟等皆是经历过哲学思维训练的。这其中当以蔡元培为代表。此外还有一些大学校长通过阅读西方著作和译本对于古希腊教育哲学思想有所知晓，并通过他们的言论和文章表现出对于古希腊教育哲学思想的体悟和认同。

蒋梦麟曾如此评价蔡元培先生："蔡先生所具者有三种精神而熔合于一炉，（一）温良恭俭让，蔡先生具中国最好之精神。（二）重美感，具希腊最好之精神。（三）平民生活，及在他的眼中，个个都是好人，是蔡先生具希伯来最好之精神。"[③] 蔡元培所译《伦理学原理》一书的作者包尔生认为，希腊道德哲学是一种对于人在完善生活过程中所遇到的道德和人生等问题进行探究的学问。[④]

---

① 李明德.西方教育思想史——人文主义教育之演进［M］.北京：人民教育出版社，2008：15-16.
② 胡先骕.教育之改造［G］// 张大为，胡德熙，胡德焜.胡先骕文存.南昌：江西高校出版社，1995：408.
③ 曲士培.蒋梦麟教育论著选［M］.北京：人民教育出版社，1995：119-120.
④ 唐汉卫.古希腊的生活道德教育思想探微［J］.山东师范大学学报（人文社会科学版），2003（3）：116.

从古希腊教育思想的发展来看，苏格拉底在他的教育见解中已经提及要对公民进行德、智、体的教育，这从他的培养美德，探求知识以及增进健康几方面的论述中体现出来。① 可见，古希腊哲学思想的研究聚焦在道德和美德的探讨上。在一篇面向大夏大学学生自治会的演说词中，蔡元培强调要提高民族全部分子的体格、知识及能力、品性的修养，体现了蔡元培高等教育思想中注重个人修养的希腊哲学因子。

古希腊人在生活上注重美德修养，而在教育上则强调为己之学。为己之学是学习的目的就是知识本身，通过学习达到对世界万物内在规律的认知，使人生圆满；而为人之学则是为了外在的目的而学习，诸如求得名利和地位。古希腊人尊重知识，反对求知的功利性动机。正如亚里士多德所言：求知是人类的本性。② 蔡元培在《就任北京大学校长之演说》中就警醒北大学生应该抱定宗旨，潜心求学，而不要仅有做官发财之思想。可见蔡元培高等教育思想里折射了古希腊教育哲学注重知识本位的影子。

除蔡元培外，其他一些大学校长的高等教育思想言论当中也时不时折射了一些古希腊教育哲学思想。如郭秉文曾言："希腊人恒言健全之心寓健全之身，盖体育为德智二育之基本。"③ 由此可见，郭秉文在体育的一些观念上受到了希腊教育哲学思想的影响。任鸿隽在《吾国学术思想之未来》中认为："欧洲文明，导源希腊。希腊全盛时，思想发皇，如安纳息曼特、赫拉克来挞、恩贝斗克里言进化之理，地摩克利挞倡原子之说，皆为近世言科学者所宗。"④ 任鸿隽通过旁征博引古希腊至当代的哲学发展历程，表达了吾国振兴学术及中兴文化的迫切需求。欲振兴学术，需崇尚哲学及科学。由此可见，任鸿隽的思想也是有着古希腊教育哲学思想的渊源的。竺可桢对于古希腊的教育哲学思想也颇为熟悉，他说："希腊哲学家崇拜理智，推崇真理。亚里士多德的《伦理学》书

---

① 吴芳.论古希腊教育思想［J］.教育理论与实践，2002，22（S1）：26.
② 李颖.自由的理性追寻——古希腊时代精神与教育思想分析［J］.社会科学战线，2005（6）：238.
③ 郭秉文.代理校长郭秉文关于本校概况报告书（节选）（1918年10月）［M］//《南大百年实录》编辑组.南大百年实录：上卷·中央大学史料选.南京：南京大学出版社，2002：52–60.
④ 任鸿隽.科学救国之梦：任鸿隽文存［G］.樊洪业，张久春，编.上海：上海科技教育出版社，2002：113–114.

中说：'至善的生活乃是无所为而为的观玩真理的生活。'柏拉图在他所作《伦理》一书中亦说：'理智者固当君临一切者也。'罗马哲学家西塞禄，以为人生除满足生养之欲望以外，惟以求真为第一要义。至于知识之追求，是否有益于人生社会，在所不顾。近代欧洲大学，仍保持这种希腊和罗马先哲的精神。"①由上可见，作为西方大学教育滥觞的古希腊哲学思想的确在这些大学校长教育思想的形成过程中添上了浓墨重彩的一笔。

（二）对于西方大学理念直接或间接的感知

　　西方大学理念的嬗变被公认为有三个大的历史阶段，即从重教学与人才培育的英国模式，到重科学研究的德国模式，再发展到重教学、科学研究与社会服务的美国模式。溯源现代大学理念发展演变的历史，有三个坐标性人物：纽曼、洪堡和范海斯。以下分别简述他们的大学理念。

　　直到 19 世纪中叶，英国大学古典主义的自由教育影响仍然比较严重。纽曼自由教育思想的要义在于：第一，大学教育的根本任务是传播知识。第二，传授知识的目的是培养理智。第三，大学要提供成长的环境。这一自由教育的理念影响至深，对于西方大学理念的形塑起了奠基性的作用。英国自由教育是一种绅士教育，旨在培养具有理性的，理智健全的个体。纽曼认为大学教育应重视知识的思维加工，以增进才智。纽曼的自由教育理念凸显了人作为主动的知识认知对象的地位。

　　既然自由教育思想是被理性所规定的，那么理性是什么样的理性？理性的目的又是什么？亚里士多德将人类理性归结为三个方面，即理论理性、实践理性和创造（诗意）理性。这一理性的分类被后世的哲学家广为引用。有学者也据此对纽曼的自由教育思想作了解读，认为理性的目的可以归结为三个方面：求真、向善、致美。知识本身即为目的，因此，首先"求真"是理论理性的潜在要义；其次，实践理性是一种促使人不断反思自身德行并催人向善的理性，因此，求善是被实践理性规定的；最后，创造理性强调的是一种能动性的美，

---

① 竺可桢.我国大学教育之前途（节选）[N].大公报（重庆），1945-09-23.

是人按照自身想法所达致的人自身主体性的解放。[①] 从这里可见，创造理性是一种较高层次的理性。

不得不说，纽曼的自由教育思想深深影响了民国初期的绝大多数学人，其中的主体是当时的英美留学生。这种讲求知识主体地位以及注重学生思维能力训练的大学理念，渗透到民国时期很多著名大学校长的思想中。在这些民国著名大学校长的言论里，对于知识和智识学问的重视呼之欲出。如罗家伦曾就知识的重要性说道："知识是精神生活的要素，是指挥物质生活的原动力，是我们一切行动的最高标准。"[②] 又如胡适曾言，"一个头脑受过训练的人在看一件事是用批判和客观的态度，而且也用适当的智识学问为凭依。"[③] 个体的智识与思维思想是联系在一起的，而要造就充分的智识和独立的思维则不得不依赖于自由教育。

纽曼的自由教育理念反映在培养人才的方式上，表现为博雅教育。胡先骕的教育理念就与自由教育理念如出一辙。他曾在《创办研究院案》中写道："大学教育之目的，不仅为注入式之灌输学术于学生，要在指导作育学生，使能独立研求宇宙间真理，以增进人类之识智与求其实际上之应用，以今日学科门类之纷繁，大学课程之须，使学生得广博之基本学问与人文学科。"[④] 又在《教育之改造》一文中阐述道："大学教育，既贵专精，尤贵宏通，必使诸生多有自由讲习研求之机会，而不可过于专业化。……欧美大学重视'自由教育'即以此也。"[⑤] 充分说明胡先骕对于欧美大学自由教育理念之理解和认同。

随着德国别具特色的启蒙运动以及德国哲学的迅猛发展，在诸多教育思想先哲的推动下，德国在世界上产生了第一所近代大学——柏林大学。创校人洪堡首次提出大学不仅要注重教学，也应该有科研一席之地。教学科研相结合原

[①] 王立平，熊华军.纽曼的理性自由教育思想刍议［J］.高教发展与评估，2013（3）：109.

[②] 罗家伦.知识的责任［M］//韩文宁，张爱妹.罗家伦史学与教育论著选.南京：南京大学出版社，2010：162–168.

[③] 胡适.知识的准备［M］//季蒙，谢泳.胡适论教育.合肥：安徽教育出版社，2006：34–42.

[④] 东南大学档案馆.东大创办研究院案1：第29卷［A］.1923.

[⑤] 胡先骕.教育之改造［G］//张大为，胡德熙，胡德焜.胡先骕文存.南昌：江西高校出版社，1995：423.

则的提出不仅使德国大学改革运动取得圆满成功，并且拓展了高等教育的职能，将科研的重要性提高到与教学相比肩。洪堡认为应赋予大学以新的办学精神和新的办学理念。这种新的精神包括四个基本原则：（1）研究与理论的结合；（2）精神的自由；（3）学生的学术自由；（4）学术研究的公开，也有学者将之概括为"大学自治""学术自由"和"教学与科研相结合"。洪堡深受古希腊文化的影响，选择把培养"完人"（也有译作"全人"）作为自己的教育的理想，并对此进行了深入的阐述。洪堡不仅补充完善了大学的职能，也系统阐明了培养"完人"的教育理念，不得不说，洪堡的大学理念给当时的人们带来了眼前一亮的感觉，但是因其过于理想化导致大学理念和精神在实践过程中遭遇到一些困难。毋庸置疑，洪堡大学理念引领了欧洲乃至世界的大学发展，使得德国大学在世界高等教育发展史上具有举世瞩目的地位，洪堡也因此被认为是西方高等教育思想史上里程碑式的人物。

　　蔡元培对于洪堡的大学理念和精神极为推崇。"窃查欧洲各国高等教育之编制，以德意志为最善。"[①]他秉持大学是研究高深学问的立场，倡导大学的学术自由和思想自由原则。任北大校长以来，将北大学科设置的改组与德国大学的学科设置相类比，体现其在大学理念和制度方面对于德国大学之向往。在育人方面，他也倡导培育完人。他眼中的完人是：个性充分发展、信仰极其自由且又能服务社会的人。当时的清华学校算是高等学堂中的翘楚，但是存在着因模仿过度而片面西化的倾向。蔡元培在参观完清华学校以后，对于那些欲求高深学问于国外的清华学子给予警示："吾国学生游学他国者，不患其科学程度之不若人，患其模仿太过而消亡其特性。所谓特性，即地理、历史、家庭、社会所影响于人之性质者是也。"[②]蔡元培在大学教育理念方面的远见卓识归于他对德国高等教育的深入了解及对中国学术文化传承与发展的关切之情。

　　20世纪初，美国的州立大学尤其是以威斯康星大学为代表率先提倡社会

---

① 　蔡元培.大学改制之事实及理由［M］//中国蔡元培研究会.蔡元培全集：第3卷.杭州：浙江教育出版社，1997：255.

② 　蔡元培.在清华学校高等科演说词［M］//中国蔡元培研究会.蔡元培全集：第3卷.杭州：浙江教育出版社，1997：49-53.

服务的大学理念，并以威斯康星理念闻名于世界。威斯康星大学校长范海斯强调："教学、科研和服务都是大学的主要职能。更为重要的是，作为一所州立大学，它必须考虑每一项教育职能的实际价值。换句话说，它的教学、科研和服务都应考虑到州的实际需要。大学为社会、州立大学为州的经济发展服务。"① 虽则范海斯强调大学的社会服务功能，但他也同样重视大学的学术自由。他曾经指出："大学要能促进人类社会的进步，它就必须实现教学自由和学习自由。大学的学术自由是决不能取消的，因为这是大学不断创新的源泉，也是人类社会不断进步的源泉。"② 作为服务社会大学理念的倡导者，范海斯所提出的威斯康星理念使得大学打破了高等教育的传统封闭体制，代表着教育民主理想的实现，在高等教育史上画上了浓墨重彩的一笔。

受 20 世纪初大学服务社会功能的观念影响，蔡元培等民国时期著名大学校长的高等教育思想中反映了对于服务社会功能的重视。蔡元培对于清华留美学生的其中一点希望就是他们能够服役社会："贵校平日对于社会服役，提倡实行，不遗余力。如校役夜课及通俗演讲等，均他校所未尝有。窃望常抱此主义，异日到美后，推行于彼处之华工，则造福宏矣。"③ 在 1920 年，蔡元培在北大平民夜校开学日演说词当中亦流露出让大学服务于社会的初衷："不过单是大学中人有受教育的权利还不够；还要全国人都能享受这种权利才好。所以先从一部分做起，开办这个平民夜校。"④ 虽然蔡元培留学于德法，但是对于美国威斯康星大学彼时流行的服务社会的理念还是领会颇深。在当时的民国著名大学校长看来，大学服务社会即意味着让社会上的人都能来体验和接受大学教育，代表着教育民主和教育平等的理想在大学里得以初步践行。

据相关学者的描述，西方主要大学从其教育理念来看可以归为两个派别。⑤

---

① 肖海涛. 大学的理念［M］. 武汉：华中科技大学出版社，2001：67.
② BRUBACHER J, Rudy W. *Higher Education in Transition: An American History*，1636 –1956［M］. New York: Harper & Row Publisher，1958：429.
③ 蔡元培. 在清华学校高等科演说词［M］// 中国蔡元培研究会. 蔡元培全集：第 3 卷. 杭州：浙江教育出版社，1997：49–53.
④ 蔡元培. 北大平民夜校开学日演说词［N］. 北京大学日刊，1920–01–24（523）.
⑤ 黄延复，钟秀斌. 一个时代的斯文：清华大学校长梅贻琦［M］. 北京：九州出版社，2011：53–54.

其一是大陆派，以法国巴黎、德国柏林等的大学为代表。学术研究是大陆派尤为重视的，他们的理念是对学生少管束，多自由，评价学生的标准为学生在学问上面的贡献而非学生的道德品质。由于学生在入大学前就已经历了严苛的中学教育，因此在大学毕业的时候，基本上为从事专精的研究打下了扎实的基础。其二是英美派，以英国剑桥、美国哈佛大学为代表，注重"人格训练"。美国新人文主义教育理念是这一派的核心灵魂，通识教育是这一派的主要表现形式。大学分两个阶段，前两年不分科，注重人文基础学科的熏陶，后两年才有主副科之别，并逐渐聚焦于专业方向。在美国以大学本科和大学院两级相区分。前两年也即大学本科的程度与大陆派中等学校后两年类似，真正的学术研究开始于大学院。

由上可知，大陆派偏重学术型人才的培养，英美派则侧重于学术和人格两方面的熏陶。两种理念给予了这些大学校长办学方向的指引，成为他们高等教育思想萌生的认知基础。

大学理念具有两种表现形式。一种是通过一些大学制度、章程以及介绍西方大学发展的文本明文表现出来，是为显性的大学理念；一种是通过隐藏在教学和管理实践中的各种方式方法显露，是为隐性的大学理念。在实践过程中，大学校长群体既充分地阅读、学习西方现代大学理念的系列文本、章程，又抓住留学或游学之机，通过上课的切身体验或者考察大学教育等方式全身心融入其中感受西方大学理念，事实上，两种方式双管齐下，对于这些本就善于学习、借鉴和模仿的大学校长而言，西方大学理念并非遥如天堑，而是触手可及的。

任鸿隽在《西方大学杂观》一文中根据其自身的教育经历和体会对于西方大学作了一个全面的考察。他以美国大学的选科制为例，说明其对于西方现代大学教育教学制度的直观感受。

"吾人在东方曾入高等以上之学校者，初入西方大学，其觉为最自由亦最困难者，莫如选择科目一事。……入校之后，但由一泛漠之目的。若曰吾将习文学乎？政治乎？科学乎？至于专攻之门与寻致之途，一切出于

　　学者之自择。" [1]

　　这说明西方大学相对更为重视学生的个体性，因此给予了学生选课自由之制度安排。同时，他对于西方大学重视实验的教育精神有所体悟。

　　"独造者，温故知新，独立研几，不以前人所已至者为足，而思发明新理新事以增益之。其硕师巨子，穷年累月，孜孜于工场，兀兀于书室者，凡以此耳。此精神不独于高深研究见之，乃至平常课室之中，亦此精神所贯注。……若乃科学本域以内，其注重实验，尤非东方所及。" [2]

　　由上观之，任鸿隽通过中西比较，对于美国大学所具有的重实验的教育制度给予了高度赞扬。毋庸置疑，他自身的留学经历就是美国大学理念对他的现场启蒙。

　　又如同样留美的胡先骕对于欧美大学理念也有一个比较。他说："常考今日各国高等教育之精神，可分为三种：（1）养成领袖人物所谓君子人（Gentleman）者，可以英国牛津大学代表之。（2）专求高深之知识。此精神可以英国剑桥大学与德法以及其他欧陆各大学代表之。（3）专求应用之学问。此种精神，可以一般之美国大学代表之。" [3]胡先骕对于欧美诸大学之理念虽然有一种笼统概括之观感，但是一定程度上入木三分地分析了各国教育精神之利弊，以对中国大学做一参考。对比三种教育理念，他认为中国大学应当以养成具备高尚人格之领袖人物为鹄的。胡先骕的这种分析主要建构在他广读欧美大学教育著作和在美国多年留学的基础之上，但不得不说，也与他个人对于西方大学教育精神的敏锐感知与不竭思索直接相关。

---

① 任鸿隽．科学救国之梦：任鸿隽文存［G］．樊洪业，张久春，编．上海：上海科技教育出版社，2002：108．
② 任鸿隽．科学救国之梦：任鸿隽文存［G］．樊洪业，张久春，编．上海：上海科技教育出版社，2002：110-111．
③ 胡先骕．留学问题与吾国高等教育之方针［M］//张大为，胡德熙，胡德焜．胡先骕文存：上卷．南昌：江西高校出版社，1995：292-293．

民国时期大学校长均曾在西方欧美国家留学之际，获取了具体的学术资源、感知了或显或隐的西方大学理念之精神食粮，而西方大学理念之具象又通过这些大学校长的文章和演说表现出来，成为人们考究他们高等教育思想的主要来源。具体而言，留德学人和留美学人对于所留学国家的大学理念的传入是有所区别的。德国大学理念的传入具有较强的个人因素之作用，具体以蔡元培为代表，正是他在留学期间通过译介《德国大学之特色》一书，使得德国大学的教育理念引起了国人的重视，但是其传播历程呈现出参与者人数少的特点，因此真正能够实践德国大学理念的也唯有寥寥几人。德国大学理念在北大的成功移植更多地依赖于蔡元培卡里斯玛式的人格熏染，因此具有一定的历史偶然性，而20世纪二三十年代美国大学理念之传入则更多地体现了留学生群体的整体努力。他们传播美国大学理念主要是借助教育社团（如中华教育改进社）、教育杂志（如《留美学生年报》《留美学生季报》和《新教育》）的力量以及竞相出版介绍美国大学的论著的方式[①]，体现了留美学人团队目标一致的协同作用。而且，留美学人大多通过任职国内综合性大学，在其中担任主要教职岗位进而传播美国的大学教育理念（这一点在后面章节会详细论述）。因此，西方大学理念确实成为当时留学生高等教育思想的来源基础，而个别留学国外的精英（尤以这些大学校长为代表）回国后对于西方大学理念的移植、调适与发展对于中国近代大学的现代转型起到了至关重要的作用。

第三节　社会组织任职场景分析

学者谢泳曾道："上世纪三十年代前受过完整西方教育的知识分子几乎全部回到中国，当时中国的社会结构尚比较适合他们生存，这批人除少数在政府

---

① 周谷平，张雁，孙秀玲，等．中国近代大学的现代转型——移植、调适与发展［M］．杭州：浙江大学出版社，2012：37-47.

做官外，绝大多数成为大学教授。"① 留洋经历改变了他们的社会地位和学术地位，赋予了他们相应的学术资本，对于他们的社会任职产生了很大的影响。从检索到的资料来看，大学校长的职务基本是在他们留洋归来之后获得的。

一、编译馆、杂志社历练：教育思想交流的炼化厂

大学校长群体在进入大学场域、从事大学校长职务之前，绝大部分都有在编译馆或杂志社工作的经历。有些甚至在求学期间就开始成为报社或杂志社的一员。以北京大学所属的报刊杂志为例，蔡元培、蒋梦麟、胡适、傅斯年、罗家伦等均有属意的刊物来发表自己对于教育、时事与政治的见解。除了大学内部刊物《北京大学日刊》以外，《新青年》《新教育》《新潮》《新月》等诸多以宣扬"新"思想为标志的杂志成了他们交流思想的工具与手段。蒋梦麟、蔡元培、郭秉文、胡适合作编写《新教育》。1918 年底傅斯年、罗家伦等人成立"新潮社"，并出版《新潮》杂志，由傅斯年任主编。他们聘请胡适担任顾问，积极响应胡适关于"八不主义"的主张，提倡新思潮与新文化。

时人有云："五四爱国运动前后既是一个新思潮勃发的时期，也是一个相当浮躁的时代，各种思想学说、各种思潮都在兴起，影响着社会各阶层、各群体，尤其是对青年学生影响更为强烈。"② 这些思想、学说和思潮得以发芽的温床，即是来自报刊杂志。而处于高等教育体制内又对民国知识分子群体影响较大的，当属《新青年》和《新潮》杂志。

1917 年，随着蔡元培聘任陈独秀来北大任文科学长，陈氏也将他的《新青年》杂志搬到了北大，实现了一校一刊的结合。《新青年》刚开始创办时，其主打方向是中西文化比较。陈独秀写了很多文章热情歌颂法国、英国、美国等为代表的西方现代文明，却严厉批判中国的文化传统以及以此为根基的现实。③ 可惜销路不畅。之后，袁世凯主张复辟帝制，针对此事件，陈独秀改变策略，将《新青年》导引向"批孔""批袁"之道，以诉其多年来对于封建儒教思想

① 谢泳.西南联大知识分子群的形成与衰弱［M］//陈平原，谢泳.民国大学：遥想大学当年.北京：东方出版社，2012：148.
② 马亮宽，李泉.傅斯年：时代的曙光［M］.台北：五南图书出版股份有限公司，2013：46-47.
③ 熊权.《新青年》图传［M］.西安：陕西人民出版社，2013：35.

的逆反心理。批孔，矛头主要指向被利用、被随意涂抹的孔子，而非孔子、孔子思想本身。1916年《新青年》所发表的系列抨击儒家三纲五常的文章是明确的有的放矢，批评者针对的是袁氏政府的尊孔行为。[①]杂志的华丽转身，使得《新青年》迅速成为畅销刊物。其影响甚至直指海外。当时尚在美国留学的胡适等亦通过积极为《新青年》撰稿，间接为他之后进入北大埋下了伏笔。早在《新青年》创刊不久，身为主编的陈独秀四方延揽优秀稿源之时，通过同乡汪孟邹的介绍，陈独秀知道了在美国留学的胡适，因为都是安徽人，又得到老乡的牵线搭桥，陈独秀很快就与胡适约稿，胡适对此予以积极回应，将自己提倡白话文、倡导新思想的想法整理成一篇《文学改良刍议》寄给《新青年》发表。陈独秀对此文予以高度赞赏，并立即安排发表。从此胡适成了《新青年》的忠实读者和撰稿人，也成为日后新文化运动中的主力。蔡元培正是看到了陈独秀在思想界的领衔之能，遂将其请到了北大，试图整顿改组北大的文科，使文科风气焕然一新。从清末到民初，北大文科一直由古文家、文选派占领，顽固守旧的人物颇多，这成为北大革新的阻碍。陈独秀和《新青年》入主北大文科之后，果然如蔡校长所预期，北大文科风气丕变。

陈独秀的入主北大文科，不仅改善了北大学习风纪败坏的局面，亦唤醒了北大一些有志青年的鲜活思想。"新潮社"是五四前夕出现在北京大学的著名学生社团之一，其成员基本为北大学生。[②]《新潮》之名为罗家伦所立，他说："Renaissance 一个字的语根，是叫'新产'New Birth。我把本志的名称译作新潮，也是从这个字的语根上着想，也是从这个时代的真精神上着想。"[③]傅斯年则阐述了《新潮》的三个办刊宗旨，分别为对于学术自觉心唤起；改革社会方法的探讨；学术兴趣的培养。[④]《新潮》刊发的文章紧密围绕上述宗旨，旨在推动文学革命、思想革命和学术进步。与《新青年》相比，其本质精神并无二

---

① 　熊权.《新青年》图传［M］.西安：陕西人民出版社，2013：42.

② 　孟丹青.罗家伦的教育思想及实践［M］.南昌：江西人民出版社，2012：35.

③ 　罗久芳.罗家伦与张维桢——我的父亲母亲［M］.天津：百花文艺出版社，2006：27.

④ 　傅斯年.《新潮》发刊旨趣书［M］//欧阳哲生.傅斯年全集：第一卷.长沙：湖南教育出版社，2003：81.

致，但是在当时的一般人看来，仿佛《新潮》的来势更猛一点，引起青年们的同情更多一点。① 对于《新潮》高调宣扬新思潮和新文明之意义，胡适曾专文论述道："据我个人的观察，新思潮的根本意义只是一种新态度。这种新态度可叫作'评判的态度'。"②

由上可见，《新青年》和《新潮》杂志的意义在于使得参与其中的人具有一种审慎的社会与学术制度评判思维和态度，使他们不盲从古代的陈腐思想，同时，也要对一切新兴思潮和文明进行合理选择。而在具体的实际表现中，需要既研究问题，又输入学理。研究问题即要讨论社会上、政治上、宗教上、文学上的种种问题，输入学理即要介绍西洋的新思想、新学术、新文学、新信仰。诸如《新教育》《新青年》之类的杂志，为他们高等教育思想的交流和发展提供了一个加工和炼化厂。这些知识分子协同办杂志而构成的学术部落，使得他们在正规学术研究之外有着共同的话语交流系统。他们的一些高等教育思想言论就是首先在这些杂志当中发表的。

二、政府部门任职：不得已而为之的选择

民国著名大学校长中的一部分，如蔡元培、胡适、蒋梦麟、张伯苓等，因为他们在教育界的名声颇大，在特殊时期都曾或长或短地担任过政府部门的一些涉及教育的职务。一方面是因为别人的举荐，另一方面也是知识分子试图通过参政来改善政治进而改进社会的一种意愿在起作用。综观他们的所学知识和学科背景，发现以修习文科哲学和教育科的学者为主，说明哲学和教育学是当时政府教育部门较为偏好的专业。当时的政党集团希望借此笼络一些教育界名流，以提升自己政党的可信度和拥护面。但是其实这些学者的志向并不在于从政。

蔡元培向来对于政府官场表现出退避三舍的情绪。1912 年 1 月 3 日，蔡元培任民国第一任教育总长。然而在他的自述中，显示其初始并不是想担任这

---

① 孟丹青.罗家伦的教育思想及实践［M］.南昌：江西人民出版社，2012：35-37.
② 胡适.新思潮的意义——研究问题 输入学理 整理国故 再造文明［M］//李传玺.现代大学校长文丛：胡适卷.合肥：安徽教育出版社，2015：78.

一职务的。一开始是被章太炎的劝言影响："如孙果被举，组织政府时，我浙人最好不加入。"①后来是担任总长一职后，马上迎来了一个倒霉的差事："迎袁专使"，更使他倒足了担任政府官员的胃口，还没回南京之前，马上开始萌生退意。"当我们将离北京以前，唐君少川商拟一内阁名单，得袁同意，仍以我为教育总长。我力辞之，乃易为范君静生。"②最后虽因种种原因，蔡元培还是继任教育总长，但他对于此行政职务仍是颇为不喜。"我在国务院中做了几个月尸位的阁员，然在教育部方面，因范君静生及其他诸同事的相助，颇有可以记录的事情。"这说明他对于政务是看得很淡的，对于教育改革方面的事却是颇为上心。蔡元培任北京政府教育总长不过二月余，便向总统府提出辞呈，不久后再度游学德国。亦可见蔡元培对于关涉政治的职务之不喜。虽然教育总长一职是有着改革整顿高等教育的权力，却受到袁派的一些掣肘，在唐绍仪辞职后，蔡元培也选择了辞职。

又如张伯苓也是对官场敬谢不敏。张伯苓在抗战爆发后，为了保护南开这所私立学校，张伯苓才不得不更多地参与政治。国民党首脑蒋介石看到张伯苓在教育界的影响力，希冀通过委任其以国务院要职来为国民党捧场。然张伯苓一开始持拒绝态度："我不愿做这些事。黎元洪当总统时曾约我当教育总长，说什么我也不干。""我是干教育的，还是办教育好。"在其学生杜建时的坦言相劝下，再加上陈布雷的苦情牌，张伯苓迫不得已只好勉为其难地答应了。然而他提出几条要求：第一，只同意担任考试院长三个月；第二，南开大学一职，还要兼着；第三，要请沈鸿烈担任考试院诠叙部部长。虽然这几个条件当时得到了蒋介石的首肯，但张伯苓的第二个条件却难以实现。原因是朱家骅坚持张伯苓应该辞去南开大学校长职务，理由是南开已经成为国立大学，一个人不能在政府里同时担任两项公职。从理论上讲，朱家骅是对的，不了解朱家骅"集团"背景的人，自会认为他是秉公办事的。1948年8月底，何廉应召自美国回来，看出张伯苓对于南开大学校长职务感情上的不舍，试图在张伯苓和朱家骅之间协调，最终想出一

---

① 蔡元培 . 蔡元培自述［M］. 文明国，编 . 北京：人民日报出版社，2011：78.

② 蔡元培 . 蔡元培自述［M］. 文明国，编 . 北京：人民日报出版社，2011：84.

个既不违背政府规定，又照顾到张伯苓意愿的办法，即张伯苓在他的国民政府考试院院长任期内，向南开大学请假缺勤，而他以经济研究所所长的身份代行张的校长职务。本来这一建议是相当好的，然而未料在张伯苓离开南京时，行政院会议作出决定："接受张伯苓辞去南开大学校长职务的辞呈。"张伯苓从未提出过辞职，这招突然袭击显然是朱家骅等人阳奉阴违式的操作，是极为不耻的。其目的就是趁着张伯苓新任考试院院长之际，割裂张伯苓与南开大学的联系。朱家骅如此做法不得不说与他所在北大"集团"背后的利益有着千丝万缕的关系。张伯苓因此感情上受了创伤，不久即离津到南京。而1948年年末，张伯苓便以"休息"为名离开南京考试院，前往重庆南开中学。张伯苓这段人生经历中极短的政治任职经历，在1949年后，被许多人攻击为是他清白无瑕的人生履历中难以抹去的一点污渍，然而，瑕不掩瑜。况且担任考试院院长并非出自他本心，他对权势并未有半点贪念。张伯苓虽有政治情怀，然而他本人非常清晰地定位自己是个只适合从事于教育的人。

当然，其他诸位大学校长虽然各自的政治生涯不相同，有的甚至终其一生都未从政，如傅斯年。就傅斯年一生来说，他一生的主要业绩和志趣在教育。正如熟悉他的人所说："孟真的心地是洁白的，他对谈论政事，有时甚有兴趣，而自己对实际政治，并没有丝毫的兴趣。"事实确是如此，傅斯年对政事关心，但那只是纯粹出于一个知识分子的社会良心，他一生坚决不为官，如此方能在批判和揭露官场腐败时理直气壮。

综上，无论是这些校长主观上对政治看得很淡，抑或通过各种尝试对政治彻底看透，无论是加入国民党或者始终保持无党派的状态，有一点是类似的，即他们都拥有一颗专注于发展学术与教育的心。这种情怀，恰是他们高等教育思想扎根的基础。同时，他们在政府任职时期积累的一些人脉也为他们日后执掌大学、保证大学正常运转提供了诸多方便。

三、大学任职：一旦投入便报以赤诚

除了学术杂志刊物的创办经历和在政府部门的任职外，任职大学校长是民国著名大学校长最为关键的职业经历，可以加深他们对于高等教育系统的感知

和体认，为他们提出颇有针对性的建议提供依据。按照与所在大学联系的紧密程度来区分，可以分为两类，第一类是大学的创始人或首任校长，第二类是虽然不是大学的创始人或首任校长，但对大学的发展起着重要作用的校长。

第一类：大学的创始人或首任校长。一般而言个体不可能创设一所综合性的公办院校，所以只能是地方性高校或者私立高校。他们创办或者担任大学校长的地区一般为他们的出生地域，这是因为首先他们有着服务地方发展的情结或者是地方上需要他们本土人士来担任这个大学校长；其次需要那些本身就钻研教育学术或者对高等教育平常多有抒发的知识分子来担任，因为只有他们有这个能力全身心地投入到办校实践中去。本书论及的十一位民国著名大学校长中仅有张伯苓是大学的创始人。

张伯苓有着留日和留美的教育背景。自 1904 年赴日考察后，回国创办南开中学，于 1917 年赴美，在哥伦比亚大学留学，受教于杜威、桑代克等著名教育家、哲学家，次年回国后即着手筹办南开大学。1919 年天津南开大学正式招生。之后又相继创办天津南开女子中学和天津南开小学。于 1919 年至 1948 年长期担任南开大学和南开中学校长。他担任校总长达四十余年，可谓教育功勋显著，无愧于爱国教育家的称号。

张伯苓创办南开大学的初心是"知中国"和"服务中国"。可见在他的办学理念中，服务社会发展和国家发展是大学最为重要的使命。关于南开大学的办学方针，他总结道："吾人所谓土货的南开，以中国历史、中国社会为学术背景，以解决中国问题为教育目标的大学。"①从其教育目标来看，也是充分体现和延续了杜威的实用主义教育理念和色彩。张伯苓创办教育的目标异常鲜明，即教育救国和科学救国，因此在办学方针上面强调要注重理工科教育。虽说他的初心更偏向于大学的社会服务功能，但是对于教学和研究也是颇为重视，"南开大学近数年来，在可能之范围内，已竭力提倡研究……以南开之经济，此种努力不异杯水车薪，然南开犹决心于发展者，诚以中国大学若不努力

---

① 梁吉生. 张伯苓的大学理念［M］. 北京：北京大学出版社，2006：27–28.

于研究事业，则中国学术永无土货化之时期"。①此外，难能可贵的是张伯苓在办教育上面的确是有组织有规划的。他对于从初等教育到高等教育这一整套体系，有着多多益善的心思。"我今年的经验以为教育是很容易的事，别的学校所以不好，就是不照着好的方法去做。……我个人数十年的经验就是不断努力，靠这点儿傻力量，就有成效。"②张伯苓办教育之心是很纯粹的，并且他身上有一种办教育一往无前的勇气和力量，实在令人钦佩不已。

第二类：非大学创始人或首任校长，但对大学的发展起着重要作用的校长。一般而言，担任这类大学校长的人选具有以下几个特点中的一个或多个：拥有一定的政治资本和社会资本，处事能力佳，与政府官员有着密切接触；长期担任一校教职，校内威望高；学术资本优秀，与党内各派系无利益冲突。民国时期国立综合性大学的校长基本上是政府委任的，其社会角色可以说是被动给予的，但是他们一旦接受这一社会角色，便投之以百分之百的精力。这些著名大学校长在任上将自己的社会角色完全融入到了挽救中国大学命运，创立现代大学的使命当中。除了张伯苓以外的十位大学校长几乎均隶属于这种类型。以下便以蔡元培、罗家伦和梅贻琦三位大学校长为例进行简要分析。

蔡元培：精神领袖的社会人格感召

在当时北洋实业、北洋军阀、北洋政权作为一个整体机构的情势下，范源濂、袁希涛之推荐蔡元培出掌北大，恰是在恰当的时空之内寻到了一个合适的人选。③且先不论蔡元培自身的文化资本和政治资本优势，他的社会资本亦是可圈可点。对于作为教育与学术界领袖的蔡元培，沈尹默曾有一番言论："蔡先生的书生气很重，一生受人包围。"④沈氏所说的蔡先生受人包围，其中较为重要的是：在北大初期是被与他浙系地缘背景相关的人物所包围，蔡元培成为北大革新的引擎式人物，与他的善于借力是不无关系的。而在中央研究院时，

① 梁吉生.张伯苓的大学理念［M］.北京：北京大学出版社，2006：27-28.
② 梁吉生.张伯苓的大学理念［M］.北京：北京大学出版社，2006：42-45.
③ 叶隽.北大立新与"新青年"之会聚北平——蔡元培、陈独秀、胡适之的新文化场域优势及其留学背景［J］.清华大学学报（哲学社会科学版），2016（3）：74.
④ 沈尹默.我和北大［M］//陈平原，谢泳.民国大学：遥想大学当年.北京：东方出版社，2012：91.

是受胡适和傅斯年所包围。有如此绵延不绝的知识分子聚拢围绕着蔡氏，为他出谋划策，为他的掌校和治事保驾护航，这恐怕不单单是因为蔡氏的学术性格深得他们赏识，更是蔡氏的社会人格感染、鼓舞着这些知识分子群体，使蔡元培的高等教育思想和主张在学界和教育界中一呼百应。教育学学者肖川曾说过："校长首先应该是一个精神领袖，其次才是行政领导。领袖不是自封的，而是其卓越的个人影响力自发形成的，这种影响力来源于人格魅力。"[①] 蔡元培在北大的号召力由此得见。

同时，由于蔡氏在政界和军界中有一定的影响力，以及在学界和教育界中素有威望，得以在社会动荡和思潮纷争中未受到明显正面的攻击，正如蒋梦麟言："蔡先生就是中国的老哲人苏格拉底，同时，如果不是全国到处有同情他的人，蔡先生也很可能遭遇苏格拉底同样的命运。"[②] 当蔡元培几次请辞时，他所属的社会圈子皆全民上表，挽蔡举动惊人一致。蔡氏的社会人格魅力可见一斑。

罗家伦："我为的是清华的前途"

如果说蔡氏的社会人格是柔性的一江春水于无形中"俘获"了其所在社会圈子的支持和帮助，那么罗家伦的社会人格则更像是一座巍峨矗立的大山，勇猛激进，不畏艰难，凭借其新官上任三把火的热情和献身教育的决心一举改造了清华学校。对于罗家伦之出掌清华，其得到蒋介石的赏识是一方面，据罗家伦之女罗久芳的说法，乃是蔡元培的推荐起了重要作用。[③]

"受任于动乱之际，奉命于危难之间"，罗家伦背靠南京政府的政治力量来到清华，将清华学校改为国立清华大学，将之归属权从外交部移交给大学院（相当于教育部），并对清华董事会基金进行彻查和整顿，为清华的发展扫清了绝大多数的障碍，使清华大学迈入了向现代大学发展的道路。罗家伦时年三十二岁，以其资历、声望，更不用说学术成就，都不足以服众。而且，清华

---

① 王昊. 近代中国大学校长的文化选择［M］. 天津：天津教育出版社，2010：81.

② 蒋梦麟. 北京大学和学生运动［M］// 陈平原，谢泳. 民国大学：遥想大学当年. 北京：东方出版社，2012：16.

③ 陈明珠. 五四健将——罗家伦传［M］. 杭州：浙江人民出版社，2006：132.

当年一向喜用系出清华自己的校友为校长，所谓"清华人治清华"，罗家伦与清华之间素无渊源，又加上此前清华多年来一直校长更迭，风波不断，罗氏出掌清华，自然也少不了曲折。与蔡元培长北大时各方人事兼备的顺风顺水相比，罗家伦的整顿清华，尤显困难重重。

罗家伦到清华后发表了一个讲演，提出"四化"：学术化、民主化、纪律化和军事化。头一条是学术化，他提出要动用基金扩建图书馆、建造生物馆，这个计划得到校内多数教授的拥护，但遭到当时外交部和基金会美国董事的反对。教授会支持罗家伦的计划，帮助罗家伦跟基金会和当时的外交部斗争，因为清华大学的师生与罗家伦拥有着共同的凝聚力。罗家伦积极地与教授会和学生会合作，争取清华大学的师生权益及未来的发展机遇，一系列改革完全出于大学发展的立场考虑，甚至不惜以辞职换取清华基金的安全与独立以及清华隶属关系的正规化，却得罪了董事会和外交部。学者张晓唯说："后来罗家伦有一番自白：'老于人情世故的人，开始就决不这样做。但是我不知道什么顾忌，人家对我的仇恨我不管，我为的是清华的前途，学术的前途。'不难看出，这是一个有担当、勇于任事的人所说出的话。"[①] 现今学者评价罗家伦在当时那些事件中的做法："其运动外交力量也好，运作政治高层也好，爆料舆论也好，甚而与教授会、学生会的配合也好，颇可见出罗家伦特别的一种'才干'，竟是直率中有细致，鲁莽中有周全，而且事在人为，志在必得。"[②] 罗家伦的这系列作为，前瞻性的谋划，是与他社会角色相符的社会人格的体现，是符合其社会圈子的希望和预期的，亦得到了他所在社会圈子——清华大学师生群体的肯定。

梅贻琦："生斯长斯，吾爱吾庐"

如果说罗家伦为清华扫除了国立大学立身之本的诸多障碍的话，那么梅贻琦，这位情感上和思想上与清华同在的大学校长，则是为清华走向辉煌奠定了坚实的基础。

---

① 张晓唯.喟叹一声罗家伦［J］.书屋，2005（3）：16.
② 陈明珠.五四健将——罗家伦传［M］.杭州：浙江人民出版社，2006：152.

在担任清华大学校长之前，梅贻琦长期任清华大学的教授之职，教育学术上兢兢业业。1930 年底开始，清华大学出现了校长之职虚位以待将近一年的史无前例的局面，这是因为之前的三任校长均因压制民主导致任职不到一年就被清华师生赶走。校长之职不能一直空缺，面对清华学生会发布的挑剔的"清华校长人选的标准"，在十几位人选当中，最后终于推出了一位令清华师生和政府当局皆颇为满意的大学校长，他就是当时远在美国担任留学生监督的梅贻琦。

与梅贻琦的理工科背景相映衬的是，他注重实干，不尚空谈，被称为"寡言君子"。[①] 他的教育理念极富个性，如他对孟子的"从游说"进行了发展："学校犹水也，师生犹鱼也，其行动犹游泳也，大鱼前导，小鱼尾随，是从游也，从游既久，其濡染观摩之效，自不求而至，不为而成。"[②] 于风趣的比喻中寄托了他对大学教师树立道德和知识楷模的期望。最足称道的是他的名言"所谓大学者，非谓有大楼之谓也，有大师之谓也。"[③] "校长不过是'率领职工给教授搬椅子凳子的'"。[④] 他多方礼聘名师，为清华汇聚了一大批英才。毫不夸张地说，他尊师重道的理念和行为就是清华大学中重视民主的表率。

梅贻琦接手清华后，清华大学步入了"黄金时期"，尤其是在主持西南联大校务期间，他以"刚毅坚卓"为校训，为特殊时期的联合大学注入了办学理念。在艰苦卓绝的时代环境中，他将三所著名大学的教师紧密团结在一起且使师资队伍有所扩大，将民主、自由的风气保留和贯彻了下来，使得弦歌不辍，育人无数。不得不说梅校长的确是有着领袖群英之才能。一呼百应的领袖声望对于大学校长而言固然是一种充分条件，但并非必要条件。只要有着高尚的人格以及对教育事业的赤诚之心，依然能够对周边的群体产生感召力。梅贻琦即是这样一位大学校长。傅任敢曾说过："做领袖的人有两种，一种使人慑服，一种使人悦服。毫无疑问地，教育工作者应当使人悦服，而不在于使人慑服，

---

① 孙孔懿. 论教育家［M］. 北京：人民教育出版社，2006：241.
② 刘述礼，黄延复. 梅贻琦教育论著选［M］. 北京：人民教育出版社，1993：103-105.
③ 杨东平. 大学精神［M］. 辽宁：辽海出版社，2000：353.
④ 周川，黄旭. 百年之功［M］. 福州：福建教育出版社，2005：367.

因为教育的出发点是爱。梅校长的品格中深深具有这一点。"①此评价对于梅校长来说的确颇为到位。

第四节　教育文化场景和社会任职场景作用下的高等教育思想特性

从以上高等教育思想形成的子场景分析可见，地域文化场景主要是在学术性情方面对民国著名大学校长进行潜移默化的影响，而教育文化场景和社会任职场景对于高等教育思想的产生、交流与传递有着较为突出的影响。教育文化场景的勾勒使得民国著名大学校长具有了相应的学术人格，高等教育思想产生的真实性得到了凸显，而社会任职场景的体验则让民国著名大学校长拥有了社会人格，高等教育思想的产生和实践更富有戏剧性色彩。可以说，这两个场景对于高等教育思想形成是至关重要的。因此，有必要对这两种场景作用下的民国著名大学校长的学术性格和社会人格以及在此基础上衍生的高等教育思想特征进行考究。

一、"硕学鸿儒"的学术特质与高等教育思想的衍生从属性

学者余英杰认为，一个学者的学术性格很大程度上是由时代风尚、个人的读书受业、生命经历、所在国度、民族文化学术特性，以及所在地区地方文化学术特性等诸多因素长期共同影响、复合作用所决定的。②而这当中影响学术性格最为显著的，无疑是个人的教育经历。

本书所论及的大学校长在早期求学路上都经受了儒家思想文化的洗礼并大多具有极深的国学涵养，因此他们能以审慎的眼光看待这些儒家经典学说，提出富于创见的言说。儒家思想是规约人如何发展成为合乎伦理道德的人的学说和教条组合。虽然它的部分内容过于封建和教条化，但是它却是引导人走上道

---

① 孙孔懿．论教育家［M］．北京：人民教育出版社，2006：241．
② 余英杰．学术性格论［J］．社会科学，1988（9）：54．

德和哲学思考，对于人生和人性等问题予以深度观测的引路石。诚如傅斯年所言，一切思想都立足于人性和人生观基础之上，高等教育思想中天然蕴含着教育理念，也包含着对于人性和人生观的探讨。对于人生问题的讨论，恰为以后论说高等教育打下了基础。由此说明民国著名大学校长的高等教育思想是于无形中积淀起来的，高等教育思想具有一种触类旁通、天然养成的性质。

这些大学校长不仅在早期的教育经历中并未受过单独的高等教育思想训练，即使在国外留学或游学过程中直接受教育学熏陶的大学校长比例也是相对较小。就本书着重探讨的十一位大学校长而言，他们的学术研究兴趣自然是有所不同的，分为三种类型：一是以文史研究为志趣，如蔡元培、胡适、蒋梦麟属于这一类；二是以科学钻研为志业，如任鸿隽、胡先骕、竺可桢、梅贻琦就属于这一类；最后一种是文史和科学均沾，则以郭秉文、傅斯年和罗家伦为代表。哲学作为文理之间的一门衔接性学科，无论研究任何领域都是无法脱离的。大学校长大多具备古希腊哲学教育思想之因子，因此大多对于哲学有过或深或浅的思考。他们借着哲学研究之契机，而对教育问题或高等教育问题展开追问，在这其中，真正将教育学当作研究志业的唯有寥寥几人，十一位大学校长中除了郭秉文、蒋梦麟再加张伯苓外再无他人。这说明在当时国人虽有教育救国之抱负，但其切实途径却较少直接通过研习教育学来实现。教育学并不能成为一门国人认可的"显学"，而高等教育更称不上是一门学科，对于高等教育的见解和观点多是针对社会问题、道德问题而来，而解决高等教育问题之道则多来源于他们的儒学传统经典以及西方的现代大学制度。在他们看来，他们的高等教育观点和主张尚算不上是一种正规的学术，而只是一种对于高等教育发展的忧思和考量。因此，从这一层面而言，高等教育思想具有相对于他们主要研究领域的从属性和附庸性。如以胡适为例，他的终生兴趣在于哲学及其方法这一领域，他重视用西方科学方法整理国故，考证旧学。对于当时的教育问题而言，他更多的是将其当作一个比较切身的社会问题进行评判和分析，"多研究些问题，少谈些主义"是他的治学作风。因此，充其量他的一些高等教育思想只能是他的业余教育哲学方面的"遐思"而已。但正是这些"遐思"，却对中国高等教育体制的更新和理念的活化发生了重大的影响，深刻地影响了中国现代大学的建设。

二、"学贯中西"的学术路径与高等教育思想的中西杂交性

本书所探讨的大学校长群体并未因深受儒家传统思想熏陶而隔绝西学，相反，自国内兴办新学以来，他们在新式学堂中积极求索，着力于改造自己的知识结构。在西潮鼓荡中，他们选择以公费或自费方式留学，亲身体验和感受西方大学的教育模式和教育理念，促使他们的教育相关思想进一步深化，通过留学经历所获得的知识和经验对现代中国知识分子思想和性格的影响，是"难以估量的"。美国学者杰罗姆·B.格里德尔强调：

"现有的传记研究证实了一个合理的推测：留学经历极大影响了在共和时期崛起的许多中国人的价值观和事业。然而，这种影响的性质，只能通过对个人的个别观察来估价。全面评价这些归国留学生对其学生和读者的影响就更为困难。新文化时期大多数公认的进步思想发言人——蔡元培、陈独秀、李大钊、胡适、蒋梦麟、丁文江、钱玄同、鲁迅等最有名的——都是具有日本或西方教育背景的渊博学者。那些在 1918 年和 1919 年作为学生组织者和宣传者涌现出的人物——北京大学的傅斯年、罗家伦、顾颉刚，清华学校的罗隆基和闻一多，南开大学的周恩来，湖南的毛泽东——实际上都是学生，或者刚毕业，他们中的许多人以后仍有留学生涯。"[1]

学者叶隽曾言："吸收外来文化，固然是留学生的首要选择与重大功绩，但就其背后的关怀而言，最终还是落在了'中国新文化'的建构之上。"[2]接受西方现代高等教育与学术研究的系统训练以及对于留学国家长达数年的各方面

---

[1] 格里德尔. 知识分子与现代中国 [M]. 单正平，译. 天津：南开大学出版社，2002：244.

[2] 叶隽. 另一种西学：中国现代留德学人及其对德国文化的接受 [M]. 北京：北京大学出版社，2005：12.

考察使得他们形成了独特的自身体验，他们对所在国的思想文化产生深切的"同情之理解"，成为外来文化的"承受和集成者"。① 如果说儒家思想是这些大学校长人生中首先竖立起来的第一个世界，是一种由儒家先圣先贤及其历史文化所构成的世界的话，那么，留学、游学教育给他们搭建起来的就是由欧美等西方国家所崇尚的民主、科学、自由文化等要素所构成的世界，这一世界是由现代学者、教授和专家所主宰的。在中西两种品味及旨趣完全不同的世界里，他们是以学习、认知和理解者的身份出现的，与此同时他们也萌生了积极参与和建构理想世界的想法。而这一切都立足于他们对于中西文化的深入了解基础之上。"晚清以降，民国这一代知识人，他们成长于东西方思想文化冲突交汇之处，无论是东方古老的传统，还是西方现代的思想观念，给那一代人留下了至深的印记。他们与将逝的传统仍保持着血脉关系。对于古老的传统，无论爱与恨，都是切肤之感，而不似今人之隔靴搔痒。"② 陈远对于民国知识分子群体的描述不可谓不到位。

对于中西文化的共通性，这些大学校长深有体悟，尤以多次游学欧洲的蔡元培为个中行家。蔡元培的中西文化观是他思想体系中的重要组成部分。对待中西文化关系上，蔡元培不主张"中体西用"，亦不主张"全盘西化"，而是倡导"取其精华去其糟粕"。蔡元培虽坚决主张解构儒学意识形态，但他认为"中国人的根本思想"可以与欧洲文化融合，这些根本思想包括："（一）平民主义；（二）世界主义；（三）和平主义；（四）平均主义；（五）信仰自由主义。"③ 蔡元培深刻认识到学习外来文化的重要性。他说："鄙人尝思，一种民族，不能为吸收他族文化，犹之一人之身，不能不吸收外界之空气及饮食，否则不能长进也。"④ 反映了他对于中西学术融会贯通之期盼。

在教育和学术思想上，蔡元培主张以西方之所长，补中国之所短，发扬中

① 叶隽. 另一种西学：中国现代留德学人及其对德国文化的接受［M］. 北京：北京大学出版社，2005：13.
② 陈远. 负伤的知识人：民国人物评说［M］. 北京：商务印书馆，2011：序2–3.
③ 蔡元培. 中国的文艺中兴——在比利时沙洛王劳工大学演说词［M］//高平叔. 蔡元培全集：第4卷. 北京：中华书局，1984：343–346.
④ 高平叔. 蔡元培全集：第3卷［M］. 北京：中华书局，1984：62.

国自身特性。如在《〈北京大学月刊〉发刊词》中，他第一条就说："研究也者，非徒输入欧化，而必于欧化之中为更进之发明；非徒保存国粹，而必以科学方法，揭国粹之真相。"① 由此看来，他认为学者不仅负有传播西方更先进文明的责任，而且还承担了使中华民族文明历久弥新的义务。

作为一个科学家，竺可桢对于中西教育文化交流之状况亦多有关注，对于科学自西方引入中国有着自己的想法，他说："要以西洋科学移来中国，就要先问中国是否有培养这种移来的科学的空气。培养科学的空气是什么？就是'科学精神'"。② 竺可桢并不盲目主张移植欧美科学，而首重在中国培育一种科学精神，这在当时的确有一种"众人皆醉我独醒"的觉悟。从竺可桢的言论看来，在办教育方面，他是强调中西教育理念兼容并包的。

对于中西文化比较之研究集大成者当属蒋梦麟。蒋梦麟在美留学期间的学术兴趣就在于通过中西文化和教育的比较，实现改造中国教育的目标。由于主修教育学，而教育本就隶属于文化的其中一部分，因此他尤为关心美国文化与中国文化在教育上的差异。除了对于美国高等教育理念和制度的关注，他还颇为留意和欣赏德国的教育和文化，因为美国的高等教育正是受到德国高等教育理念影响的产物。如他称："世界之大学，最自由者，莫若德国，其成绩优美，亦远出各国。"③ 这一认知也使他对蔡元培的大学理念颇为理解和认同。他通过汲取欧美大学理念中的合理要素，融入中国大学场域之具体制度运作，其高等教育思想充分体现了中西杂糅之特点。

综上可见，这些大学校长的高等教育思想是中西杂交式的，这不仅是因为他们学贯中西，更在于他们分析和看待高等教育问题时所采用的中西兼容并包的视角和方法。这种中西杂交式的高等教育思想主要表现在借鉴、融合西方的大学理念至中国大学实践场域。

---

① 蔡元培.北京大学月刊发刊词［J］.北京大学月刊，1919，1（1）.
② 竺可桢.利害与是非［M］//余音.现代大学校长文丛：竺可桢卷.合肥：安徽教育出版社，2015：23.
③ 蒋梦麟.建设新国家之教育观念［M］//明立志，吴小龙，乾恩，等.蒋梦麟学术文化随笔.北京：中国青年出版社，2001：113.

三、"大学校长"的社会角色与高等教育思想的理想性和前瞻性

如果说大学校长的学术性格表征的是他们的内在书生气质，是由他们独特的个人经历形成的，那么社会人格则更多地显示他们的外在品质，是由他们所生存的社会环境和实践活动造就的。弗洛里安·兹纳涅茨基认为，在一生之中，个体可以相继或同时充当若干不同的角色；一生所有社会角色的总和构成他的社会人格（social personality）。社会角色的执行者是"社会人"，角色的有效扮演需要他所在的"社会圈子"的合作与支持。"社会人"是一种心理意义上的实在体，他的"自我"要求他具备一些与他所履行的角色吻合以及与"社会圈子"需求相匹配的品质，无论在体力上还是在智力上。①大学校长往往一身多任，承担多种社会角色，但是在这当中，大学校长和公共知识分子这两种社会角色的扮演与他们高等教育思想息息相关。

按照如上社会人格理论，民国时期著名大学校长，他们的一生都在相继或同时充当若干不同的角色，然而这其中最为重要的一个角色就是大学校长。大学校长这一角色下面又蕴含多重角色，诸如领导者、信息传播者、学者、道德楷模等等，然而"最重要的角色就是治校，他是一个管理大学并对大学的发展负有最大责任的治校者"②。民国时期著名大学校长这一群体，他们有自身的一套行为系统，在当时的社会时局下，积极求索高等教育治校理念和办学制度，引导社会成员和大学内部人员进行大学的改造和治理。围绕在他们身边的一群知识分子就是他们的社会圈子。无论是大学校长还是在这大学内部和外部的有识之士（教师和学生）都有一个共同的办学理想。他们改造大学、发展学术都是为了实现这一理想。大学校长只有受到来自大学内部和外部的肯定性评价，他才能继续在校长任上有所作为。如果缺乏了所在社会圈子（大学知识分子群体）的合作与支持，就无法继续执行他的大学校长之社会角色，他们的高等教育思想之实践也会遭到断裂。前面已做过分析的三位大学校长——蔡元培、罗家伦和梅贻琦，即充分体现了这一点。此不赘述。

---

① 兹纳涅茨基.知识人的社会角色［M］.郑斌祥，译.南京：译林出版社，2012：10.
② 眭依凡.大学校长的教育理念与治校策略［M］.北京：人民教育出版社，2001：31.

　　"大学校长"社会角色的体现是通过办学和治校来体现的。大学校长在扮演这一社会角色时，其高等教育思想呈现了理想化色彩。

　　首先，作为一校之长的大学校长的高等教育思想反映了一所大学的基本理想追求。韩延明认为，"大学的理想"是以实践为逻辑起点来设想大学的发展，其主观性较强，是大学内部对自身发展的认识、向往和构想。[①] 这种理想是主观见之于客观的，是对现有大学发展实践的超越。如前所述，在清末民初之际，进步、平等、自由、民主、科学、大同等是当时社会的普遍价值追求，而诸种社会价值理想和追求在高等教育系统中的反映，姑且称之为大学理想，构成了大学理念的一个重要组成部分，成为影响大学人的另一种文化。当时中国社会尚处于努力向现代化靠拢的过程当中，这些大学价值理念，如学术自由、学术平等、大学自治由社会系统移步进入高等教育系统，试图覆盖、代替原先封建传统的高等教育价值理念，但是在大学各方面组织体制和制度尚未完善和配套的情况下，自然未能全面实现这些价值观念，遂体现了现代大学价值观念体系的理想化色彩。如蔡元培就曾慨然长叹："我绝对不能再作不自由的大学校长：思想自由，是世界大学的通例。"[②] 作为一种美好的希冀，蔡元培等大学校长所崇尚的世界主义、思想自由等理想，无形中对他们改革高等教育产生了一种推动力。

　　此外，在当时大学校长心目中，建设现代大学的目的归根结底还在于教育救国和学术救国。通过改造教育实现社会改造之宏愿具有理想性，因此也导致具体的高等教育思想具有理想化色彩。教育救国是一种理想预期，是在政治救国和军事救国无望之下的举措，是书生救国的一种炽烈情怀。但是正如中国早期马克思主义者李大钊所批判的，"不改造经济组织，但求改造人类精神，必致没有效果"[③]。改良主义的教育救国论者将希望全然寄托在教育之上，未免过高估计了教育之作用。教育和社会发展水平是相互制约的。这一点也早已被民国著名大学校长中的大多数所认知。国家的兴亡既依赖于教育，更依赖于符合

<hr/>

① 韩延明.大学理念及其相近概念辨析［J］.教育发展研究，2004（7/8）：9.
② 蔡元培.不肯再任北大校长的宣言［G］//周谷平，赵师红.走向一流的历史轨迹：中外著名大学校长治校理念与办学制度文献选编：中国卷之一，1.杭州：浙江大学出版社，2015：25.
③ 吴玉伦.论"教育救国"思想的积极意义［J］.江汉大学学报（社会科学版），2005（1）：81.

历史发展的潮流。本书所论及的民国著名大学校长，以改良主义教育家居多，始终坚守教育救国之信念，将教育视为拯救国家危亡和决定社会兴衰成败的主导因素显然是这些大学校长的共同追求。在理想化的目标指引下，不得不说其高等教育思想具体内容也具有一定的理想化色彩。事实上，"从教育主观上的理想设定到现实中的实践，存在着一个理性界限"[①]。如何把控这一理性界限是对大学校长掌校能力的再一次衡量。

其次，由于大学校长是知识精英和学术领袖，因此，他们的高等教育思想也呈现出前瞻性特点。当然高等教育思想的前瞻性和理想化是互为因果的，有时候正由于其思想过于高瞻远瞩而显得理想化，而正因为高等教育思想具有理想化色彩，更凸显其难能可贵的前瞻性。

胡适指出："一个国家有一个国家的范型式的领袖人物。他们的高下优劣，总都逃不出他们所受的教育训练的势力。某种范型的训育自然产生某种范型的领袖。"[②]民国著名大学校长群体接受过中西合璧式的教育，对于中外教育制度了若指掌，对于本国高等教育发展存在的问题和弊端更是知之甚深。作为一所大学当之无愧的领袖人物，其高等教育思想如果不具备一定的前瞻性，那么这所大学的发展就是停滞不前的。大学校长往往在旁人尚未看到大学发展之风向时，已然先一步做出了大学的未来规划。如胡适发表《争取学术独立的十年计划》，提出用国家的大力造成五个十个第一流大学来争取学术独立地位的实现[③]，这一计划当时就遭到了广泛的质疑，认为在内战不断的动荡时局下推行这样的举措是不适宜的。客观而论，胡适的学术独立之论调和主张在当时那个时代的确是有其理想化色彩，但是我们不能不说这正体现了胡适对于高等教育发展的高瞻远瞩，他并未局限于一所大学之眼前发展，而是着眼于国家高等教育系统之宏观规划，抓住了高等教育发展的根本所在，不仅作为学术界的领袖，还作为大学校长群体中的领

---

① 　张睦楚. 民族意识与自由主义的双重变奏：留美中国学生联合会之历史考察［M］. 北京：社会科学文献出版社，2018：164.

② 　胡适，朱永新. 做不受人惑的人［M］. 苏州：古吴轩出版社，2016：36.

③ 　胡适. 争取学术独立的十年计划（节选）［M］// 季蒙，谢泳. 胡适论教育. 合肥：安徽教育出版社，2006：266.

袖人物，为中国大学发展指出了一条正确的发展道路。

四、"公共知识分子"的社会角色与高等教育思想的公共性和批判性

清末民初，中国传统文化面临着西方文化的挑战和解构。随着新式教育的日渐摄入和科举取仕制度的瓦解，传统士大夫的知识结构开始发生变化，新旧两面同时呈现，对于现代性价值理性的追求使一些传统士子日渐转型为公共知识分子。虽则公共知识分子的提出语境具有特定的时代性，但是中国是有公共知识分子的文化传统的。传统士大夫"先天下之忧而忧，后天下之乐而乐"与"家事、国事、天下事、事事关心"的社会使命感以及颇为浓烈的民族主义情怀正体现了公共知识分子的灵魂所在，"由于其本身的现代性，作为普遍意识形态的民族主义与现代中国的其他意识形态，如进化论、社会主义、自由主义等，不仅兼容，而且相得益彰"①。所不同的是公共知识分子因接触西学，掌握了新的科学方法，具备了自由主义之精神，开始以一种独立的眼光和批判的视角来考量各种社会问题。学者顾肃认为，与其他类型的知识分子相比，公共知识分子的突出特点在其公共性和直接的社会影响力。②陈来指出："公共知识分子观念的提出是要强调专业化的知识分子在以学术为志业的同时不忘致力于对于公共问题的思考和对解决公共问题的参与。"③这些特点描述使我们看到，公共知识分子对于国家民族生存、发展的关注和通过社会媒体参与解决公共社会问题的热衷。民国时期著名大学校长的另一重社会角色无疑就是公共知识分子。

具体而言，公共知识分子具有如下思想趋向。

（一）积极的入世观

有学者曾道："这种使命感使中国知识分子以为真理本身应该指导政治、社会、文化与道德的发展。……这种入世的使命感是令人骄傲的五四精神。"④民国著名大学校长，以他们公共知识分子的视野，自觉地肩负起了开民智之

---

① 张汝伦.现代中国思想研究［M］.上海：上海人民出版社，2001：220.
② 顾肃.现代中国自由主义知识分子的社会角色与境遇［J］.学术界，2003（1）：50.
③ 陈来.儒家思想传统与公共知识分子——兼论现代中国知识分子的公共性和专业性［M］//许纪霖.公共性与公共知识分子.南京：江苏人民出版社，2003：10.
④ 林毓生.思想与人物［M］.台北：联经出版社，1985：122.

责，通过改造个人进而改造社会，他们的高等教育思想颇有一种为公为民的公共性色彩。

民国时期著名大学校长的演说和文章集中体现了他们高等教育思想的社会关照性和公共服务性。罗家伦曾言："知识分子的言论和主张对于社会而言是一种必不可少的社会教育。"[①]民国时期大学校长的高等教育思想，反映了社会上卓越知识分子通过教育改造社会的心声，对于整个社会风气的改良，其作用是显而易见的。具体而言，他们的高等教育思想对于当时的社会风气起了如下作用。

1. 开平民教育之风气

蔡元培的办学思想中有深刻的平民主义情结。执掌北大期间，蔡元培宣扬教育平等，主张举办平民夜校，使得学校外面的平民都能进北大学习。这一举措使得渴望接受高等教育的观念深入人心。蔡元培没有那种等级思想，他认为受教育是人作为人应该获得的一种权利。"一个人不但愁着肚子饿，而且怕脑子饿。"[②]1920 年他在北大平民夜校开学日上的演说词说得相当直白，把受教育看成同人吃饭一样重要的事情。在《大学教育》中，蔡元培再次表明了其普及教育的理念："受大学教育者，亦不必以大学生为限。各国大学均有收旁听生之例，不问预备程度，听其选择自由。又有一种公开讲演，或许校外人与学生同听，或专为校外人而设，务与普通服务之时间不相冲突。此所以谋大学教育之普及也。"那个年代的中国，有能力读书的人还是比较少的，绝大部分人还都为生活而奔波，没有机会读书识字。蔡元培秉持教育救国的理念，为了提高国民的整体素质，且为了实践心中的教育平等信念，开设了北大平民夜校，从当时中国的最高学府带头，希望借此改善普通民众的公共文化素养。此校一开，由北大师生带动学校周边民众，再通过学校周边民众带动离学校较远的民众，使得那些想要听课的人可以前来听讲，满足了当时大批民众的受教育愿望。这不正是现在的成人教育的前奏吗？这样的举措使得更多的人热心向学，同时也为改善国民的整体素质打下了基础，对于民国公共高等教育系统的完善

---

① 冯夏根.文化关怀与民族复兴——罗家伦的思想人生［M］.北京：人民出版社，2009：75.
② 蔡元培.北大平民夜校开学日演说词［N］.北京大学日刊，1920-01-24（523）.

起到了非常好的带头作用。

2. 开解放女性之风气

民国初期，教育尚未普及，女性接受高等教育在当时是件不敢想的事情。但是却是有这么一些大学校长，他们在接受西方的女性解放的观点之后，首倡和宣扬大学开放女禁，给了这些女性进入高校求学的机会。1919 年 5 月罗家伦发表《大学应当为女子开放教育》一文，表明其对于女子接受高等教育权利的重视。他认为大学对女子开放，是为了提高女子知识、地位及自由结婚的程度。"女子解放是中国刻不容缓的事。……目前急于补救的办法，就是先由大学开放。"[1] 罗家伦是较早明确提出大学开放女禁的知识分子之一。蔡元培认为男女要享受一样的教育。"我是素来主张男女平等的，九年，有女学生要求进校，以考期已过，姑录为旁听生。及暑假招考，就正式招收女生。有人问我：'兼收女生是新法，为什么不先请教育部核准？'我说：'教育部的大学令，并没有专收男生的规定；从前女生不来要求，所以没有女生；现在女生来要求，而程度又够得上，大学就没有拒绝的理。'这是男女同校的开始，后来各大学都兼收女生了。"[2] 胡适对大学开女禁的具体安排进行了设想：首先，大学当延聘有学问的女教授，其次大学应先收女子旁听生，再次女学界的人应该研究现行的女子学制。胡适的这一主张与其接受过西方留学教育的背景有很大的关系。留学西方的经历，使他对于女子受高等教育的权利了解得更为明晰。以上诸位人士对于大学开女禁的言论，尤其是当时身为大学校长的蔡元培的力主实践使得接受大学教育成为很多女子的选择。大学开女禁的风气间接提高了女性的社会地位。女性接受高等教育后，能够更好地服务社会，对于整个社会重男轻女思想的改变也是显而易见的。

3. 开民众科学教育之风气

科学教育是当时外强凌辱、国家举步维艰、民生凋敝的社会现实之下自然科学家们和人文知识分子共同推动的，以自然科学家们为主。任鸿隽率先提出

① 罗家伦. 大学应当为女子开放教育［N］. 晨报，1919-05-11（7）.
② 蔡元培. 我在北京大学的经历［J］. 东方杂志，1934，31（1）.

科学教育的主张，认为科学教育是用教育方法直接培养富有科学精神与知识的国民，间接即促进中国的科学化。[①] 他从三块内容阐述科学教育，分别为普通理科教程、技术科目以及社会教育中之科学宣传。前两种是学校里的科学教育，第三种是民众科学教育。他认为在当时抗战建国时期，民众科学教育的必要性甚于学校里的科学教育，民众教育重在宣传科学的常识。20 世纪 30 年代兴起的科学化运动，科学专家们喊出了"民众科学化"的口号，着力开展民族科学普及教育。科学教育通过在民众层面破除社会封建迷信，普及科学知识进而弘扬科学精神，是值得大加赞赏的。但是在实践中却是掣肘重重，任鸿隽认为当时科学遍及之难的几个原因是：第一，国人未尝有科学之需求。第二，真正之科学智识，当于学校教科实验室中求之，非读一二杂志中文字，掇拾于口耳分寸之间所能庶几。第三，译著中名词之难定。结合实际，任鸿隽所言的三个原因，其中第一个原因是主要是针对广大民众的。为此，广大科学专家们通过各种方式积极参与和大力支持科普读物创作，以此唤起民众科学教育的需求。尤其是自然科学家们，他们曾经留学欧美，深受科学教育的训练，这使得他们在推广和普及科学教育方面游刃有余。舒新城在论及留学生对近代中国的影响时说："留学生在近世中国文化上确有不可磨灭的贡献。最大者为科学，次为文学，次为哲学。"[②] 在这些科学家们的努力下，科学教育的对象从知识分子、青年学生慢慢扩展到普通民众。[③] 民众科学教育总的来说还是取得了一定的成效。针对第二点，民众科学教育仅仅只是普及科学常识性的教育，而非专业的科学教育，这是由它的对象的特点所决定的。因此，真正之科学智识，还是必须在学校里才能系统教授。

如上种种开风气之先的社会教育说明民国时期著名大学校长作为公共知识分子的追求和理想。他们移植了西方公民精神的启蒙方案，立足于公民的基本权利，如教育平等，寄望于改造国民、提升国民整体素养。这种诉求体现了满

① 任鸿隽.科学救国之梦：任鸿隽文存［G］.樊洪业，张久春，编.上海：上海科技教育出版社，2002：547.

② 舒新城.近代中国留学史［M］.上海：上海文化出版社，1989：212.

③ 金忠明，廖军和，张燕，等.中国近代科学教育思想研究［M］.北京：科学普及出版社，2007：17.

满的教育为公的色彩。

（二）强烈的民主观

民族主义分为外向和内倾两个方向，前者主要针对外族的威胁、征服和占领，故集体意识实占上风；而后者主要针对既存政权，故民主（或晚清人爱说的"民权"）倾向甚强。[①] 传统士大夫群体尚未接触到西方民主之精髓，故多趋向于排外的集体意识的民族主义，而公共知识分子则通过接触西学，掌握新知，普遍认同民主、民治模式，站在国家发展的角度和高度，对于政治、社会上的封建专制现象予以批判，着力于维护社会稳定、政治安定、文化和谐。

爱默森认为："一般而言，一个民族或国家的全民族目标和价值体系，不是从传统中生出，就是指向一个风格不同的未来。"[②] 在当时中国，文化保守主义者趋向于"回向传统"，而文化激进主义者和自由主义者则选择了"面向未来"。这也是近代中国的新旧之争和中西文化之争之症结所在。在当时的情况下，"由于近代中国的新与旧本身已成价值判断的基础，故从传统中生出的一派不可能成为主流"[③]。而西化派通过提倡西方科学和民治方法，给出无限多种可能的解决现存问题的办法，为中国社会描绘了一番比现在更好的将来，快速占据了话语权的上风。

"19 世纪末 20 世纪初是中国思想文化由传统过渡到现代的关键年代，其中报刊杂志、新式学校及学会等制度性传播媒介的大量涌现，更造成特别的影响：一是构成 20 世纪文化发展基础建构的启端，一是加快了舆论或公共舆论的展开。"[④] 报章媒介所催生的"公共论坛"加速了公共知识分子的成长。公共知识分子之区别于传统士子，所依凭的制度架构就在于此。此外，公共知识分子对于社会、文化、思想、学术问题保持高度关注，但是对于政治却保持若即若离状态。他们的角色定位仍是基于学术的。

大学是知识分子的集结地，用康德的说法，知识分子是自觉地担当人类道

① 贺照田. 在历史的缠绕中解读知识与思想：下［M］. 长春：吉林人民出版社，2011：328.

② 贺照田. 在历史的缠绕中解读知识与思想：下［M］. 长春：吉林人民出版社，2011：331.

③ 贺照田. 在历史的缠绕中解读知识与思想：下［M］. 长春：吉林人民出版社，2011：331..

④ 张灏. 中国近代思想史的转型时代［J］. 二十一世纪，1999，52（4）：29.

义和责任的人。[①]《新青年》与《新潮》等杂志成了大学内部公共知识分子群体
对社会问题予以批判的利刃。大学中的公共知识分子不仅批判社会生活中一切
违背人类良知的错误、偏见，乃至政策举措，同时，他们也对大学内部的一些
不合理的制度进行批判。从某种程度上说，新思潮和新文化运动的兴起也促使
这些高等教育体制之内的新派知识分子进一步反省中国大学的既存问题，并积
极主动地融合运用西方大学新思想新理念来为中国大学和人才培养上存在的问
题作诊断和治疗。

　　民国著名大学校长以批判性的眼光来看待高等教育的发展和学生的培养。
如竺可桢曾批判现行教育制度当中存在的问题，反复论及大学要培养具有独立
思考能力的人，大学应着力于知识和思想的训练。他说："目前学校缺点在于
只传授知识，而不注意智慧，不能使人深思，以后毕业生应能慎思明辨，俾能
日日新、又日新，以发扬而光大之。"[②]"但即以智育一端，现行制度亦有重大缺
点，即专重知识的传授而不注重训练智慧，过重于用授课方法来灌输各国学者
已发明的事实，而对于思想的训练方面全未顾及。"[③]"我们受高等教育的人，必
须有明辨是非、静观得失、缜密思虑、不肯盲从的习惯；然后在学时方不致害
己累人，出而立身处世方能不负所学。"[④] 在这些篇文章中，竺可桢对中国大学
内部教育理念和制度的缺憾和劣根性予以了无情的批判，对于培养青年学子清
醒的头脑、冷静的思考和反省的精神可谓是苦口婆心、坚定不移。

　　同时，一些大学校长对不根据国情，片面照搬或是模仿国外大学制度的方
式和做法予以了批判。在《教育之改造》一文中，胡先骕认为近代我国教育剿
袭欧美存在诸多弊端，学生仅学习其所治之学科，求学功利性太重，德性方面
缺乏修养。他沉重地指出："我国现行之教育制度，仿之欧西，在低级学校所
学之学科，仅为升入专门以上学校之预备，而与日常之广义生活无关也，苟不

① 哈佛燕京学社.人文学与大学理念 [M].南京：江苏教育出版社，2007：编者手记21.
② 竺可桢.竺可桢文录 [G].樊洪业，段异兵，编.杭州：浙江文艺出版社，1999：94.
③ 竺可桢.竺可桢文录 [G].樊洪业，段异兵，编.杭州：浙江文艺出版社，1999：96.
④ 竺可桢.大学教育之主要方针 [M]// 余音.现代大学校长文丛：竺可桢卷.合肥：安徽教育出版社，
2015：38.

能升学，则所学几全无用。苟能升入高级学校矣，生徒亦仅知修养其所专治之学科，对于个人德性之修养或处世接物之道，从不注意也……使此等人物参预政治，支配经济，主持建设，教育青年，欲求有良好结果，宁不等于缘木求鱼耶？"[①] 抨击欧美教育制度的大学校长不独胡先骕，如同样留学美国的雷沛鸿亦认为我国近四十年来的教育包括高等教育完全抄袭外国[②]，不适应国情，缺乏与实际教育情况接轨。反映了一个留美多年的教育研究者对于国内教育界盲目照搬美国教育制度、规定之弊端的清醒认识。

由上可见，民国著名大学校长将公共知识分子的社会角色演绎得淋漓尽致。作为过渡时代的中西文化承载者，他们置身于新旧文化和思潮的浪潮中，通过报刊媒体的参与和互动锻炼了他们的批判性思维，这种批判思维模式移注到社会文教系统内部，对于所执掌大学的办学理念和教育理念进行了有针对性的批判；同时，公共知识分子的内在社会使命感又使得他们看清了社会存在的弊端。他们希冀以个人为支点，通过个体改造进而改造群体，通过教育改造进而改造社会，通过一系列开风气之先的主张和措施，无形中将他们的高等教育思想与社会之改造与公众之思想进化紧紧维系起来，使得他们的高等教育思想嵌入了公共性的因子，这也是他们高等教育思想受到时代和社会环境深刻影响的一个结果。

第五节　场景变换对高等教育认知和行为的影响分析

总的来说，从民国著名大学校长所置身的文化场景来看，可以说几乎都经历过"儒家传统文化场景—中西杂交的文化场景（新式学堂）—所留学的西方大学文化场景—中国近现代大学的文化场景"这四个不同的场景，场景的不断转换对于民国著名大学校长高等教育思想认识和发展的心理产生了影响。

---

① 胡先骕.教育之改造［G］//张大为，胡德熙，胡德焜.胡先骕文存.南昌：江西高校出版社，1995：408.
② 雷沛鸿.西江学院是什么［J］.教育导报，1946，1（7）.

一、民族主义和自由主义意识之冲突与磨合

从最初身处纯粹的儒家传统文化场景中民族主义意识的萌生和传衍，到中西杂交的文化场景中（新式学堂）的自由主义意识的显现，再到所留学的西方大学教育的文化场景中自由主义意识的全面放开和民族主义意识的暂时蛰伏，最后又返回中国近现代大学任职的文化场景中自由意识与民族发展意识在大学理念导向上的磨合，民国著名大学校长绕不开身上所具有的浓厚的民族主义情结。

民族主义思潮在中国学人身上也经历了演变。梁启超的民族主义思想受到"国家有机体论"的影响颇深，从早期强调国民自主性到后期偏重国家主义。为了支撑他的学说，他在 1912 年发表了《国性篇》，正式宣告民族国家背后亦存在国性，认为抽象的国性可通过具象的语言、道德宗教、文化习俗等表现。[①]表明梁启超的民族主义思想已经发生了嬗变。

梁启超的思想很大程度上影响了民国初期的知识分子，也为中国民族主义思潮的进一步分化提供了源头活水，其中广为近代中国知识分子所吸纳的两支分流分别是胡适、张佛泉所代表的共和爱国主义和张君劢所代表的文化民族主义。而这恰与欧洲近代民族主义思想的两股思潮——国民民族主义和族群民族主义有着异曲同工之妙。国民民族主义重平等的政治身份，而族群民族主义则重共享的血缘、历史和文化的族群身份，形成了民族主义在政治上的不同分野。[②]

民族主义的不同趋向对于民国著名大学校长高等教育思想的导向产生了影响。正如列文森所说："民族主义的兴起对中国思想家提出了两项无法调和的要求：他既应对中国的过去怀有特殊的同情，但同时又必须以一种客观的批判态度反省中国的过去。"[③]这就要求对于中国的文化既自信且反省，形成一种自省和反省的民族主义，而落实在教育上要使国民具有高尚的爱国主义情操，最重要的是要实施国民的民族教育。[④]留学期间从所处国家吸取到的民族主义的

① 梁启超. 梁启超全集：第 5 册［M］.北京：北京出版社，1999：2554–2556.
② 格林菲尔德. 民族主义：走向现代的五条道路［M］.王春华，祖国霞，魏万磊，等译.上海：上海三联书店，2010：9–11.
③ 列文森. 儒教中国及其现代命运［M］.郑大华，任菁，译.桂林：广西师范大学出版社，2009：93.
④ 费希特. 对德意志民族的演讲［M］.梁志学，沈真，李理，译.沈阳：辽宁教育出版社，2003：7–9.

不同资源造成了民国著名大学校长差异化的高等教育思想倾向。以国家的文化、历史、血脉等保存为价值取向的，形成了高等教育思想的民族保守主义倾向；对于中国的封建儒教思想予以批判，以国民的自由、平等、权利等价值取向为导向的，形成了高等教育思想的民族自由主义倾向。总的来说，这两种思想类型均凸显了借由教育救国的爱国主义色彩，只是对于教育救国思想的重心有所不同。相比较而言，民族自由主义倾向由于同西方自由、平等、权利等价值取向相结合，因此其主体在中西不同文化、教育场景和社会任职场景之间的转换过程中产生了更多的心路纠葛。

对于当时的留学生而言，越是在国外待得久，越能切身体会到欧美国家近现代教育之发达，但是儒家文化思想和民族主义意识始终萦绕在心，使得内心便充满了矛盾。胡适如是说："在这个时代，新旧势力、中西思潮，四方八面的交攻，都自然会影响到我们这一辈人的行为习惯，所以代表西方的民主平等新理念与中国固有的思想就集中在一个人身上，使人不由自主地感到困惑。"①

同时，在一个场景中待得太久（多达数年之久），多少会将自己视为就是那个文化当中的人，亦即所谓的有些西化了。钱穆说，西方的戏剧是最为真实地反映生活场景的。中国留学生到了西方，欣赏起高雅的艺术和文化，意味着他们面对着的其实是他们真实的心理写照。1914年《留美学生月刊》推介了《东方是东方，西方是西方》这一颇具独特含义的书籍，其中就讲了主人公森（San，音译）出国留学前在中国已有了未婚妻，可是在美国四年，他已经变得很美国化了，对于美国的文化欣然接受，爱吹萨克斯，爱在聚会上演讲，他一点也不想回中国了。当然，这本书的内容颇为写实，可说真实地反映了大多数留美学生的心理。美国所崇尚的民主及个人主义思想深刻地影响了他们，他们参与美国的大多数政治、社会和社交活动，心甘情愿地将他们的忠诚意志及爱国精神完全投入到美国这个所谓的第二故乡。② 同时英美的制度也对于他们的

---

① 胡适.写在孔子诞辰纪念之后［N］.独立评论，1934–09–09（117）.

② TOW J. *The Real Chinese in America*，*being an Attempt to give the General American Public a Fuller Knowledge and a Better Understanding of the Chinese People in the United States*［M］.New York: The Academy Press，1923：196.

个体起到了塑造的作用。留学生对美国自由平等理念和制度持拥护态度主要是因为他们觉得能够在这种制度之下更好地发展个人的事业，为个体谋得创造的自由和机会。①

虽然在美留学期间胡适也颇为欣赏美国的文化及制度，但他始终将民族强盛放在心上，认为中国只有自强，不仰人鼻息，才能实现真正的民族强大和国家富强。如胡适在《非留学篇》中提到，"留学者，救急之计而非久远之图也；一国之派遣留学，当以输入新思想为己国造一新文明为目的。长久之计乃在振兴国内之高等教育……"②学者张睦楚曾言："在中国近代思潮变迁过程中，民族意识是中国近代的'意识'基线，而自由意识则是在这一基线之上的'意识上线'。"③而在留学期间能够恰到好处地将两种意识安放，寻求出一种合适的解决之道，则是民国著名大学校长区别于普通留学生的地方。

回到国内就职的这些大学校长，因他们学术资本和社会资本的发达，而被选聘到重要的岗位上。其中政府部门和大学是留学生的职业聚集地。《留美学生月刊》中的一篇题为《通向成功——内在的贷款》一文中指出："我们必须清楚地明白，这些留学生归国所期望的并不是高官要职，他们需要的仅仅是能够展现他们能力的种种机会和平台。"④对于当时国内的风气而言，显然，真正有学识有学术追求和理想的留学生普遍会选择在大学任职。如罗家伦回国之初，最大的愿望即是回到母校北大任教，为此他给遥领北大校长的恩师蔡元培写信，希望在北大求得一个普通教职，以谋得个人学术上更好的发展空间。然而由于当时南北政治对立的紧张关系，整个北京教育不良，有记者总结为"遍体鳞伤，满目疮痍"八个字，使得像罗家伦这样的归国留学生萌生了报国无门之感，不得已另寻他就，接受了南京东南大学历史系教授之聘。⑤

① 蒋廷黻.民族复兴的一个条件［J］.国闻周报，1934，11（28）：1-2.
② 胡适.非留学篇［J］.留美学生年报，1914（3）：4-29.
③ 张睦楚.民族意识与自由主义的双重变奏：留美中国学生联合会之历史考察［M］.北京：社会科学文献出版社，2018：211.
④ 张睦楚.民族意识与自由主义的双重变奏：留美中国学生联合会之历史考察［M］.北京：社会科学文献出版社，2018：223.
⑤ 许小青.诚朴雄伟 泱泱大风——中央大学校长罗家伦［M］.济南：山东教育出版社，2012：71-75.

回到国内大学任职，他们不可避免要面对国内外存在明显差距这一事实。在高校任职的机会，虽然也能够得到（即使不是心仪的大学），但是面对突然转换的场景，面对"正处于民主黎明前的黑暗时期，处于科学发展的关键时期，处于社会经济调整的重要时期，她的人民正在为经济的停滞不前及财政紧缩不断地抗争，处于政治崩溃的时期"①这样恶劣情势之下的中国，即使是知识精英一时之间也可能会无所适从甚至萌生退缩感。从出国留学前的踌躇满志，到出国留学时获取新知、潜移默化学习西方大学理念同时勾勒回国后进行教育改造和文化建设方面的蓝图的坚定和执着，及至归国后目睹社会失序、教育改造前途迷茫、雄心壮志和理想信念瞬间遭逢重创的困惑和忧心，西方文化场景的长期熏陶导致中国文化场景瞬间失真。蒋梦麟曾对这种失落感有过真切的描述，他认为正是政治的纷乱，使得他的理想像"河滩失水的蚌，日趋干涸，最后只剩下一个蚌壳"。②

民国著名大学校长的可贵之处可能就在于他们归国后能及时地认识到社会文化场景的变迁，调整心态，重新树立对于自由意识和民族意识的正确观念，在自由主义的理想和民族现实之间进行磨合，总结酝酿成一种世界主义性格的、内敛且温和的自由主义、民主主义、个人主义，而这在很大程度上是能够与民族主义意识相兼容的。

张睦楚认为，在救国为当务之急的中国时局下，中国的民族主义走的是一种"前进"的道路，即民族主义意识总体上是高涨的，而自由主义和个人主义则走的是一条退却的，相对低调内敛且温和的路子。③虽然民族危机之下救亡图强的任务压倒一切，但是自由主义和个人主义依然有它独特的存在方式，它存在的方式，需要人们换一种方式去看待它，因此对于个人主义的审慎思考成了求证个人主义合理性的一个途径。

① SUNG K. China's Call to Her Returning Students [J]. *The Chinese Students' Monthly*，1922（11）：44–46.
② 蒋梦麟.西潮与新潮［M］.北京：东方出版社，2006：206.
③ 张睦楚.民族意识与自由主义的双重变奏：留美中国学生联合会之历史考察［M］.北京：社会科学文献出版社，2018：187.

对真正的个人主义的界定使民国著名大学校长认识到"狭隘的民族主义"是不可取的。这种思想集中体现在了胡适身上。他认为："真的个人主义即是一种个性主义，他的特性有两种：一是独立的思想，不肯把别人的眼睛当眼睛，不肯把别人的脑力当自己的脑力；二是个人对自己思想信仰的结果要负完全责任，不怕权威，不怕监禁杀身，只认得真理，不认得个人的利害。"① 显然，在胡适看来，真正的个人主义是拥有独立思想并对自己的思想负责任，有了这种真正的个人主义，一国的学术思想才能进步，社会政治才能真正得到改善，国家民族才能真正实现富强。真正的个人主义显然是那种狭隘地排斥一切外来思想的民族主义的态度和立场所无法企及的。从基调上看，民国著名大学校长正是在这种世界主义性格的、内敛且温和的自由主义、民主主义和个人主义的引导之下通过改良主义的方式进行中国高等教育和社会的改造，在艰难中负重前行。

二、借力政域场以成就学域场：高等教育管理思维的调适

在社会任职场景的剖面中，"学域场"和"政域场"的思维方式常常表现出一定的对立和冲突。民国著名大学校长通过留学获得自身知识结构和思维模式的改造，是为了将他们所习得的知识报效祖国，尤其是于教育一途出力。民国著名大学校长作为留学生当中的知识精英，直接感受到了留学之惠泽，归国后也具备了较丰富的学术资本，但是如果没有强势的政治资本作辅助，也并不意味着能够按照心中对于高等教育的设想在归国后对于高等教育界进行重整，尤其是在当时社会动荡，教育经费匮乏的时代环境下，更是难以为继。如何做才能保障和捍卫高等教育理念的贯彻执行，这意味着需要放下学者身段，打开学域场和政域场之间的人情通道并借助于政域场关键人物的力量。

对于民国著名大学校长而言，绝大多数都是以学者身份为本位，因此他们难免有一种学术至上的情怀，从事教职最适宜不过，若是做高校管理尤其是大学校长，恐怕一下子是无法胜任的。一般情况下的确如此。但是我们看到，民国著名大学校长在个人任职生涯中从教学研究场景进入到大学管理场景之时，依然游刃

---

① 胡适.非个人主义的新生活［J］.新潮，1920，2（3）.

有余。这固然是与大学校长个人具备一定的社会资本，也即人脉圈有关，更与高等教育办学的坚定思想信念脱不了关系。下面以竺可桢为例来进行说明。

竺可桢主持浙大之后不久，抗日战争即爆发，教育经费可谓是捉襟见肘。1938年初，浙江省政府停发浙大每月一万元的补助费，浙大面临着迁校资金严重短缺问题，这给新上任不久的竺校长出了一大难题。由于竺校长缺乏党派背景，因此并未获得时任教育部长的陈立夫青睐，反而因竺可桢走马上任恰不逢时而导致两者的关系颇为微妙。果然，竺可桢向陈立夫汇报此事后，陈只是"允与财部商之"①，未见有后续举动。竺可桢见事不可为，遂致信好友朱家骅请他设法周旋此事。信中提及因为省府委员会停发浙大每月补助一万元，浙大校务维持之困难，已向浙江省政府及黄主席申请，但恐不见成效，务必请朱家骅从中斡旋，从1938年1月起，补助费一万元直接由中央拨发。特意说明："事关敝校与东南文化前途，故特相烦。"②

竺可桢为何会想到向朱家骅求援？一方面是因为两者私交甚好，另一方面，朱家骅与陈立夫关系颇佳③。因此朱家骅能够在陈立夫面前说得上话。而竺可桢信中请求正当且言辞上情理并重，朱家骅遂于3月31日回信愿意促成此事。

有了朱家骅第一次成功的代为斡旋，当1939年底遇到浙大西迁经费拨款问题时，竺可桢再次致函朱家骅请其帮忙。从该信的内容上来看，竺可桢将迁校之艰辛细细道来，试图博得朱家骅的理解和同情，同时帮朱家骅戴上了"爱护浙大"的道德高帽："敝校连年困窘为我兄所深知，而情势之急迫又刻不容缓，瞻念前途，忧心如捣，用敢仰恳我兄本历来爱护浙大之忱念，在患难曲加援手，务于中央军政各方鼎力设法协济迁运图书仪器费二十万元或拨发车辆，俾早就道。"④收到信后，朱家骅十分动容，遂于1940年1月9日致函陈立夫，竭力促成此事。虽然陈立夫最后只允拨六万元给浙大用于救济学生、教员迁徙之事宜，然

① 竺可桢.竺可桢全集：第6卷［M］.上海：上海科技教育出版社，2005：463.
② 陈红民，段智峰.抗战期间竺可桢主持浙大的一个侧面——解读竺可桢与朱家骅的几封往来函件［J］.晋阳学刊，2010（5）：95.
③ 陈红民，段智峰.抗战期间竺可桢主持浙大的一个侧面——解读竺可桢与朱家骅的几封往来函件［J］.晋阳学刊，2010（5）：95.
④ 竺可桢.竺可桢全集［M］.上海：上海科技教育出版社，2005：227.

而在抗战的艰难时局下，教育部能从中拨付此笔款项已经是难能可贵了。

　　1944 年，竺可桢再次因为浙大自组自卫团所需枪械及划拨应变经费等事直接书函联系朱家骅。彼时闻知朱家骅刚上任教育部部长，竺可桢不胜欣喜，马上致函道贺，在这封信中，或许是明白朱家骅愿意帮忙之心，竺可桢的语气少了一丝恳求，多了一点熟稔。借着这次道贺之机，竺可桢试图率先探得新一任教育部部长所持的高教方针和政策走向，除了报备枪械拨给以外，还在信中提出了向教育部请求划拨应变费的请求。收到竺可桢的来信，朱家骅再一次鼎力相助，为浙大争取到了一千八百万元的应变费。事实上，假如没有竺可桢致函朱家骅以及接下来在电话上的跟进，可能浙大就无法取得这么大一笔数额的款项。这充分体现了竺可桢在正规走流程之外兼走私人路线的方向正确性。

　　在这三次史料可查的往来信函中，竺可桢充分展示了一个善于沟通、善借人力的大学校长形象。虽说"在其位，谋其政"，但是因为学域场和政域场之间的难以沟通性，很多大学校长往往面对抗战动乱时期的拨款经费缺失而束手无策。竺可桢虽不是政域场中人，但是他深谙同乡和个人私谊之重要性，充分发挥他自身的社会资本优势，抓住朱家骅同为浙江人并且关注浙江高等教育发展的心理，数次向其写信求援。当然，竺可桢信中的言辞也颇有技巧，讲究情理并重，因此能充分打动和说服朱家骅为之"效劳"。在他的私人线路运作之下，浙大在艰难的时局下不至于陷入经费罢黜的境地，反而更上一层楼。竺校长自然是对高等教育理念和思想本身有着清晰的把握，方能做到带领着浙大从一个在抗战前仅有文理、农、工三个学院十六个系的地方性本科院校发展为有文、理、农、工、法、医、师范七个学院二十七个系的综合性大学。世人看到的是他在人前（台前）如何具有管理一校的才能，将一所流亡大学蜕变为一所"东方剑桥"，鲜少分析他在人后（台后）如何处理这些大学校长角色以外的事项，如斡旋经费的尴尬难题。与朱家骅的几度信函往来求助经费之事宜只是他掌校过程中的一个侧面，反映了他在面临社会任职场景转换之时，如何注重学域场和政域场沟通方式方法的状况。事实上，由于所处时代和教育发展的特殊性，无奈之下，很多大学校长，尤其是国立大学校长都化身成了与政府沟通和谈判的能手。他们面对高等教育中的突发问题，及时调整自身的高等教育管理思维，能做到在"台后"放下身段，利用社会关系各方求援，只为了能够维系所在大学的正常发展和运作。为了他们心中的高等教育理想和大学理念能够实现，在艰难的时局下，他们忠于大学，对大学不离不弃，相比于大学发展的一切，不要说是个人面子和人情问题，他们身上的外在一切都可以为之抛弃。这就是一种高等教育的信仰。同时，这也是时代和其所置身的场景对他们提出的心理、认知和行为转变诉求。

本章小结　高等教育思想产生的子场景关系分析

一、子场景之间的联结性

对于民国著名大学校长而言，他们高等教育思想的产生并不完全是一个历史线性进展过程，而是一个不断跳跃的场景转变过程。蔡元培的留学教育（学术）场景与社会实践（北大任职）场景交替出现。又如胡先骕，首先是在国外取得学士文凭后回国工作，再出国继续深造，博士毕业回国后恰逢其时任职中正大学的校长。一般来说，教育（学术）场景为实践（任职）场景提供基础，而实践（任职）场景则成为教育（学术）场景的深化。因此不同的子场景之间具有联动性。

从场景到场景之间的变换，对于民国著名大学校长来说颇为艰难，有时候不仅需要信心和勇气，更需要超凡的心态调试能力和意志力。从蔡元培年过四十依然执着地追寻心中的教育救国理想前往欧美国家游学，从傅斯年、罗家伦等留学在外缩衣节食也要购买书籍求知若渴，从竺可桢毅然而然地转专业学习对国家有用的气象学这样一个个微观场景中，我们看到的是他们对于教育救国的理想和信念，一旦一个人树立了理想和坚定的信念，那么几乎就没有什么能够阻挡他的了。"苟切实从教育入手，未尝不可使吾国转危为安。"[①] 场景之间

---

① 中国蔡元培研究会.蔡元培全集：第3卷［M］.杭州：浙江教育出版社，1997：26.

的联动轴正是民国著名大学校长的高等教育思想信念。民国著名大学校长教育（学术）救国的集体意识扭成一股合力，大学校长之间因为地缘、学缘、业缘关系在教育（学术）场景中交往并进行学术交流，在任职（实践）场景中相互协作，促进了高等教育思想的不断发展。

二、子场景之间的交叉性

此外，高等教育思想的产生还具有子场景的交叉性特征。大学校长的实践（任职）场景与教育（学术）场景都在大学，所以某些场景具有重叠性，在高等教育思想的传衍上，相应地具有一定的延续性。本章对地域文化场景、教育文化场景和社会组织任职场景的分析从行文上看是三个独立的论述体系，实际上从构成内容上看，场景并不具有截然的独立性，相互之间会存在一定的交叉。如地域文化场景与教育文化场景之间存在着交集，教育文化场景与社会组织任职场景之间也存在着重叠之处。换言之，在不同的时间和地点，同一主题场景可能会对形成高等教育思想提供不同的功能输出。譬如在地域文化场景上，本书的地域文化场景只截取了部分民国著名大学校长出生地域的文化特点进行总结，但是如果是在西方求学期间所处的地域文化呢？当然，本书已将其归入教育文化场景当中去了，因此这两者就有着交集。而教育文化场景和社会任职场景之间也是如此。傅斯年年轻时曾在北大求学，中华人民共和国成立前夕又回归北大暂任代理校长一职，因此，同样的空间场景于他可能就不再是相同的了，在经历西方数个国家的游学及中山大学的任职之后，他的高等教育思想的眼界和理论功底已经不可同日而语了。因此，归根到底，还是场景的具体内部元素变了，所以场景中感悟到或者在实践的高等教育思想也随之发生变化。

同时，根据如上子场景之间的关系描述可见：教育文化场景和社会任职场景这两个子场景对于民国著名大学校长高等教育思想的产生、发展和演化有着重要的意义。因此接下来两章将对其分别进行聚焦式分析和阐释。

第三章　学术场景的聚焦：学术师承和学术网络维度

"文化交流的碰撞与历史实践的经验，有可能使得独具风骨的教育家形成自己的教育理念；而教育家彼此之间的交流、影响与承继，则可能为形成具有中国特色的教育理念奠定下坚实的基础。"① 对于高等教育思想的生成来说，授业恩师学术人格的影响和耳提面命式的教导以及与学术圈前辈友人的思想交往也相当重要。本章将以杜威一脉的民国著名大学校长的学术谱系为例进行考察，同时，对与北大相关的大学校长的学术网络予以探究，具体从学术谱系和学术网络两个维度剖析高等教育思想的同质性和异质性。

第一节　学术谱系两维度解析

学术谱系在中国学界一般有两种理解：从关系学角度言，是描述导师—学生或者师父—弟子之间的一种学术师承关系；从知识谱系层面看，表征了某一学术流派。② 而某一个学术流派通常是由一批志同道合的学人因对某一研究领域或问题拥有大致相同的观点和看法而产生发展起来的。因此，考察民国著名大学校长的高等教育思想谱系，既可从他们的师承谱系进行探讨，也可以从学人群相互影响的学术交流圈这一层面来讨论。

---

① 叶隽.现代中国大学制度之肇创、流变与得失［J］.教育学报，2010（1）：101.
② 周谷平，杨凯良.学术谱系解读：基于美国印第安纳大学高等教育研究学者的访谈分析［J］.教育学报，2017（2）：103.

一、师承关系维度

在《当代汉语词典》中，师承有两个含义，第一指的是师法和继承，第二指的是师生技艺传授的体系。《现代汉语分类大辞典》中释义为"师徒继承传授的系统"。《经学词典》中解析为师法和继承。《后汉书·儒林传》有云："若师资所乘，宜标名为证者，乃著之云。"以是否有师承作为入选儒林的标准，后以"师承"指学术、技艺上的一脉相承。许地山认为师承的含义应在印板书流行前和流行后有所区分，在流行前，以典籍所持有者为师承，在流行后，因为典籍不再难寻，因此师承则无法体现了。"现在的学问是讲不清'师承'的，因为'师'太多了，承谁的为是呢？"①他又讲到在从师中要注意到做人的问题。许地山对于师承的看法和解释不无启发意义。按照他的这个说法，民国这些大学校长们，他们的"师承"多元且杂糅，因为他们阅读了多少古文经学和现代西学，他们的"师"真的是不知凡几。且他们的"师"不仅教他们学问，而且授他们以德行。叶隽亦言："学问之所以为学问，原非某人之私家珍藏，而乃'天下之公器'。……强调'高深学问'并非仅强调学问本身，更关系学人立身的根本。"②但是这样一来，师承谱系的研究也就无从开展。所以为了研究的方便，仅以与他们学问道德相关的教授或导师作为他们师承关系的另一方面来进行探讨。

二、学术网络维度

这里的学术网络是指：将民国著名大学校长联系起来的有形或无形的关乎他们自身学术成长与发展的组织或共同体。学术网络究其本质就是由各种各样的关系构成的，这些关系不像学术师承关系那样明白晓畅，但是同样具有影响民国著名大学高等教育思想走向的潜在效应。③如民国著名大学校长之间的交流和书信往来会构建一定的学术文化圈，有助于他们高等教育思想的进一步传

---

① 许地山.国粹与国学［M］//梁启超，王国维，蔡元培，等.国学的盛宴.高敬，编.北京：新世界出版社，2016：304.
② 叶隽.大学的精神尺度［M］.福州：福建教育出版社，2011：9.
③ 周谷平，杨凯良.学术谱系解读：基于美国印第安纳大学高等教育研究学者的访谈分析［J］.教育学报，2017（2）：104.

播和交流。同在一所大学学习或任教，会受到这所大学的理念和精神风貌的熏染；同在一个报纸杂志社任职，也会多一些共性的高等教育思想和观点。同时，学术网络亦是一个外延相当泛化的语词，它在某种层面上甚至涵括了学术师承关系。

第二节　学术师承：以杜威一脉为例

一般而言，学术师承表征学术和思想上的继承关系。对于民国时期著名大学校长群体而言，他们都是于高等教育问题有着深入认识的学者或专家。他们对于高等教育的认识和见解部分地来源于他们所拥有的学术师承。师生之间的关系越亲密，则学术师承对于他们所能产生的影响和作用相对就越大。这个影响不仅表现在学问与思想上，亦体现在道德和品行之上。

如下表3-1呈现了大学校长群体在中学、大学和留学阶段的学术师承关系。因为大部分师承资料的不可获得，仅能检索到部分的师承关系，师承信息不详的用"—"显示。虽然表3-1显示民国时期著名大学校长群体在师承关系上颇为杂糅，并没有一条明确的师承线，然而个别之间或许存在着较为亲密的因师承关系而衍生的同门关系，如胡适与蒋梦麟在美留学期间都曾师从杜威，因而他们两者在高等教育的一些看法上存在着相似性。本部分将从留学期间师承杜威一脉的中国留学生（尤其是后来成为著名大学校长的那些中国留学生）谱系上考察，考察他们师承谱系的特点。

表3-1　大学校长在中学、大学和留学阶段的师承关系

校长	主要师承关系（指有过直接或间接的学业指导关系）		
	中学时期	国内大学时期	留学时期
蔡元培	—	—	冯德、兰普莱西
傅斯年	—	胡适、蔡元培	史培曼
郭秉文	—	—	斯特雷耶博士，法灵顿博士，孟禄
胡适	—	马君武	杜威

续　表

校长	主要师承关系（指有过直接或间接的学业指导关系）		
	中学时期	国内大学时期	留学时期
胡先骕	—	林纾	杰克、白璧德
蒋梦麟	蔡元培	—	赫利·奥佛斯屈里特、斯特雷耶博士、杜威
罗家伦	—	胡适、蔡元培	杜威等
梅贻琦	张伯苓	—	
任鸿隽	—	马君武	章太炎
张伯苓	—	—	杜威
竺可桢	—	—	沃德、麦坎迪

一、治学方式：实验主义的方法

在杜威这条师承线路上，大学校长群体中，杜威在美国哥伦比亚大学曾直接或间接地指导过郭秉文、蒋梦麟、胡适、张伯苓、罗家伦等人。由于张伯苓和罗家伦仅是在哥伦比亚大学师范学院游学，因此他们所受的师承影响并不如胡适、郭秉文、蒋梦麟这般显著。杜威对于这些中国留学生的影响主要体现在思维方式上。就个体而言，他们从杜威身上学得的知识有多有少，亦有所侧重，但是杜威的实验主义思维方法确实对于他们产生了极大的影响。

这里有必要提及的是杜威适逢在五四期间应邀访问中国，传播其教育哲学和理念，由此他在中国待了两年又两月之久，全程见证了中国社会文化思想发生重大变化的时刻。杜威是以什么样的眼光来审视五四运动的呢？他"从具体的事实与境地下手"，全面关注并掌握五四运动的一系列进展，依凭他实验主义的思维方式，去审视五四学生运动的来龙去脉及其表征意义。

杜威夫妇对于五四运动展现了极大的兴趣。据他们的女儿杜威小姐（Alice C. Dewey）所言，正是以民主和科学为呼声的五四新文化运动所引起的浪潮吸引了杜威夫妇的兴趣，使得他们甘愿在中国逗留更长的时间。杜威在此期间没有中断对其女儿的信函，向她描述五四运动的即时进展。杜威夫妇 1919 年 5 月在上海，6 月初在北京。杜威在讲学之余，探望过北大临时监狱，聆听过学生的街头演讲，有时由胡适陪同，有时他们单独行动。如雪花似的信函飞向美国他女儿手中，展现了一位受过哲学熏陶的学者对于他国政治和社会运动实践的关注。杜威夫妇认为，学生们所做的一切都是很有意思的，从学生的被捕到学生的被释放，这一切说明了青年学生所掀起的舆论的效力。"中国不签合约，这件事所含的意义是什么，你们是不会想象得到的。不签约这件事是舆论的胜利，而且是一些青年男女学生们所掀起的舆论。"①从北大校长的辞职到被挽留，杜威看到了自由派知识分子的浓厚声望和感化能力。杜威明显是站在"我们的自由主义派朋友"这一边的。他对当时的北洋政府有着浓浓的鄙薄之情，对于青年学生运动则给予了高度的评价和客观的批评。杜威对于中国五四运动的观察和体会，是他的实证主义思维方式的运用和体现。

而杜威在访问中国过程当中全程经历了五四新文化运动的高潮，与一般的西方舆论家不同，他是从"群体的道德意识"而非"纯粹法律的处理"来看待这场运动的②。他看到了学生运动的积极意义，即以群体的道德意识来改变政府的决策。他说："这是一个奇怪的国家。所谓'民国'，只是一个笑话。可是，在某些地方，又比我们更民主些。这里有完全的社会平等，但妇女除外。议会，十足地是个虚幌的滑稽剧，但自动自发的舆论，现在这样，却有异常的影响力。"③1920年春杜威又补充说道："在过去几个月中，问题的解决屡次由公众舆论决定，他们通过公众集会和电报往来的方式，迫使政府在外交事务方面实行公众所希望的政策，这里所需要的是对大众意志的亲自感受和这种意志所产生的直接影响。"④由此可见，杜威在对五四学生运动所造成的舆论压力惊咤万分的同时，却透过它预测了中国未来整个社会的政治影响机制和决策机制，的确是对于这一实践的经典总结。

杜威结合他的实验主义方法，进一步分析学生运动的武器——报刊杂志的特点及在这种特殊时代的价值，并对于青年学生关注的思想给予客观且宽容的评价。杜威充分认同他的一位对五十种学生报纸进行过充分研究的朋友的观

① DEWEY J, DEWEY A C. *Letters from China and Japan*［M］. New York: E.P. Dutton&Company.1920: 209–211.
② 石钟扬. 五四三人行：一个时代的路标［M］. 西安：陕西人民出版社，2009：149.
③ 石钟扬. 五四三人行：一个时代的路标［M］. 西安：陕西人民出版社，2009：147.
④ 周策纵. 五四运动：现代中国的思想革命［M］. 南京：江苏人民出版社，2005：229.

点，相信五四运动意味着新时代的到来，因为报纸中折射着对政治和时局的质疑意识和对这些问题的答案予以追根究底的言论自由的向往。① 在对这些报纸杂志的内容进行进一步分析的基础上，他注意到学生只对社会文化新思想和教育改革感兴趣，较少出现对于国家政局腐败和官僚主义的抨击。学生的思想充满了理想化和不稳定的色彩。② "这一点（思想不稳定）是令人遗憾的。但这是一种普遍过渡状态的明证，这个时期必然显示一种犹豫、动摇、对新奇刺激易于感受。另一方面，他们却显示了比同一时期的美国青年成熟得多的志趣。在现阶段，对新思想的热情超过了获得支持这些新思想的知识所需的耐心，但它却极大地促进了对于知识和科学方法越来越强的渴望。这意味着知识的获得不是作为一种技术手段，也不是作为通常的有文化的标志，而是为了社会的应用。"③ 杜威来华期间，适逢中国社会遭遇五四新文化运动，杜威亲眼见证了这一运动的前前后后，对于知识分子领袖和学生的各方面表现均有中肯的评价，这一切显示了作为一个实验主义哲学家的洞见。

作为杜威的得意门生，胡适坦言其思想受两个人影响最大，其中一个就是杜威，杜威教会他怎样思想，怎样用实验主义的方法去治学，所以"我现在的谈政治，只是实行我那'多研究问题，少谈主义'的主张"，我谈政治，只是实行我的实验主义"④。胡适的博士论文《先秦名学史》，是一部以考证为基础的中国哲学史著作。由于杜威是哲学专家，他师从杜威，亦认真地钻研了西方哲学理论，特别是杜威的实验主义哲学著作，借用西方的哲学理论来观照先秦的逻辑思想，因而这篇论文的"研究方法和主要出发点，是与传统的中国学术截然不同的"⑤。相较于郭秉文和蒋梦麟而言，胡适受到杜威哲学思维方法影响更多。在治学方法上，胡适深受杜威的影响，颇为严谨，力主在智识学问基础

---

① 周策纵.五四运动：现代中国的思想革命［M］.南京：江苏人民出版社，2005：251.

② JO ANN B，RALPH R. *The Middle Works of John Dewey*，*Volume 13，1899-1924：1921-1922*［M］. Carbondale and Edwardsville: Southern Illinois University Press，2008：115—116.

③ JO ANN B，RALPH R. *The Middle Works of John Dewey*，*Volume 13，1899-1924：1921-1922*［M］. Carbondale and Edwardsville: Southern Illinois University Press，2008：118.

④ 刘群.新月社研究［D］.上海：复旦大学，2006：7.

⑤ 余英时.中国近代思想史上的胡适［M］//胡颂平.胡适之先生年谱长编初稿：第一册.台北：联经出版公司，1984：19.

上，批判且客观地看待事情。他秉持杜威的实验主义方法，提倡有责任心的思考和判断，包括：考察证据以证明事实；切忌武断和片面；对知识的完整性和结果负责。① 这一切昭示着一个受过西方科学精神熏陶的中国知识分子开始发生的治学和思维方式蜕变。

蒋梦麟在《过渡时代之思想与教育》中的两篇文章《杜威之人生哲学》和《杜威之道德教育》集中阐述了他对杜威治学方式的理解。在前文中，蒋梦麟说："人生哲学既是讲在社会做人的法儿，就要和社会的趋势相合，所以人生哲学要跟着社会的进化走。照此看来，人生哲学是进化的，不是固执不动的。"② "简而言之，他（指杜威）说道德是一个，没有两个，不能分作两事，只好言先后的程序。动机是始，结果是终。存心是心理的，结果是社会的。心理的是方法，社会的是实质。"③ 在后文中，蒋梦麟认为杜威的道德教育观念是离不了社会的需求的。"杜威脑中，想着'道德'两字，就想着社会的生活。……人生以外无道德，社会以外无道德。"④ 无论是杜威的人生哲学还是道德教育方式，都高度强调要与社会相结合。所表露出来的言下之意，无非是要通过一种实验主义的方式，在动态的社会和人生中摸索人生哲学和道德教育的实现途径。这也成为杜威的一种治学和实践方式。从蒋梦麟这两篇文章对杜威的思想之理解看来，他对于杜威的人生哲学和治学方式的理解是颇为到位，也是颇有认同的。

二、治学理念：实用主义的教育思想

杜威那一脉学业师承总体呈现出一种术业有专攻的趋向。杜威早年受达尔文进化论、黑格尔哲学以及孔德实证主义哲学的影响，他的一生与哲学和教育学结缘。他在约翰·霍普金斯大学得到哲学博士学位，与著名心理学教授乔治·H. 米德长期合作，并在密执安大学参与中等学校师资的训练工作实践中逐渐培养了对于普通教育的兴趣。1894 年，杜威受聘担任芝加哥大学哲学教授，

---

① 胡适. 知识的准备（节选）［M］// 季蒙，谢泳. 胡适论教育. 合肥：安徽教育出版社，2006：41-42.
② 蒋梦麟. 过渡时代之思想与教育［M］. 北京：知识产权出版社，2016：117.
③ 蒋梦麟. 过渡时代之思想与教育［M］. 北京：知识产权出版社，2016：123.
④ 蒋梦麟. 过渡时代之思想与教育［M］. 北京：知识产权出版社，2016：126.

并出任了哲学、心理学和教育学系的系主任，正是在这一时期，他所拥有的哲学思想、心理学知识和教育学理念相得益彰，在教育哲学的研究上大放异彩，形成了有特色的教育哲学思想，并开始了影响极大的教育实验活动。他最为出名的是实用主义哲学。实用主义哲学在美国的兴起与发展经历了多位学者的共同努力，具体地讲，皮尔斯是它的创始人，詹姆士使它通俗化，杜威则系统地发展了它，并把它具体应用到教育领域中，付诸中小学教育的实验活动。[①] 杜威对于民国时期中国学界和教育界产生的影响不可谓不大。尤其是他曾指导过美国哥伦比亚大学师范学院的诸多中国留学生，并使他们当中的很多人顺利取得了博士学位。他所直接或间接指导的学生也大多在教育学或哲学研究领域有着突出的成就，如郭秉文、蒋梦麟等。

在哥伦比亚大学师范学院有很多中国留学生并非由杜威亲自指导，但还是受到其影响，以实用主义教育学说作为他们博士论文的现在理论支撑，以实验主义的方法和研究路径来治学。这主要是由于杜威实验主义教育思想的声名远播，也可能是因为杜威本人对于中国学生的亲和性。据丁钢教授研究，"20 世纪上半叶，共有四十八位中国留学生在美国哥伦比亚大学师范学院完成博士学位论文并获得博士学位。有趣的是，在这四十八篇博士论文中，并没有一篇是由杜威指导的，引用或致谢杜威的也仅有四篇，这与 1919 年及以后杜威在中国受到包括这些博士论文作者中不少人的热捧相比，似乎形成了强烈的历史反差"[②]。事实上，因为实用主义教育思潮适逢中国的理论和学说需求，郭秉文、蒋梦麟、胡适也青睐于杜威的大名，在哥伦比亚大学师范学院留学时成为杜威的学生，虽然前两者并不是直接受杜威指导，但是他们受益于杜威的治学理念、治学方法和教育学说良多，这从一定程度上渲染了他们的高等教育思想底蕴。杜威来华访学交流期间，得到门生弟子胡适、蒋梦麟等的全程接待并协力翻译讲座，从而使得其实用主义教育思想对中国教育界和学术界也产生了重大的影响，并在无形中培养了杜威思想的后续信仰者，罗家伦即是其中之一。

---

① 简·杜威. 杜威传［M］. 单中惠，编译. 合肥：安徽教育出版社，1987：编译者的话 2.

② 丁钢. 20 世纪上半叶哥大师范学院的中国留学生［N］. 文汇报（第 00C 版），2012-11-26.

　　而在中国学者留学哥大之时，杜威也表现出了与中国学生交往交流的意愿，中国学生对杜威也是充满敬仰之情，乐意向他请教问学。郭秉文1911年进入哥伦比亚大学师范学院求学时，杜威已经在哥伦比亚大学站住了脚跟，他的实用主义教育学说也已经大放光彩，凭借着这一学说，他在哥大师范学院的影响自是毋庸置疑。有学者曾通过研究总结道："尽管我们现在尚未找到此时郭秉文与杜威直接交往的史料，但鉴于前述因素，不能完全排除在实际教学、学习研讨和日常生活中两人交往交流的可能。"①之所以如此，还有一个有力的证据，即：他的博士论文《中国教育制度沿革史》是现代中国第一本全面体现实用主义教育学术范式的教育学著作②，其指导教师是乔治·D.斯特雷耶（George Dayton Strayer）以及以教育史学为专长的F.法林顿（F. Farrington），然而该论文实际上以杜威实用主义教育学说为主要理论基础，也试图汲取教育史学术范式的精华。如此郭秉文和杜威之间隐藏的学术交集不可谓没有，至少也是有学说直接传承的关系的。对于这样的"移位"式师承现象，周洪宇一针见血地指出，"这或许是在当时特定历史条件下，中国社会和学术更需要引进新思想、新理论来对传统予以变革，至于专业知识，则摆到了相对次要的位置。"③

　　蒋梦麟在哥大师范学院的博士论文导师与郭秉文一样，也是乔治·D.斯特雷耶（George Dayton Strayer）教授。郭秉文作为哥大师范学院培养出来的第一个哲学博士（教育学），其博士论文的框架、思路及内容对于他的师弟蒋梦麟的影响不可谓不小。蒋梦麟博士论文题目为 "*A study in Chinese principles of education*"（《中国教育原理之研究》）。④他博士论文的指导教授众多，有乔治·D.斯特雷耶、杜威、克伯屈、孟禄等人。论文的序言指出，乔治·D.斯

---

① 周洪宇，李艳莉.郭秉文与现代中国实用主义教育学术范式的建立——基于《中国教育制度沿革史》及相关论著的研究［J］.教育学报，2014（5）：55.

② 杜成宪，崔运武，王伦信.中国教育史学九十年［M］.上海：华东师范大学出版社，1998：11.

③ 周洪宇，李艳莉.郭秉文与现代中国实用主义教育学术范式的建立——基于《中国教育制度沿革史》及相关论著的研究［J］.教育学报，2014（5）：56.

④ *Monlin Chiang. Study in Chinese Principles of Education*［D］.Shanghai:The Commercial Press，Limited，1924.

特雷耶教授对于写作灵感和选题有帮助，孟禄指导了通篇论文的写作，而杜威和克伯屈则有提出有价值的建议之情谊。但通观蒋梦麟博士论文，其体现的实用主义色彩和儿童中心观以及社会达尔文主义的价值取向，明显受到了杜威治学理念的影响。① 从中可见，杜威的实用主义或实验主义之研究路径，已经成为中国在哥伦比亚大学教育学或者哲学专业留学生思想传承的一种典型特征。

三、杜威一脉师承高等教育价值取向的承继性和变异性

"所谓'工具理性'，就是通过实践的途径确认工具（手段）的有用性，从而追求事物的最大功效，为人的某种功利的实现服务。"② 杜威教育思想饱含实用主义元素，其整体的教育取向是偏于工具理性的。杜威主张将"社会效率作为目的——我们必须注意社会生活的各种活动和成就，寻找能力发展——就是说效率——的含义。"③

杜威的工具主义真理观受到了民国一些学者严重的批判④。如梁漱溟批驳杜威只认识到人生外面的事和用，没有发现人生的真价值。⑤ 朱兆萃在《实验主义与教育》一书中也批评杜威的教育学理论和哲学主张只关注现实、缺乏"理想"⑥。信奉康德批判哲学的范寿康甚至直言杜威的"这册书是系统及内容都没有要求称为教育哲学的价值"⑦。以上诸位学者的评判，无不说明杜威的进步主义教育思想是崇尚工具理性，缺乏价值理性的。

工具理性主义的高等教育观是以知识的应用、大学与人的社会产出最大化为本位的思维倾向，它主张通过各种技术和手段，实现大学最有效的治理和最大化的产出，它的价值取向是求"真"的。相较杜威而言，他的中国弟子们的价值取向是工具理性和价值理性兼重的。"所谓的'价值理性'，是行为人注重

---

① 吕光斌，时培磊.蒋梦麟教育思想的学术谱系与内在理路——以其博士论文为中心的考察［J］.高等教育研究，2015（2）：81-82.
② 王华.对当前中国高校人文教育的反思［J］.咸宁学院学报，2012（9）：112-113.
③ 约翰·杜威.民主主义与教育［M］.王承绪，译.北京：人民教育出版社，2版.2001：130-131.
④ 丁道勇.杜威在民国时期受到的批评［J］.全球教育展望，2018（10）：90-101.
⑤ 梁漱溟.杜威教育哲学之根本观念［J］.乡村建设，1934（6）：1-10.
⑥ 朱兆萃.实验主义与教育［M］.上海：商务印书馆，1929：94-96.
⑦ 范寿康.教育哲学大纲［M］.上海：商务印书馆，1923：17.

行为本身所能代表的价值，即是否实现社会的公平、正义、忠诚、荣誉等，甚至不计较手段和后果，而不是看重所选择行为的结果。它所关注的是从某些具有实质的、特定的价值理念的角度来看行为的合理性。价值理性体现一个人对价值问题的理性思考。"① 价值理性主义的高等教育观是指以知识的探究、大学与人的本体性发展为本位的思维倾向，注重大学发展价值理性的高等教育观着眼于知识的探究、大学与人的本体性发展，它的价值取向是求"善"的。不同于杜威纯粹的求"真"取向，师承杜威的中国弟子们的高等教育价值取向总体而言是求"真"与求"善"相兼顾的，或者说是建立在求"善"基础上的求"真"。

本书认为发生高等教育价值取向异变的原因可能有两个。其一，虽然他们在思想上继承了杜威的新自由主义，在学术脉络上跟杜威具有一定的承继性关系，但他们出生于中国的传统儒家文化之中，对于世界观、人生观和价值观的思考是他们的基本素养，在他们回国后担任大学重要教职或大学校长以后，他们思想中人性道德的因子同时也体现到高等教育办学当中。其二，"美国大学理念体现的是建立在学术本位意义上的实用主义"②。在美国大学留学若干年，已经使这些大学校长（杜威的中国弟子们）学到了美国大学理念的精髓，因此，对于学术本位的追崇也是理所应当的。而相比较来说，杜威并非高等教育研究领域的专家学者，又由于其本身所推崇的实用主义学说，故此对美国大学理念的影响更多地只看到其社会本位的价值，甚少从价值理性的角度去看待美国大学理念。具体而言，杜威的中国弟子们求"善"和求"真"兼具的高等教育价值取向可以通过以下文本分析进一步得以论证。

首先援引郭秉文的两句话来进行检视。

"……至于所思想应用之事物，则以适合于社会需要为本，总期所思

---

① 王华. 对当前中国高校人文教育的反思 [J]. 咸宁学院学报，2012（9）：113.
② 周谷平，张雁. 我国创新型大学建设中的理念引领——兼论经典大学理念与现代大学理念间的张力 [J]. 教育研究，2006（11）：32.

所用，皆与社会生活有密切之关系。"[1]

"大学的责任是造就具有国际头脑、贤明、无私、能够抛弃自己民族偏见与偏爱的世界主义者。大学的责任是培养四海之内皆兄弟、宽容、和谐与平等的精神。为了这一目标，应鼓励思想自由、言论自由、尽量避免过度的政治和资本的干涉。"[2]

由以上两段文字可以看出，郭秉文既主张塑造大学自身的精神，又强调大学是要满足社会需要的，他一方面陈述思想和能力的重要性，即发展知识的本体性意义（追求真理），另一方面凸显大学知识的应用性，主张"能应用以求智识之归宿"，体现了郭秉文对于美国现代大学理念精髓的深刻领悟。此外，对于大学学术自由（思想自由）等理念的提倡从细节层面说明他不仅在大学求"真"的道路上试图走得更远，也是不忘了大学求"善"之初衷的。

再来看蒋梦麟。作为在教育学领域有着深入研究的博士文凭获得者，蒋梦麟在高等教育领域也是看得颇为透彻。承接蔡元培之职掌管北大，他对于蔡氏的办学理念予以了继承和发展。承继之处在于：在《初到北京大学时在学生欢迎会中之演说》中即澄明"诸君当以学问为莫大的任务"[3]。他对于学风问题尤为关注，显示了对于蔡元培注重学术研究之大学职能的高度认同，从这一点上可以看出他是主张知识本位论的。在保障大学知识本位论的大学理念上，他与蔡元培所持观点一致，认为"吾国高等教育，近方萌芽，欲求将来学问之发达，亦非保留其学问自由不可"[4]。他认为思想自由的理念有其潜在的凝聚力。"本校里面，各种思想能自由发展，不受一种统一思想所压迫，故各种思想虽

① 郭秉文.代理校长郭秉文关于本校概况报告书（节选）[M]//《南大百年实录》编辑组.南大百年实录：上卷·中央大学史料选.南京：南京大学出版社，2002：52-60.

② 郭秉文.太平洋国家的大学如何促进国际间了解与友谊[M]//东南大学高等教育研究所.郭秉文与东南大学.南京：东南大学出版社，2011：65-67.

③ 蒋梦麟.初到北京大学时在学生欢迎会中之演说[M]//曲士培.蒋梦麟教育论著选.北京：人民教育出版社，1995：119-120.

④ 蒋梦麟.高等教育与思想及言论自由[G]//周谷平，赵师红.走向一流的历史轨迹：中外著名大学校长治校理念与办学制度文献选编：中国卷之一，1.杭州：浙江大学出版社，2015：188.

平时互相歧异，到了有某种思想受外部压迫时，就共同来御外侮。"①他对于蔡氏治校理念的发展之处在于：他认为应"推广大学及专门教育，以养成倡导社会进化加增经济能力之领袖。……大学及高等专门教育者，所以养成平民主义之领袖也"②。就办学使命这一层面而言，蒋梦麟是重在培养适应社会所需要的人才的，这显示了他高等教育思想中的工具理性主义色彩。此外，他与蔡氏之不同在于他呼吁"当注重自然科学和发扬科学精神"，这与蔡氏倾力发展文科的价值取向是有所不同的。综上可见，蒋梦麟的高等教育观亦是价值理性与工具理性兼具，力求"善"与"真"兼备。

又如杜威的亲传弟子胡适。胡适和蒋梦麟一样，不仅与杜威有着直接的学业师承关系，且与蔡元培有着同事关系，因此在高等教育思想上，既受到了美国现代大学理念的影响，又在与蔡氏的工作接触中对蔡氏的一系列德国式的大学理念了解颇深。胡适对于蔡氏重视学术研究的理念是服膺的，并且他认为不仅在学校时要好好做学问，毕业后也应该不忘学术。胡适的知识本位论思想是显而易见的。在办学思想上，他的学术自由（思想自由）主张与蔡元培如出一辙。他在1922年12月的《回顾与反省》一文中以及在正式执掌北大时期拟订的《争取学术独立的十年计划》中均流露出要注重学术思想自由的想法。对于蔡元培的教育独立论，胡适有了发展，蔡氏的教育独立是要独立于政治，而胡适的教育独立论则上升到了学术独立的层面，是从国家的高度来审视的。他从四个条件入手谈了我国学术独立实现的可能性和现实操作性。③胡适认为大学教育不能过分依赖于留学教育，中国应该发展自己的高等教育与学术，不应该永远望他国项背。这就与追求高等教育的"善"相关了，胡适的学术独立观点是在留学教育大规模发展形势下审慎忧思的产物，是对中华民国高等教育进行宏观统筹的一种认知判断，应该说这是一种比较高瞻远瞩的"善"的追求。

---

① 蒋梦麟.北大之精神［G］//周谷平，赵师红.走向一流的历史轨迹：中外著名大学校长治校理念与办学制度文献选编：中国卷之一，1.杭州：浙江大学出版社，2015：211.

② 蒋梦麟.世界大战后吾国教育之注重点［J］.教育杂志，1918，10（10）.

③ 胡适.争取学术独立的十年计划（节选）［N］.中央日报，1947-09-28.

第三节 学术网络：以北大相关的大学校长为例

学术网络具有一种"互动性、流通的世界网链的场域结构"①，能够使身处这一学术圈当中的每一个成员即便身处世界上每一处角落，都能共享信息和思想。民国时期北大聚集了全国最为优秀的知识精英和学界名流，如蔡元培、胡适、蒋梦麟、胡先骕、任鸿隽等，培育了一批潜在的大学校长，如傅斯年、罗家伦等，成为了众人眼中的现代化大学。同时，北京大学亦是各个国别的留学知识精英归国之后择业的汇聚地，其学术网络可谓包罗万象。如果从交流对象的维度上来考察，学术网络可以包含师生之间的职业传承以及大学校长平辈之间的学术交往。同时，学术网络也可以从本体性维度来考察。下文将以与北大产生密切联系的学者的学术往来为例，来描绘民国著名大学校长学术网络的特点。

一、聚合性强的学术网络：师生之间的职业传承和学术交流

学者张晓唯如是评价蔡先生："蔡元培以国学隽彦而留学西洋，深厚的学术素养及长期的思维训练，使他对欧洲学术具有明敏的领悟和深刻的鉴别；自由地广泛摄取各类学术精华，又在相当程度上超脱了功利羁绊，这便使他的留学生涯成为在人类文化成果中'云游四方'、任情尽性探知的过程。因而对东西两大文明的共性和歧异有了超乎寻常的体认与识见，为其日后领导全国文化教育事业做了思想和学术准备。"②他个人的治学态度和学风潜移默化地影响了他对于学生的教导方式，他对于学生的指导，更多的是从他的人生体验和学术阅历出发，提供学生一种思想上的养分或曰思想精神，而非供给一种直接的知识。此外，他融通中西教育理念，在民国元年就提出《对于教育方针之意见》，提出新的教育方针为：军国民教育、实利主义教育、公民道德教育、世界观教育和美感教育，鲜明地表达了他的德智体美并重的教育理念，尤其是对于道德

---

① 叶隽.现代中国大学制度之肇创、流变与得失［J］.教育学报，2010（1）：97.
② 张晓唯.蔡元培［M］.昆明：云南教育出版社，2008：21.

教育极为重视，公民教育、世界观教育、美感教育三项教育均以培养共和国民的"完全人格"为基本目的。而这种教育理念，亦突出地表现在了他治理北大的过程当中。他对于两位学生（傅斯年和罗家伦）所产生的影响具体如下：

其一是在品德塑造方面。北京大学在清末民初之时是一个类似衙门之地。教师不兴治学，学生荒废学业，吃喝嫖赌，钻营仕途，举目望去，人才凋零，学术气息薄弱，一点也不像最高学府。蔡元培在这样的环境下知难而上，出长北大，长校之初就明确要整饬学风和风纪。1918 年 5 月底，进德会正式成立。北大进德会的戒规类同于民国元年"六步会"的基本内容，但会员分甲、乙、丙三种，视遵守条件的多少而定。受蔡元培振奋学风和校风的决心影响，傅斯年和罗家伦亦加入了北大进德会，成为了进德会的骨干成员。这是他们与蔡校长的一大交集。在进德会中，他们充分感受到了蔡校长改善校风和学风的坚持，这也为他们日后重视自身的学风，乃至他们出长校长后对于校风、学风的关注打下了基础。在蔡师的熏陶下，两学生"直而温，宽而栗，刚而无虐，简而无傲"[①]的中庸儒家风范日益显现出来。不仅是在涉身处世上，而且在他们未来担任大学校长过程中，亦表征了这种对于道德教育极为看重的思想。

其二是在智识学习方面。傅斯年和罗家伦从蔡元培做学问的方式方法中自动领悟了学习的要义，即对于知识的获取须有细大不捐的精神，这也影响了他们日后出国留学时的学习态度。蔡元培在留德时期潜心治学，曾编著和翻译了三十余万字的文稿，这种治学方式当然也被傅斯年、罗家伦所采纳，他们在国外亦以编译国外文稿作为一种直接的学习手段。而他们在北大学习期间，由于蔡元培深受德国、法国的大学理念影响，因此在北京大学的治校过程中，无疑带有浓重的欧洲现代大学理念。作为北大优秀的学子，耳濡目染着北大的各种制度变革，对于蔡氏的高等教育思想体悟良多。如傅斯年曾与蔡元培就哲学门隶属文科还是理科这一问题去函进行探讨，傅斯年认为哲学门隶属文科有三个弊端，首先是不易于大众对于哲学有一正确之观念，其次，不方便与理科诸门

① 书摘天下（古诗词）. 虞夏书［EB/OL］.（2013–09–13）［2019–03–12］.http://www.shuzhai.org/gushi/shangshu/6673.html.

有教授上之联络，最后，不利于预科课程设置的科学性之体现。蔡元培复函对于其观点予以部分认同，得出"似皆不如破除文理两科之界限，而合组为大学本科之为适当也"的结论①。对于时年仅二十二岁的傅斯年来说，提出这样的见地，无疑是很令他的老师蔡元培刮目相看的，充分反映傅斯年已经有了一种对于大学系部设置的逻辑鲜明且适切性较强的理论分析。这与他对于西方国家大学制度的熟悉脱不了关系。傅斯年对于哲学门隶属文科之远近源流之真知灼见，已经为他日后成功执掌一所大学埋下了伏笔。这固然与他本人的性格适合任学术管理者之职有很大关系，与蔡元培改革北大理念之影响和熏陶也不无相关。两人因为对于此问题的交流建立了密切联系。有研究者曾总结道："傅斯年自从在北京大学与蔡元培结成师生关系，'受师训备僚属有二十五年之久'，深受蔡元培的培养和奖掖，对蔡元培推崇备至，其献身学术、积极参与社会和政治，都与蔡元培的影响有很深的渊源关系。"②

　　学生时代的傅斯年和罗家伦在北京大学所学的是文科。而北京大学在蔡元培的管理之下，文科发展势头十分看好。为此，蔡元培上任之初就诚意聘请"思想革命旗手"陈独秀为文科学长，此外还聘请了钱玄同、刘半农、李大钊、杨昌济、周作人、鲁迅、胡适、梁漱溟等人到北大执教或兼课，为北大的文科学子提供了新旧兼具的文科师资团队。沐浴徜徉在这种学术自由、兼容并包的学术团体中，傅斯年和罗家伦自然而然习得了德国大学理念的精髓。尤为重要的是，傅斯年、罗家伦与北大的一些学者教授亦师亦友，相互请益，可谓师承多元，异彩纷呈，尤其是胡适更是与傅氏和罗氏有着十分密切的师生情谊。由于蔡校长推行德国大学理念较为得力，因此，傅斯年与罗家伦在现代大学理念上更多地受蔡先生的影响，而在具体的治学路向上，则受胡适指教颇多。换言之，如果说胡适是傅斯年和罗家伦的学业导师的话，那么蔡元培则可以称之为傅斯年和罗家伦的职业导师，不仅为傅斯年和罗家伦树立了一个大学校长的道德榜样，还为他们未来的求学和成长搭建了一个良好的平台。

---

① 马亮宽，李泉．傅斯年——时代的曙光［M］．台北：五南图书出版股份有限公司，2013：30.

② 马亮宽，李泉．傅斯年——时代的曙光［M］．台北：五南图书出版股份有限公司，2013：30.

老一辈学者结合自己的人生阅历和体验，通过演说、授课等途径来分享、传递自己的高等教育思想。在他们的教学过程中，在对学生的训导过程中，将他们所持的高等教育理念等潜移默化地渗入他们学生的脑海当中。师生之间的职业传承和学术探讨所架构的学术网络是培养下一代学者的比较快捷的方式，也是促使新一代学者的高等教育思想得以快速拓展的最佳途径。同时，新一代学者也同样抱着虚心请教的态度向老一辈学者问道求学，彼此之间形成了一些关于高等教育的真知灼见。

对蔡元培于北京大学及当时学术界的深远影响以及对于蔡元培的学术思想和态度，罗家伦做过一番精到的评价，因原文过长，故概述之，为：对于中西文化融会贯通；主张修养；主张民主；主张学术研究自由与崇尚真理；主张学术整体发展和进步；主张学术研究的互助与合作，反对派系。① 由上可见，罗家伦对于蔡元培的高等教育思想了解还是颇为透彻的，对于他自身高等教育思想的形成也是有着莫大关系的。而罗家伦后来从事教育事业时也是在努力践行从蔡元培那里承继下来的种种理想。

这种源于师生之谊所产生的学术交往，也体现在了学生们跟随老师们曾经留学或游学过的国度去感受和学习这样的体验当中。如前所提及，当时德国被公认为世界上高等教育的高地，因此引得留学者趋之若鹜。蔡元培为柏林的浓厚学术氛围打下了人脉基础。他的学生傅斯年、罗家伦皆是受其影响选择赴德游学的。当时同在德国游学的还有朱家骅、赵元任、俞大维、陈寅恪、徐志摩、金岳霖、段锡朋、周炳琳、毛子水、姚从吾等人。如此人才济济，可谓一时之盛。他们多数追求新知识和名师的指导，往往并无意攻读学位。吸引他们在外游学多年的事物，无他，唯科学耳。"那时候，大家对于自然科学，非常倾倒，除了想从自然科学里面得到所谓可靠的知识而外，而且想从那里面得到科学方法的训练。"② 可见，柏林崇尚学术研究的学风对于当时的国内知识精英来说是极为令人向往的。中国留学生在德国俨然聚合成了一个小型的学术网络

---

① 陈明珠.五四健将——罗家伦传［M］.杭州：浙江人民出版社，2006：31-32.

② 苏全有.对傅斯年学术识见的思考［J］.新乡师范高等专科学校学报，2005（1）：39.

圈。他们的联系是很近的。

　　胡适与罗家伦的师生关系也颇为相宜。在北大求学期间，罗家伦曾作为胡适的助手帮他校对并发表杜威来华期间的演讲稿。杜威在北京连续作了若干次大的学术讲演，围绕五个大题目共计五十八讲，内容涉及教育、社会、政治、伦理各个方面。经胡适校阅、罗家伦整理的记录稿由各报全文刊载，并印成单行本，在学校乃至社会上产生了很大的影响。这次整理杜威演讲稿的经历可说是在罗家伦心里埋下了研究杜威思想的种子，也是胡适与罗家伦教育思想初步交流的一次实证。罗家伦在北大毕业后，被校长蔡元培选中推荐出国留学。到美国后，他在杜威门下攻读历史与哲学。一句话，他走的是胡适走过的路子。在他的眼里胡适不仅是老师，也是他效法与崇拜的偶像。在留美期间他还曾写信向胡适报告学习情况，并请胡适赐教。

二、交互性佳的学术网络：大学校长平辈之间的交流与发展

　　除了师生之间的教学与指导关系对于个人学术思想的影响颇大以外，学者平辈之间的思想交流与相互鉴赏也是颇为常见的。蒋梦麟与胡适就是其中的典型代表。蒋梦麟与胡适在美国留学时同时师从于哲学大师杜威，所接受的教育方式与教育理念应该说是如出一辙的。他们的同门之谊为他们回国后在北大一起共事奠定了基础。1919 年 7 月蔡元培短暂辞职后重掌北大，设组织委员会协助校长工作，由蒋梦麟出任总务长，胡适为代理教务长。胡适和蒋梦麟在蔡元培领导下合作共事，对北大以及教育体制提出了若干改革的建议。蒋梦麟与胡适有很多想法都是相似的，尤其在对待学生运动这一事件，他们的态度出奇的一致，可说是极为默契的一对组合。蒋梦麟俨然是一个教育专家。身为留美教育学博士，他对于教育的见解往往是非常深刻见血的，对于学生的了解也非其他校长可比。五四运动之后，他在一个月中，走访了北京、天津、南京、上海、杭州五个大城市，读了五十多种新出版物，把朋友的谈话和出版物的言论归纳起来，知道五四以后，青年的态度和从前相比大变了。[①]鉴于"五四"之

---

① 　蒋梦麟.学潮后青年心理的态度及利导方法［J］.新教育，1919，2（2）：113.

后学生运动风起云涌，胡适和蒋梦麟协同发表《我们对于学生的希望》一文，开篇即肯定了"五四"运动和"六二"运动都是有发生的理由的，这种运动"是变态的社会里不得已的事"，但是以罢课作为代价是不划算的。他们主张："学生从今以后要注重课堂里、自修室里、操场上、课余时间里的学生活动。"①及至蒋梦麟担任北大校长后，他们以"中兴北大"为己任，共同拟订了一项北大发展计划，提出"教授治学、学生求学、职员治事、校长治校"，设立校务委员会代替过去的评议会，将文理法三科改为文理法三个学院，成立北大研究院，为本校及外地毕业生继续深造提供平台。这一系列的改革与做法是在大学体制内的一种探索，是值得大力提倡的。

蔡元培和胡适虽然年龄层次不同，然而他们却惺惺相惜。蔡元培执掌北大时期，锐意改革，重用具有新思想、新观念的新进人物。胡适就是其中的一个代表。胡适在美国接受了实验主义哲学和自由主义的政治观，他对蔡元培提倡的"思想自由""兼容并包"是一拍即合，拥护之至。蔡元培曾言："北大关于文学哲学等学系，本来有若干基本教员，自从胡适之君到校后，声应气求，又引进了多数的同志，所以兴会较高一点。"②他对胡适的新学和旧知均表示认可，且对他着意引进新教员的行为表示由衷感谢。蔡元培逝世后，胡适亦在日记中评价说："蔡公是真能做领袖的。他自己的学问上的成绩，思想上的地位，都不算高。但他能充分用人，他用的人的成绩都可算是他的成绩。"胡适每当提起北大，必定要讲蔡元培，讲蔡元培怎样提倡"兼容并包""学术自由"，并把这当作蔡元培留给北大的宝贵精神财富。

当然，思想上的交流与碰撞也体现为思想上的交锋。胡适把他与胡先骕看作"两个反对的朋友"。因为胡适在留美学生界的名声颇大，胡先骕意图与之结交，然而令他不胜惊喜的是先收到了胡适的来信。他迅疾回信，表达了自己的仰慕之情，并对胡适以"适之宗兄"相称。因为胡先骕对《留美学生季报》相当关注，对其中胡适所发表的文章颇有同感，同时，胡先骕亦在信中表达了

---

① 桑逢康.胡适人际关系［M］.上海：文汇出版社，2010：231.
② 桑逢康.胡适人际关系［M］.上海：文汇出版社，2010：96—97.

他愿与胡适一起恢弘中华文化的夙愿。[①] 由此可见，两人在美期间的确有着很多学术和思想上的共鸣，因此也结为好友。

然而回国后，两人却走上了不同的思想道路。这与他们从小到大的教育经历息息相关。胡先骕素来热衷于中国传统文化的弘扬，而胡适在留学后对于一些文学上的趋向把握则更为敏锐，在人生大节上，胡适有他自己的新"儒行篇"。他自始至今不信权威，不信教条，不信圣人之言，不信"旧道德的死尸"，不信两千年前空洞的旧经典能解决二十世纪复杂的新问题，遂在归国后掀起了一场以他为中心的文学革命和新文化运动，这与他个人的性格及其留学经历都是相关的。

这种学术交流和探讨的互动性是比较强的。学者与学者、校长与校长站在同一职业舞台或针对同一问题，出谋划策，共图发展。如果说前述师生之间的学术网络更多的是示范和指引的单向性的，那么这种平辈之间的大学校长的相互切磋、磨合、认可与激赏则更多的是双向性的，对于一所大学如何解决自身高等教育思想的传承，实现平稳快速的承续发展是极为重要的。

三、北大同人教育理念上的同质性和细微分化

从广义上来讲，我们可以将一定时期内隶属于同一组织，且有着共同价值理念、使命和追求的人群称为学术网络，亦可以称之为学术共同体。北大同人中无论是蔡元培和傅斯年、罗家伦等师生还是与蒋梦麟、胡适等同事，他们均有着留学经历，或留德或留美，但是他们皆服膺北京大学"思想自由、兼容并包"的治校理念，这不仅仅是因为他们深受中国传统儒家文化的浸淫，有着相似的文化基因，还因为在蔡元培为首的学术网络和学术共同体之下，北大的发展有了精神支柱，方能塑造出一种一呼百应的氛围。在北大这一学术共同体语境之下，北大同人有着高等教育理念上的同质性，那就是对于道德教育的重视。

北大同人皆有出国留学经历，在接触和切身感受西方大学理念后，酝酿形

---

① 胡宗刚.胡先骕与胡适："两个反对的朋友"［N］.中华读书报，2005–10–12.

成自身的高等教育思想时，不仅仅是模仿西方国家的大学理念，而是裹挟着对于当时中国国情和国民道德素质的深层思考。中国传统儒家文化中关于公德的论述比较少，而关于私德却有许多精辟之论，因此国民大多重视私德，不重视公德。梁启超是对国民性缺点有深切体会的先知，他在"论中国国民之品格"一文列举了我国民的四个缺点：一在爱国心之薄弱，二在独立性之柔脆，三是公共心之缺乏，四是自治力之欠缺。并且阐明："此数者，皆人道必不可缺之德，国家之元气，而国民品格之所以成具者也。……吾人其有伟大国民之欲望乎？则亦培养公德，磨砺政才，翦劣下之根性，涵远大之思想，自克自修，以薪合于人格。国民者个人之集合体也。人人有高尚之德操，合之即国民完粹之品格。"①梁氏认为，要培养新民，必须从儒家伦理学说中汲取滋养。他重视三方面的道德培养：一为正本，要树立高尚的道德观念；二为慎独，严格自律修身；三为谨小，大节不亏，小节亦不放松。梁启超心目中的新民就是同资本主义社会相适应的人。然而在塑造近代社会的理想人格形象这一层面，他刻画出来的依旧是根据儒家文化的画像描摹出来的人物。梁启超的思想在民国其时毋庸置疑起了思想的引领作用。由于民国时期的中国社会以教育和培养一大批新民为目的和使命，又由于中国社会伦理文化中对于个人私德向来有着极大的关注，因此民国著名大学校长在思索大学的大学教育理念时，脱离不了对于个体和群体道德的关注。

前已提及，德国的大学理念是"注重学术研究，一般对学生个人不加管束，学生上课与否极端自由，图书馆、实验室的设备不求外表而讲精深，至于个人道德方面，不要说学生，就是教授公开嫖赌也不招非议，只要对研究学问有贡献就行"②。蔡氏在德国留学多年，深受德国大陆派学术至上理念的影响，但是他依然受到中国传统儒家伦理文化根深蒂固的影响，对于师德师范依旧看重。当北大教授陈独秀因个人私生活有瑕，其道德被指摘之时，蔡先生认为只要大学师长的道德没有影响败坏到学生身上就不需要予以开除，显示了对于大

---

① 梁启超.论中国国民之品格［M］//蒋梦麟，梁启超，蔡元培，等.心理学的盛宴.简宁，编.哈尔滨：哈尔滨出版社，2019：23-26.
② 黄延复，钟秀斌.一个时代的斯文：清华大学校长梅贻琦［M］.北京：九州出版社，2011：53-54.

学教授道德有失的有限容忍，但这是建立在教授具有良好的学术声誉基础之上的。这一方面说明蔡先生受德国大陆派学术至上的观点影响至深，另一方面则昭示蔡元培深受儒家传统文化洗礼，对于伦理道德之重视，而这在他对学生的态度之上更为鲜明地表现出来。

蔡元培对于学生的道德修养颇为关注，他说："研究学理，不可不屏除纷心的嗜好，所以，本校提倡进德会，对于嫖赌的恶习，官吏议员的运动，是悬为戒律的。"① 他认为修养可以通过学习科学或通过科学的方法来获得。在面向大学生的演讲中多次提出要重视品性人格的训练，主张修己以兼及他人。这些道德上的呼吁说明民国著名大学校长受中国儒家文化影响的深刻性，在德国大学理念与中国文化相抵触的地方，尽量取长补短，予以调和，因此形成了既看重学术研究，又重视学生品德的高等教育办学和育人思想。

美国大学向来十分注重对于学生人格的培养，美国哈佛大学尤其注重人格训练。"该派（英美派）学术当然也讲，但更注重人格的陶冶和训练。"② 因此，在美国留学期间深受美国现代大学理念影响的大学校长们，如胡适、蒋梦麟等进入北大以后，亦十分强调学术和学风方面的教育。

与蔡元培相比，蒋梦麟更倾向于通过将学问和道德相结合的路径，主张采用"提高学术"和"发展群治"这两种方法来加强学生的道德教育。蒋梦麟博士主修文凭即为教育学，总体上而言，他在教育学生上尤为注意方式方法。如在《初到北京大学时在学生欢迎会中之演说》中以蔡元培先生的人格魅力和精神感召学生，提醒学生这种伟大的精神是从学问中来的，非常巧妙地鼓舞了学生。在《北京大学二十三周年纪念日演说辞》中，他希望学生当输入西洋的文化，并全力去注意他；当整理国学；当注重自然科学。简单的一句话就是说要学习好西文，并用科学的方法去整理国学。在《学风与提高学术》中，蒋梦麟对于学风问题描述较为清晰。由于"自卫之道既穷，于是沉闷之气，日甚一日。近来又发现了一件很困难的事，即是'学风'问题。什么叫'学风'呢？

① 蔡元培.北大第二十二年开学式演说词（节选）[J].北京大学日刊，1919-09-22（443）.
② 黄延复，钟秀斌.一个时代的斯文：清华大学校长梅贻琦[M].北京：九州出版社，2011：53-54.

一个学校里，教员学生，共同抱一种信仰，大家向那所信仰的方面走"①。蒋梦麟主张用"提高学术"来唤醒精神，养成一个学术化的学风，不建议通过罢课的方式去反对政治。蒋梦麟在《北大之精神》一文中亦指出，北大屡经风潮，至今犹能巍然独存的原因是北大具有大度包容和思想自由的精神。但是，与这两种特点相伴随的是两种缺点。大度包容会导致纪律松弛，思想自由则会形成群体自治的松懈。

由上可见，无论是留德学人蔡元培还是留美学人蒋梦麟，也无论他们在留学期间受到了何种学术派别的思想熏陶，他们高等教育理念中有一点比较鲜明，即重视学生道德素养的提高。而这种重视道德规训的传统自《大学》就已传承下来。

众所周知，《大学》是中国高等教育学专著，也是中国高等教育管理学专著。《大学》现有两个本子，都渗透了浓浓的修德和养性之意，其中《大学》中的"修其身"（包括其前面的"正心"与"诚意"）意为锻造、修炼自己的品行和人格，这是知识分子应该努力践行的。而对于修养功夫，《中庸》揭出二大纲领，即"尊德性而道学问"。这是德育与智育两方面的修养，二者并重，不可偏废②。对于《大学》和《中庸》，无论是民国时期的新式知识分子还是传统士子过渡而来的知识分子无不耳熟能详，因此，这样的偏重德行的一种思想和理念贯穿挪移到大学校长治校理念中，当在情理之中。北大汇聚的是深刻了解和践行浓缩了中国传统四书当中《大学》《中庸》以及《论语》和《孟子》精义的知识精英的德性理念，因此，其高等教育理念有着本体上的同质性，即对于德行的重视，而这一点是无论经过多少留学经历人士的磨砺和雕琢都无法消逝或退却的一种特质。

由上可见，由于饱受中国传统儒家文化的浸淫，以蔡元培为首的北大同人在教育理念上皆以重视学生的道德修养为旨归，然而由于留学国度的差异，留德的蔡元培在对待教师和学生对道德品行的要求是有所差异的，显然，在对待

---

① 蒋梦麟.学风与提高学术［M］//曲士培.蒋梦麟教育论著选.北京：人民教育出版社，1995：222.
② 杨东纯.中国学术史讲话［M］.长沙：岳麓书社，2011：80.

学生上更为严苛，在对待教授上，其所设立的道德标杆明显低于学术标杆。可见留德学人更为注重学术本位的高等教育价值取向，而非个人本位的价值取向，如更深地加以探究，掩藏在学术本位后面的乃是一种教育救国、学术为国家服务的国家本位高等教育价值理念。而相比于学术，留美归来的北大同人校长则更为重视品性和道德修养，尤其强调两者的齐头并进，期望能够通过提高学术的途径来提升学生的群治能力，不难看出留美学人更为注重个人的道德发展，是一种以个人为本进而为社会服务的个人和社会兼重的高等教育价值取向。

本章小结　学术谱系观照下高等教育思想的引入和植根

学术谱系对于民国著名大学校长来说就好似高等教育思想生成场景中的关系节点，没有一定的学术谱系，高等教育思想就无法成形。从学术师承和学术网络两个维度入手，可以从一定程度上描绘高等教育思想的形成路径。惟有置身于一定的学术场景当中，高等教育思想产生的真实性方能得到彰显。

从学术师承来看，民国著名大学校长中有一支较为集中，即美国哥伦比亚大学的杜威中国留学生派系。在这一脉师承中，可见师承紧密度整体上并不高。在这些著名大学校长之中，除了胡适以外，其他都非杜威的亲传弟子。虽然他们与杜威感情上较为亲厚，比如在杜威来华两年期间均陪伴在侧，即使他们对杜威的学说已经了解颇深，然而他们承继的也大多只是杜威泛化的实用主义经验论的治学方法和治学理念。即使是胡适，正如前文中所讨论的，也是更多地倾向于从认识论的角度而非从本体论的角度去解读杜威的实用主义学说。因为这更适合于当时中国的现实局面。而这种实用主义的治学理念和实验主义的治学路径深埋在他们内心深处，成为他们获致和实践高等教育思想的一种思维模式。

民国著名大学校长师承关系和学术网络中有一处重叠，这一重叠的场景见诸北大。对于罗家伦、傅斯年来说，蔡元培既是他们走上大学校长职业师承上的良师，又是其后置身民国大学教育圈和学术圈中的益友，而这既为他们的高等教育思想引入创造了条件，又为高等教育思想的共享、探讨和交流提供了场景空间。民国著名大学校长的学术网络充满了平易近人和学术共同体的色彩。由于深受中国儒家伦理思想和西方自由平等思想的影响，这些大学校长不注重派系，只为促进国家高等教育的发展而集思广益、畅所欲言，因此该学术共同体整体上洋溢着宽松、亲近、真诚、谦逊、平等的交往氛围，其学术网络在结构上也是颇为松散的。

此外，对这些大学校长而言，他们的部分学术网络是在教育场景中形成的，还有部分无疑是通过大学实践场景搭建起来的，换言之，他们的教育学术场景与大学任职实践场景也有着重叠区域，这个重叠区域不单指区域空间上的重叠，亦指向一种社会关系（网络）的交叉影响。本章已经对教育学术场景中的学术网络进行了探究，下章将对社会任职场景中的大学任职实践网络进行描摹和勾勒。

第四章 大学实践场景的轮换：北大校长和科学社成员的高等教育思想流变分析

高等教育思想只有经历实践的检验才有说服力和影响力。如前所述，本书所论及的大学校长群体多数是先有任教的经历再任大学校长的，当然也有一些是先在政府或教育相关部门任职后再任大学校长的，如蔡元培、任鸿隽、罗家伦等人。就前者而言，多年的从教经历可能为其积累下繁厚的社会资本，同时社会资本会潜在地向政治资本转化；就后者而言，在政府部门的任职无疑使他们拥有了一定的政治资本，从而更为他们兼具四通八达的社会资本提供了基础。因此，大学校长兼具较高的文化资本和社会（或政治）资本，即既要能够领衔学界教育界，又要能被军政两界或社会广泛认可，似乎是民国时期委任大学校长之不成文定律。

大学校长在民国初年是直接由大总统任命的。1914 年 7 月 6 日北洋政府教育部颁发的《直辖专门以上学校职员任用暂行规程》规定"大学校校长由大总统任命之"[①]。1924 年 2 月 23 日教育部公布的《国立大学条例令》中规定："国立大学校设校长一人，总辖校务，由教育总长聘任之。"[②] 大学校长的委任方式由大总统的任命转为教育总长的聘任，意味着政府对于教育行政权限的下放。虽说该规定使大学校长从刚性的任命转向柔性的聘任，表明大学校长这一职业的自主选择性有所增强，大学校长的话语权也相应得到提升，但事实上由大总统钦点的大学校长还真不少，尤其是自 1927 年南京政府成立并推行党化教育之后，使得大学校长之职更是再一次回复到相当于大总统任命的状态。本章将具体着眼于民国时期北大校长和科学社成员当中大学校长的职业变迁及与之相

---

① 教育杂志社.教育法令选：下［M］.上海：商务印书馆，1914：83.
② 中国第二历史档案馆.中华民国史档案资料汇编［A］.南京：江苏古籍出版社，1991：165.

伴随的大学整体或个体层面的高等教育思想之延续或流变进行分析。

第一节 大学校长更迭与高等教育思想的
承继和发展：以北大为例

一、蔡元培初掌北京大学时期：德国经典大学理念的实践

在蔡元培任北京大学校长以前，北京大学是一座封建思想、官僚气息十分浓厚的学府。科举制虽已废十年有余，然而科举制度的遗毒仍影响着在传统和现代旋涡之中挣扎的士子，为升官发财而读书的风气在大学里依旧十分浓厚。1916 年 12 月 26 日蔡元培被任命为北大校长，开始了对于北大破旧立新式的改造。

作为前清翰林和留学欧洲的饱学之士，蔡元培任职北大校长似乎是众望所归。但是这中间其实经过了艰难的思想抉择。蔡氏主掌北大之前，严复等好几任校长虽然在致力于改革北大上面颇为努力，但是终究是无法撼动北大根深蒂固的腐朽。主掌北大对于蔡氏来说是一个极为严峻的考验，他应当能够品味出担任这一职务的不易，会有所踌躇。当时亦有好友吴稚晖和汪精卫劝他慎重决定，然蔡却秉持着"以整理故都之学府，引为吾人共同之责任"的使命感以及"我不入地狱谁入地狱"的心态，毅然决定接受这一任命。这其中当然也与他一直以来的教育救国的抱负不无相关。他曾与汪精卫说："吾人苟切实从教育着手，未尝不可使吾国转危为安。"[①]蔡元培的任职北大，虽然是有历史的偶然因素在里面，即出于时任教育部专门教育司司长沈步洲和北大校长胡仁源的矛盾，所以导致沈步洲乃策划通过教育总长范源濂、次长袁希涛来"去"胡，手段则是以蔡代胡[②]，但选择像他这样兼饱学之士和共和元勋于一体的人物上台的确是颇为合适的。在主持北大期间，蔡元培雄心满满，借鉴融合德国经典大学

---

① 蔡元培.致汪精卫君书［M］//新潮社.蔡孑民先生言行录：下册.上海：新潮社，1920：291.
② 陈平原，谢泳.民国大学——遥想大学当年［M］.北京：东方出版社，2013：89.

理念，试图将颓风满溢、无心学术的北大改造成一个全新的类似德国柏林大学那样的学府，推动北大走上现代大学的轨道。

（1）敦请模范、整饬校风

入职甫始，蔡元培就旗帜鲜明地在就职演说中提出要抱定求学宗旨，研究高深学问；束身自爱，力矫颓俗；敬爱师友，以诚相待。这三点应该是他对于学生智识学问与道德修养的总体要求，是他治校所要达成的目标。引导学生的思想观念是他掌校迈出的第一步。"我们第一要改革的，是学生的观念。尤其北京大学的学生，是从京师大学堂'老爷'式学生嬗继下来。他们的目的，不但在毕业，而尤注重在毕业以后的出路。这种科举时代遗留下来劣根性，是于求学上很有妨碍的。"① 他认识到北大存在改进的地方一是在课程，二是在学风。为此，他在延聘纯粹之学问家上面，请到了一些积学之士来担任北大教授，如请中国第一个介绍爱因斯坦相对论的夏元瑮任理科学长，请接替章士钊任北大图书馆主任的李大钊担任经济系、史学教授，请原在湖南第一师范任教、曾留学英国、日本，专攻哲学和教育学的杨昌济任伦理学教授，刘半农则受聘为北大文预科教授。最为关键的是，蔡元培经汤尔和引荐，三顾茅庐终于打动了《新青年》主编陈独秀加盟北大，任职文科学长一职。陈独秀挟《新青年》之新思想、新文化之风北上，为北大学生树立起了一面思想革新的旗帜，颇能起到改造学生求学观和整饬学风之效。

（2）学术自由、教授治校

北大文科在蔡元培之重视和陈独秀之引领下，发展态势势不可挡。1917年下半年，在陈独秀力荐之下，在《新青年》上发表了《文学改良刍议》一文的胡适进入北大，任文科教授。胡适是接受过美国高等教育的新派人物，加上原有一些先于蔡元培进校的钱玄同、沈尹默、王星拱等具有革新精神的人才，以及辜鸿铭、刘师培等守旧却学识渊博的人物，顿时北大新派旧派人物云集一堂。秉持"思想自由、兼容并包"的办学思想，蔡元培对新旧派思想一应包容，很好地完成了改革北大的第一步——人事上的扩充、提高。

_____

① 蔡元培．我在北京大学的经历［J］．东方杂志，1934，31（1）．

与此相应，引进教授自然须给予教授一定的权力来保障其学术自由和思想自由。蔡元培在教授治校的管理制度上投入心思颇多。早在民初蔡元培作为教育总长一职时，由其拟定、由教育部颁布的《大学令》中的第十四条中就提出要学习西方的教授治校模式：在大学层面上，"设评议会和教授会。评议会以各科学长及各科教授互选若干人为会员，大学校长可随时召集评议会，自为议长"①。可惜由于时局阻碍，其时蔡氏辞职教育总长一职而未能得以贯彻实施。所幸蔡元培后来还是来到了北大，推行了他势在必行的教授治校制度。

教授治校传统起源于中世纪巴黎大学，逐渐在欧洲演变为一种大学的经典管理模式。自 1917 年始，蔡氏先后主持制定了《北京大学评议会规则》《北京大学各科教授会组织法》《评议会选举法》《国立北京大学内部组织试行章程》等一系列具体规定，目的在于完善教授治校，保障大学自治和学术自由。向来大学的教授治校与民主管理是互为因果的。因为大学教授是一所大学谓之大的根本因素所在，大学教授身上能反映大学的学术追求和学术使命，大学教授能够最大限度地保障大学的学术权益。教授治校意味着大学由学术利益相关者进行管理的思路。蔡元培在北大推行大学自治、教授治校等理念，把推动大学发展的责任交给教师群体，这极大地调动了大学教授的大学使命感。

当时还发生了一件事情，足以说明蔡氏在推行大学自治、教授治校制度上颇见实效。北大在当时有规定新生入学需要交一份由现任京官签名盖章的保证书。但是有一个学生却认为该项规定违背了大学学术自治的理念，因此致信蔡元培诉说他的不满，并且言明，若非要交保证书，那么他就退学。知悉此事，蔡校长即刻致函予以回复，内容大致如下，考虑到北大实行教授治校，因此，如要更改此项规定，需要上教授会讨论后决定，但是为了迅速解决该学生当前的问题，他愿意为之作担保。②蔡元培在推行大学自治和教授治校制度上无视任何阻力。一项制度的破旧立新本需要大无畏的勇气和坚定的毅力，万幸的是蔡元培长校时期国内战乱频仍，政府无法集中精力管理大学，高校内部事务，

---

① 刘海峰. 大学章程与教授治学在历史记忆中准确重构［EB/OL］.（2014–02–12）［2019–09–21］. https://ksyj.xmu.edu.cn/info/1031/1328.htm.

② 马元材，非百. 曦园回忆录之三［N］. 团结报，1982–10–30.

基本由高校自治，大学与政府的关系尚处于政府"松控"、大学"自治"的时期①，因此很多有利于大学学术发展的制度才能够有条不紊地实现。

（3）分离"学""术"、注重文理

在学科组织建制上，蔡元培亦是依据他所信奉的德国大学理念来展开的。德国经典大学理念以德国大学所奉行的学术研究至上、教学与研究相统一、学与术相分离为代表。②蔡氏认为大学发展之初都是先重应用性学科，而忽略学理性学科，随着大学内部学问家日渐增多，研究学理日益变得重要。"所以完全的大学，当然各科并设，有互相关联的便利。若无此能力，则不妨有一大学专办文理两科，名为本科，而其他应用各科，可办专科的高等学校，如德、法等国的成例。以表示学与术的区别。……那时候我又有一个理想，以为文理是不能分科的。"③

蔡元培对于文理两科的重视，一方面是延续了其一贯以来重视科学研究的理念，另一方面更重要的是现实影响。蔡元培认为，清末以来，人们受科举影响，很多人抱着上学是为了升官发财的想法，对法、商教育趋之若鹜，对于文理等基础学科不甚重视，然而，文理科却是农、工、医、药、法、商等应用学科的基础。所以，大学重视文理科，可以从一定程度上矫正和扭转学生的求学观。蔡元培在实际长校过程中也是这样做的。他在北大扩张文理两科，预备独立法科，归并商科，截止工科，改革预科，这些都表明了他运用自己的大学理念对于大学改制的尝试。在蔡元培德国大学理念的引领之下，北大无论是在教学层面还是学术研究层面，都当之无愧于民国最高学府之称号，开始走上了现代化大学发展之路。

二、蔡退蒋进：德国经典大学理念与美国现代大学理念渐融合

蔡元培与蒋梦麟初识于 19 世纪末 20 世纪初的绍兴中西学堂。其时蔡任中

---

① 王文杰."松控"与"自治"：论民国初期（1912—1927 年）大学与政府关系［J］.北京联合大学学报（人文社会科学版），2015，13（1）：104.

② 周谷平，张雁.我国创新型大学建设中的理念引领——兼论经典大学理念与现代大学理念间的张力［J］.教育研究，2006（11）：29.

③ 蔡元培.我在北京大学的经历［J］.东方杂志，1934，31（1）.

西学堂总理（校长），而蒋梦麟正就读于该校。蔡师给年少的蒋梦麟留下了极其深刻的印象，然蔡元培对于蒋氏的印象更多的是一介学童，无甚深感。促使两者开始合作与互动的是"从事辛亥革命的相似背景、服膺民主共和的政治观念以及留学欧美的知识背景"[①]。蔡氏是革命党人、共和元勋，而青年时代的蒋梦麟亦不甘人后，1909年刚入加州大学伯克利分校读本科不久的他经人介绍结识孙中山后，即开始了三年旧金山革命机关报《大同日报》撰述（后为主笔）的生涯，其努力和成效颇得孙中山赏识，盛赞他"他日当为中国教育泰斗"[②]。除《大同日报》的撰述实践外，蒋梦麟颇为关注国内的教育方针政策。1912年5月，蒋梦麟复函蔡元培，告知其对蔡著《教育意见书》（《对于新教育之意见》，旋改为《对于教育方针之意见》）一文的看法，并就蔡氏所关心的民国教育行政问题发表意见。[③]一个是博览多科，学识渊博的教育界名士，一个是初出茅庐，专习教育的赴美留学生，似乎没有因为身份差异而有所隔阂。蔡氏虽非教育学出身但对教育问题极为热衷，专事教育学研究的蒋梦麟的不俗见解让蔡存了一分看重之心，这一书函往来开始拉近彼此之间的距离。

蒋梦麟在美留学期间结识的另一位重要人物是黄炎培。黄氏曾是蔡元培在上海南洋公学特班任教时的学生之一，曾任江苏省教育司司长，彼时在江苏省教育会常任调查干事。1915年，蒋梦麟代表黄炎培参加在加州举行的万国教育联合会，与黄炎培建立了相当密切的关系。在蒋梦麟获得博士学位回国时，黄炎培直接将其安排至上海商务印书馆当编辑，并兼任江苏省教育会理事。报馆是最宜搭建学者之间学术往还平台的场所，此番工作使蒋梦麟因编辑学术丛书之便与蔡元培有更多层面的交流，为他日后进入北大打下了良好的人脉基础。

1919年初蒋梦麟辞商务印书馆之职，在江苏省教育会和国立北京大学两大机构的赞助下创办《新教育》月刊，担任主干（编辑），其他编辑代表囊括了北大和南高师的一些重要学者人士，如蔡元培、胡适、陶履恭、郭秉文、陶

---

① 郭晨虹. 大学模式转换与中国高等教育变革——对北京大学的考察（1917–1937）[D]. 杭州：浙江大学，2010：16.

② 刘成禺. 先总理旧德录[G]//尚明轩. 孙中山生平事迹追忆录. 北京：人民出版社，1986：688.

③ 陆君. 蒋梦麟致蔡元培函[J]. 民国档案，2004（2）：3.

行知等。这些人绝大多数都是蒋梦麟在求学过程中所认识的，如前所述，郭秉文、胡适、陶行知等是蒋梦麟在美国哥伦比亚大学师范学院攻读博士时期的师兄弟，以蒋梦麟儒雅学者的气质和风度，与他们之间的私谊应该不差。凭借这些教育界和学术界的人脉，蒋梦麟轻而易举地开始了他独当一面的报刊事业。这番人事阅历和创办事业的能力也为他在五四运动爆发，蔡元培辞职离京、北大校长席位无人代理时，被推举为代理校长搭建了一个绿色通道。蒋梦麟称正是《新教育》月刊与北大的密切关系才使他"跑进这个知识革命的大漩涡，担任了教育学教授，并于校长蔡先生请假时代理校长"。[①]虽然蒋梦麟之代理北大，也如蔡氏之前主掌北大一样，实际上是举荐人汤尔和和马叙伦对于各股教育势力的一个制衡（汤尔和之所以提出蒋梦麟的"遣代"问题，固然有利用蔡蒋关系插手北大进而"实现其控制全国教育界的谋划"，但在现实方面还有倚重江苏教育会制衡在北大掌握实权的沈尹默一系的意图[②]），但是蒋氏"作育人才"的心愿总算是得偿了。

蔡元培出走北大后，蒋梦麟代管北大。在《初到北京大学时在学生欢迎会中之演说》中，蒋氏以谦逊的语气、委婉的态度表达了他只是蔡元培派来"代按按印子的"，并由盛赞蔡先生的人品道德顺理成章地过渡到"诸君当以学问为莫大的任务"，迅速赢得了广大师生的支持与信任，由此可见，蒋氏其人具有较丰富的处事经验，他将一场校长异动引起来的慌乱转化成了求学的动力，不得不说他是深谙高等教育管理思想的。

在接下来的治校过程中，蒋梦麟也不负众望，全力襄助蔡元培协理北大校务。在1919—1926年这段时间里，蔡元培离校期间皆委托蒋梦麟代行北大校长职权。因只是代理其位，蒋氏并未过多地展露自己的高等教育思想，依然遵循蔡氏在德国大学理念引导下的系列改革主张，在改组北大、贯彻教授治校的道路上不遗余力。代理校长过程中也得到了其同门好友胡适的大力支持。"他（指蒋梦麟，引者按）到北大后，不但没有听汤的摆布，而且跳出黄炎培

① 蒋梦麟.蒋梦麟自传：西潮与新潮［M］.北京：团结出版社，2004：160–162.
② 郭晨虹.大学模式转换与中国高等教育变革——对北京大学的考察（1917—1937）［D］.杭州：浙江大学，2010：17.

的圈子，来一个与胡适紧密合作，包围了蔡元培，稳操了北大的大权。"[1] 蒋梦麟与胡适的协作乃是必然，两者同受杜威教育哲学影响，又有着互洽的个人特质，蒋氏"深谋远虑"且勇于任事，胡适"暴得大名"且爱惜羽毛，他们两人围绕着蔡元培，逐渐将他们留美期间所陶染的美国现代大学管理理念融入蔡元培所持的德国大学理念当中，具体主要是先从一些校内组织机构设置的改革上着手。

（1）完善大学章程，理顺管理体制

五四运动前，北大在蔡元培设想下已进行了内部管理体制改革，奠定了评议会和各门教授会共维校务的局面，尤其是评议会的力量值得看重。1919年11月初，他借北大改革之机，开始着手修改大学内部组织章程，并于12月3日在评议会通过《国立北京大学内部组织试行章程》。前已提及，蒋梦麟在美攻博期间曾师从以教育行政学为专长的乔治·D.斯特雷耶（George Dayton Strayer），这说明他在教育行政的理论和实践方面几乎是个中好手。蒋梦麟自不会错过在《试行章程》中融入他的行政思路。《章程》规定在评议会之外，增设行政委员会，下辖十一个常委会（实际建立八个，临时委员会不在内），具体负责校内诸项行政工作。在随后产生的九部委员中，蒋梦麟身兼预算、聘任、学生自治三部委员，参与编制北大预算、审查欲聘职员资格及接洽学生事务，开始对北大的财务、人事和学工系统发挥广泛影响。《章程》中明确规定：评议会代表全体教授之公意，辅助校长定全校大政之方针；行政会议本全校之公意，辅助校长执行全校之大政。这就开启了学术和行政事务两分的处理模式。此外，《章程》还另设立了总务处。总务处管理全校事务，下设注册、编志、文牍等十三课，设总务长一人。蒋梦麟当选为总务长，并兼任文牍、会计部主任等职务。[2]

蒋梦麟的这种校内组织管理改革思路，尤其是设置总务处之举措主要借鉴了美国的市政制，他将评议会、教授会两会独大的制度调整为两会与行政会分

---

① 石原皋.闲话胡适［M］.合肥：安徽人民出版社，1985：76—77.

② 郭晨虹.大学模式转换与中国高等教育变革——对北京大学的考察（1917—1937）［D］.杭州：浙江大学，2010：19.

权制衡的局面是走向大学科学管理的第一步。虽然有学者评价其有分享权力的意味[①]，然而对于深谙高等教育管理理念的蒋梦麟来说，个人多享受几分权力不是最为重要的，理念上试图分散评议会职权、把治校的权力从教授向校长过渡，从而给教授创造更多的时间从事学术研究倒可能是其考量的因素。蒋氏对学术权力和行政权力的重新分配是将北大纯粹的教授治校模式于无形中消解的过程，为其正式出长北大后提出"教授治学，学生求学，职员治事，校长治校"的办学方针埋下了伏笔。值得注意的是，蔡元培对于当时蒋梦麟的提议——"学术方面，采欧洲制，行政及事务方面，采美国制"[②]并未反对，这说明蔡氏潜意识里是赞同蒋梦麟的看法的，两者高等教育思想的融通性可见一斑。自蒋梦麟襄助蔡元培代理北大校务始，蔡元培对于蒋氏的一些改革北大的思路和举措采取接纳和吸收的态度，虽然这意味着蔡氏所倚重的德国大学理念日益遭到来自美国大学理念的挑战和"侵蚀"，但是蔡氏无丝毫介怀之意。作为一个忧国忧民的通儒型大学校长，蔡元培关心的只是北大能否在这样的组织管理模式下运行得更好，而不是哪派的高等教育思想和哪个国家的大学理念占据主导地位，这充分说明了蔡元培的"清公雅量"。

1926年以后，国内局势使得游欧数年的蔡元培归心似箭，以国民党元老身份为南方政府即将开始的北伐做政治上的策应。国内北京大学学潮不断，局势堪忧，蒋梦麟被迫南下浙江。1927年3月蒋氏就任浙江省临时政治会议委员兼秘书长，同年5月受命兼任浙江省教育厅厅长和浙江大学校长，开启了与乃师蔡元培相似的职业生涯，感受到了兼居教育和政治高位的滋味——虽然蔡元培是分时期的，某时段居教育高位，另一时段则居政治高位，避免了同居教育和政治高位的尴尬，如国民政府于1928年9月16日再次任命蔡元培为北大校长，却被蔡氏婉拒了，理由是立法院规定大学校长不能兼职，这也说明蔡氏教育与政治相分离的理想在其自己的任职履历上面执行颇为到位。1929年，官居南京政府教育部部长的蒋梦麟辞去浙江大学校长之职，1930年，经蔡元培力

---

① 郭晨虹 . 大学模式转换与中国高等教育变革——对北京大学的考察（1917—1937）[D] . 杭州：浙江大学，2010：19.

② 国立北京大学内部组织试行章程 [J] . 少年世界，1920（1）：36.

荐，蒋梦麟顺理成章地被推上了北大校长的位置。

蒋氏的回归，让北大一干师生喜出望外。蒋氏出色的办事才干当然是俘获人心的最大因素。蒋梦麟出长北大后一改在原先蔡校长德国大学理念主导下的亦步亦趋，开始旗帜鲜明地主张实行自家"教授治学、校长治校"的治校方略，在此基础上出台了一些与之相匹配的管理制度。

（2）教授治学、校长治校

蒋梦麟实行"校长治校、教授治学"的思想基础在于美国高等教育管理理念，而根本的目的则是刷新校政新局面。20 世纪 20 年代，随着教授治校的推行，弊端逐渐凸显，教授们的权力开始泛化。"评议会制度在一定程度上体现了民主自治的意义，囿于当时社会中存在的人情和关系形成的差序格局及个体价值取向等多方面的因素，出现了利益团体之间的权力斗争，评议员不能真正代表多数教授的声音，评议会权力的范围与限度过于宽泛"。[①] 如上种种，如教授"拉帮结派"组成小团体，教授代表相对固定、不具有广泛的代表性，以及校内教师校外多处兼职[②] 等现象已成为掣肘大学发展的根本性问题，迫切需要新校长蒋梦麟予以纠治校方针之偏，"校长治校、教授治学"理念的提出似乎是极为应景、水到渠成的事情。

1932 年 6 月，《国立北京大学组织大纲》出台，评议会被取消，代之以校务会议，"由校长任主席，成员由秘书长、各课业长、图书馆馆长、各院院长和学系主任及教授、副教授中的代表组成"，[③] 同时对校务会议的权利范围也进行了明确规定，一举奠定了校长治校的基调。组织大纲亦规定：校长负责公布执行经校务会议讨论通过的大学章程，以及经校长或校务会议成员五人以上提议、由校务会议通过的章程的修订。由于教授占了校务会议的大部分人数，所以教授的治校权力虽有所减弱，然而尚掌握着制定和修订大学章程的提议权，实际上还是有一定的治校权力的，只是将教授的主要权限放到治学相关的制度

---

① 于胜刚.回望与凝思：北京大学评议会制度的历史变迁（1915–1932）[J].高教探索，2013（5）：127–142.
② 当然，很大可能也是跟当时政局动荡导致的办学经费掣肘，教授薪资派发不够及时有关系。
③ 张国有.大学章程：第一卷 [M].北京：北京大学出版社，2011：37.

上去了。应该说，蒋梦麟提出的"教授治学、校长治校"是对蔡元培时期教授治校方针的一个承继和发展。

在蒋梦麟主政北大期间，善于借力，在其同门兼私交好友胡适的相助下大力推行美国式的高等教育管理理念。的确，因新文化运动而得大名，又同为美国大学理念信奉者的胡适的鼎力襄衬给蒋梦麟主掌北大分担不少。胡适在北大迅速站稳脚跟不仅仅是依凭着他中西贯通的学术文章，更重要的是他在打倒孔家店、倡导白话文、主张全盘西化中的决绝姿态，这一切使他成为他那个时代的"文化发言人"①，方能一唱百和，迅速在学术界和教育界取得极大的名气。

1917 年 12 月，胡适被任命为新成立的北大哲学研究所主任。1918 年 3 月，任英文教授会主任，9 月，担任英文学研究所主任。从 1918 年起直到 1926 年夏前往伦敦出席中英庚款全体委员会议并游历欧美，胡适连年以高票当选由教授互选产生的北大评议会评议员。1919 年起，胡适开始进入学校事务的核心权力机关。1922 年当选为教务长及英文系主任。这一时期的胡适，虽"没有蔡元培那样主掌一切，也没有陈独秀那么显赫，但他确实是处于北大的中心位置"②。蒋梦麟回忆道："九一八事变后，北平正在多事之秋，我的'参谋'就是适之和孟真二位。事无大小，都就商于二位。他们两位代北大请到了好多位国内著名的教授。"③他起用胡适、周炳琳、刘树杞三人分任人文、法学、理学三院院长，承诺"辞退旧人，我去做；选聘新人，你们去做"④，充分显示了作为一校之长的气魄和担当。总而言之，20 世纪二三十年代的蒋梦麟有胆有谋、勇于任事，尤其在学生问题上处理起来干脆利落，难怪被蔡元培看重，成为他名义上和实质上的高等教育思想接班人，并且蒋梦麟也不负乃师厚望，将北大渐次带入"现代大学的正轨"乃至进入一个中兴的局面。

① 唐德刚，夏志清，周策纵.我们的朋友胡适之［M］.长沙：岳麓书社，2015：99.
② 钱理群.北京大学教授的不同选择——以鲁迅与胡适为中心［J］.文艺争鸣，2003（1）：5.
③ 蒋梦麟.现代世界中的中国——蒋梦麟社会文谈［M］.上海：学林出版社，1997：191.
④ 吴相湘.蒋梦麟振兴北大复兴农村［M］//吴相湘.传记文学丛刊之十八：民国百人传：第一册.台北：传记文学出版社，1982：86.

三、蒋辞胡继：从关注单一大学发展到聚焦国家高等教育全局

虽则在长校能力上得到多方肯定，但蒋梦麟终究还是黯然离场了，原因主要归于北大师生所认为的蒋梦麟在西南联大后半段时间的不作为。借了"校长不可兼官职"的契机，梦麟先生是到了该"体面退场"的时候了。[①] 经历过十四年艰苦的抗战，蒋梦麟最终却未享受到北大复员时"凯旋"而归的荣耀，这不得不令人感到遗憾。但是历史的齿轮照走不误，蒋胡交接校长之位的确有其主观上和客观上的必然性。

主观上主要缘于蒋梦麟在西南联大后期的不理校政。蒋梦麟对最初由傅斯年、胡适等发起的将北大、清华、南开三所学校南迁长沙组成联合大学的动议是有所顾虑的，富于办学经验的蒋梦麟深知此事之艰难，但是蒋梦麟既然勉力应允了这一主张，自然得全力维持这种联合状况不致破坏。此时"虽然胃病时发，我仍勉强打起精神和梅（贻琦）校长共同负起责任来"[②]。即使在有人劝说蒋校长干脆"散伙"之时，蒋亦正色道："你们这种主张要不得……我们既然来了，不管有什么困难，一定要办起来，这样一点决心没有，还谈什么长期抗战！"[③] 可见，蒋梦麟在公众前还是颇为注意显示他的责任心和涵养的。

蒋梦麟出于维护西南联大三校内部稳定和谐的考虑，在西南联大的前期筹建工作基本上告一段落以后，采取不与争锋、日常校务由清华大学校长梅贻琦全权负责的态度和办法。北大同人大多认为其赋闲之态与他作为一校之长的身份相龃龉，因此对蒋氏颇有怨气，蒋亦深感苦闷，在为保联大成功而刻意维持大局的压力下日渐淡出西南联大事务，学会隐退以避争端。1943年初，他致函胡适剖白心迹："弟则欲求联大之成功，故不惜牺牲一切，但精神上之不痛快总觉难免，有时不免痛责兄与雪艇、孟真之创联大之议。数月前在渝，孟真责我不管联大事。我说，不管者所以管也。"[④] 蒋梦麟或许就是在这样一种哀北大之后退的沮丧之情及为联大之成功而不得不牺牲北大话语权的委屈之情中逐渐

① 张晓唯. 1945年北大"易长风波"[J]. 书屋，2005（9）：22.
② 蒋梦麟. 西潮·新潮[M]. 长沙：岳麓书社，2000：209–211.
③ 孙善根. 走出象牙塔——蒋梦麟传[M]. 杭州：杭州出版社，2004：216–217.
④ 中国社会科学院近代史研究所中华民国史组. 胡适来往书信选：中册[M]. 北京：中华书局，1979：550.

丧失治校热情的吧，更何况真正支持他了解他心意的人并不见多，唯有校内少数几个教授如胡适、汤用彤、张景钺、钱穆等而已。蒋梦麟本就是一个干才，此处（大学校务）不得干，他可能就要转移他的兴趣了，遂自然而然地向其他事务上投放心思。疏于校务导致蒋梦麟与北大教授们的关系江河日下，最终落得了在决计出任行政院秘书长一职后被北大教授"驱赶"出北大的局面。这可说是蒋梦麟主观方面做出这样一个无奈选择的悲哀。

而就客观层面而言，主要是蒋梦麟在那个时期已不再适宜继续担任大学校长一职。众所周知，民国时期一所著名大学的发展是与大学校长的声名息息相关的，更何况是作为一国最高学府的北大校长，势必由一位能在学术界执牛耳，能够领袖群伦的人物来担当。尤其是在三校联合过程中，北大与清华近距离比较之下，暴露出一些人才培养和学风上的问题，如"学风疏阔、管理松弛"导致的学生质量不高等问题，更使得一些心系北大的教授认为北大校长应由声望能与蔡元培相匹敌的人物来接任大学校长，来再次引导大学的风气。罗常培认为，抗战之初"胡（适）先生出国后，北大事实上已失去学术重心"[①]。而蒋梦麟的哲学（教育学）博士光环也在年岁日长的治校过程中消磨得差不多了，蒋梦麟长期从事校政工作，对于学问一途是心有余而力不足。更何况自蔡元培去世后，没有了蔡先生或明或暗的支持和照拂，蒋梦麟的灵光不再，其在教授之中的声望也不若曾经。而胡适作为北大人眼中同时占据学术高位和行政高位的明星人物，自然是众望所归。

胡适被推举上位，关键起作用的人物是傅斯年和周炳琳。周炳琳认为，如今处于最重要时期，"只有适之先生能来改善北大，并影响全国大学，这就像以前蔡先生的时候一样，别人不能担当此任"[②]。而作为胡适的保护者和支持者的傅斯年在得到蒋介石的盛情相邀担任继任北大校长一职时，呈上一函敬谢不敏，称："北京大学之教授全体及一切有关之人，皆盼胡适之先生为校长，为日有年矣……适之先生之见解，容与政府未能尽同，然其爱国之勇气，中和之

---

①　张晓唯.1945年北大"易长风波"［J］.书屋，2005（9）：22.

②　张晓唯.1945年北大"易长风波"［J］.书屋，2005（9）：21.

性情，正直之观感，并世稀遇……"① 可见，即使在朋友圈子内部，傅斯年与胡适的关系还是比之与蒋梦麟的关系更进一层。

或许蒋梦麟也开始意识到自己在一批才高气傲的北大同人心目中之认同日益低下，他在西南联大后期才开始投闲置散、自我解嘲地寄情于个人学问，开始研究书法艺术和出个人专著，又通过四处与达官显贵周旋，担任大学行政院院长一职，来寻求自己思想和权力的最终归宿。而从头到尾都是明白人的胡适则在半推半就中接受了北大校长之位，或许他也感受到蒋梦麟大势已去，所做的只能是对蒋梦麟表示理解和安慰。

1945 年 9 月初，国民政府任命胡适为北大校长，胡适在美国未能上任期间，暂由傅斯年代理校政。与蒋梦麟相似，傅斯年也是个干将，他为胡适上任前扫除了北大复员和复校过程中面临的大部分棘手障碍。他说："北大复校很复杂，在经费、人事方面，几个大学都同北大争。胡适学问比我深，但办事能力不如我，我要尽最大努力办下去，为北大复员打下一个好的条件。"② 的确，他与胡适亦师亦友之深厚情谊值得他为胡适在北大奉献最后一点光与热。

胡适早在留学时期就有创建世界一流大学的情结，他的大半辈子几乎都在为中国的高等教育（尤其是北大）奔波，算是一个见证北大兴衰荣辱的元老级人物。从 1917 年入北大起，胡适就积极为北大的发展出谋划策，成为两任校长（先是蔡元培，后是蒋梦麟）的智囊式人物，等到北大复员后，终于轮到他自己掌校了，他的建设一流大学的壮志雄心盼到了自己亲手打造的那一天，只可惜，他没有碰上蔡元培主政时期高等教育自由发展的黄金时代，也不曾遇到蒋梦麟当年的办学环境，空有一腔办学热望，竟也无从施展……③ 在北大复员大局已定之时，胡适所需做的不是提出什么标新立异的北大发展目标，而是以他在学术界的名气维持北大这所大学站在全国学府之巅峰，并且以一种教育界精神领袖的气度对于当时中国整个高等教育办学方向、规划及体制中的一些问

---

① 傅斯年. 傅斯年致蒋介石 [M] // 欧阳哲生. 傅斯年全集：第七卷. 长沙：湖南教育出版社，2003：286.

② 马句. 北大校长胡适若干旧事 [J]. 北京党史，2013（1）：57.

③ 张晓唯. 1945 年北大"易长风波"[J]. 书屋，2005（9）：22.

题予以纠正。

（1）重提学术独立的重要性

胡适回国后，旋即筹办北大的开学工作，在一个月之内，连续召开了十六次行政会议，讨论了北大的建制和各院系教授的聘请。这一切主要是在承继和沿袭前任校长蒋梦麟已有办学体制和思路基础上进行的。在 1946 年 10 月 10 日北大的开学典礼上，胡适阐述了他的办学方针和宏伟抱负。胡适在办学方针上，继承了蔡元培的"思想自由、兼容并包"的思想。他的目标是将北大办成一个全国最高的学术研究机关。但是他的眼界却又不局限于北大，他在 1947 年提出《争取学术独立的十年计划》充分说明了他对于国家高等教育的关注和忧思。他在该文中认为中国应该树立一个高等教育发展目标，以此谋求学术独立，不依附于国外大学和留学教育。"我深切的感觉中国的高等教育应该有一个自觉的十年计划，其目的是要在十年之后建立起中国学术独立的基础。"① 他对学术独立作了重新阐述，突出强调了在国内应该设置起相应的组织机构以便与世界学术接轨。对于国家政府而言，他提的要求是："集中国家的最大力量，培植五个到十个成绩最好的大学，使他们尽力发展他们的研究工作，使他们成为第一流的学术中心，使他们成为国家学术独立的根据地。"② 而这其中最重要的则是政府给予教育经费的保障。

（2）研究院是大学的重要评判标准

胡适在该文中对于大学学术研究的重要性及大学的本质含义有了更进一步的阐发。早在留学期间他就提出要仿美国大学在大学里设"毕业院"，即现在所说的研究生院。这一思想的萌生是受到美国吉尔曼校长在霍普金斯大学创立研究院的实践之影响。留学回国后，胡适在北大任职。1917 年的开学典礼上，他演讲的主题即是要借鉴西方大学模式将北大改造为一所现代化大学。③1920

① 胡适. 争取学术独立的十年计划［M］// 季蒙，谢泳. 胡适论教育. 合肥：安徽教育出版社，2006：262.
② 胡适. 争取学术独立的十年计划［M］// 季蒙，谢泳. 胡适论教育. 合肥：安徽教育出版社，2006：262–263.
③ 刘克选，方明东. 北大与清华——中国两所著名高等学府的历史与风格［M］. 北京：国家行政学院出版社，1998：307.

年的开学典礼上，他呼吁北大同人致力于"提高学术"①。1922 年北大研究所国学门和各研究会的成立以及 1932 年在中国率先成立研究院，北大似乎逐渐朝着胡适所期望的大学发展之路在行进。到了胡适长北大之际，他的眼光放得更远，开始将着眼点对准国内整个大学教育制度的革新并对"大学"予以重新界定，当然，蔡元培任教育总长时期亦曾将高等教育的关注点放在整个国家层面上，然而那是因为在其位谋其政，相比之下胡适则有所不同。

针对当时国民政府教育部对大学和学院设立规格之机械规定，目睹社会各高等教育机构为此跟风，以学院数量的"达标"而谋"大学"之名的乱象，胡适疾呼此规定之不合理，认为应以研究院作为大学发展的方向。这说明在胡适眼中，"大学"乃是学术研究的承载体，这一点是不容置喙的，同时也反映了他对于中国高等教育组织制度的关切。当时与他持相似见解的还有他的好友任鸿隽。任鸿隽从大学横的和竖的两方面定义大学，教育部对大学和学院设立规格的认定是横向方面的定义，而以设立毕业院或研究所与否来界定大学则为竖向方面的定义。他认为大学应以后者来定义，这样方能提升大学程度，否则会出现很多组织不完、规模不备的野鸡大学。②

胡适和任鸿隽的看法充满了对于中国高等教育组织建制的反思，说明在高等教育发展进入一定阶段时，一些大学校长和有识之士开始从对于一所大学理念的关注提升到了对于中国大学整体布局层面的审慎思考了。而作为最高学府的大学校长，紧跟时代和社会发展，对于国家高等教育的整体发展予以判断和审度，自然也是其使命和职责所在。

---

① 胡适. 提高与普及［M］//白吉庵，刘燕云. 胡适教育论著选. 北京：人民教育出版社，1994：127.
② 任鸿隽. 大学研究所与留学政策［G］//任鸿隽. 科学救国之梦——任鸿隽文存. 樊洪业，张久春，编. 上海：上海科技教育出版社，2002：509-510.

第二节 大学校长的社团交往、职业流动 与高等教育理念的维系与转向

如果前述所讨论的北大三位大学校长更多地被视为是教育家型大学校长的话，那么这里所要讨论的就是科学家型的大学校长；如果前述研究的是大学校长的人事代谢对于一所大学高等教育理念的维系会产生什么样的作用的话，那么此处该分析大学校长个体的职业流动对于自身高等教育理念的发展会造成如何积极或消极的影响。曼海姆曾云："连接知识分子的唯一要素是教育，知识分子与教育是一个共生体。"[1] 大学是知识分子的栖息之所。大学里的社团组织就是知识分子的聚集地。这里研究的三位大学校长：任鸿隽、竺可桢、胡先骕，他们有着一定的相似性，即都曾在美国留学，学的理工科，且都是中国科学社的骨干成员，此外令人惊异的是他们在担任大学校长之前都曾在南高师—东大（中央大学）任教或任职。这样相似的经历，不由让我们好奇，是不是科学家型大学校长的高等教育思想成长轨迹较为雷同。本部分将以任鸿隽、竺可桢、胡先骕在中国科学社的交往及他们各自的任职变动为例，对大学校长个体高等教育理念的形成情况作一分析。

一、缘起中国科学社：留美学生的科学教育梦想

20 世纪 10 年代中期，恰是留美的高峰期，其时民国初立，资产阶级民主共和思想开始从制度层面渗透进入中国传统的经济、政治、文化命脉，而世界形势风起云涌，世界大战正在酝酿。1914 年 6 月，美国康奈尔大学的大同俱乐部廊檐上聚集了一批以专攻自然科学为主的中国学子，纵论天下大事，畅谈报国理想。既习自然科学，自然而然就想到了组建科学社团，创办科学杂志。此事以任鸿隽最为热心。赵元任在 1914 年 6 月 10 日的日记中写道："晚间去任

---

① 叶赋桂. 新制度与大革命——以近代知识分子和教育为中心 [M]. 北京：教育科学出版社，2010：3.

鸿隽（叔永）房间热烈讨论组织科学社出版月刊事。说也奇怪，当晚到会的，皆非常热心。"[①]说明其时留学生对这一富于创见的提议兴致颇高。6月29日由9人（任鸿隽、赵元任、胡明复、周仁、秉志、过探先、杨杏佛、金邦正、章元善）签名的《科学月刊缘起》和由杨铨手写付印的《科学社招股章程》发出，标志着科学社正式刊物的创办也被提上议程。

发行刊物不仅需要资本，也需要办刊人的持续关注和各项投入。正是考虑到这一点，当时以任鸿隽为首的科学社创始人们才主张以招股的方式来募集资金，保障《科学》杂志的刊发和运行。社中以任鸿隽、赵元任为主的同人纷纷入股，有多少力出多少力。彼时，正在哈佛大学读书的竺可桢闻讯后立即加入，成为该社的早期元老级成员。胡先骕后来也积极参与，捐资5美元，成为《科学》杂志通讯员。

《科学》杂志得以在1915年元月顺利出刊。《科学》发刊词开篇指出："世界强国，其民权国力之发展，必与其学术思想之进步为平行线，而学术荒芜之国无幸焉。……学术门类亦众矣，而吾人独有取于科学。"该发刊词成为留学生圈内最早呼吁科学之声，体现了科学与学术救国之理想。中国科学社也于同年10月25日正式成立，推荐任叔永（鸿隽）为社长，赵元任为书记，胡明复为会计，秉志（农山）、周仁（子竞）为第一届董事，并推定杨杏佛为编辑部长[②]。

任鸿隽在初办《科学》月刊的时候，曾写信给在法国的蔡子民、李石曾、吴稚晖诸先生。任鸿隽与蔡元培皆曾是同盟会的成员，彼此之间有着一段同事之谊，因此任鸿隽在借蔡氏的声望来声援《科学》上不遗余力。当然，蔡元培也是极为看重此项创举，予以回信并为《科学》专门题词以鼓舞科学社同人。蔡元培于1917年加入中国科学社，成为该社的第一位特社员。在《科学》杂志社迁回国内面临运转经费短缺时，蔡氏亦多次出面或发函筹资募捐。1922年，科学社设董事会时，推举蔡元培为董事长。蔡元培的鼎力支持为科学社的

---

①　赵元任.从家乡到美国——赵元任早年回忆［M］.上海：学林出版社，1997：118.
②　张孟闻.《科学》的前三十年［J］.科学，1985（01）：75.

发展、壮大及《科学》杂志的维系提供了强大的后援。

《科学》杂志第一年的编辑部长是杨铨（杏佛），职员有任鸿隽、胡明复、赵元任等十一人。第二年增至四十二人。[①] 任鸿隽、竺可桢、胡先骕、胡适等民国著名大学校长是赫然在编辑部职员名单之中的。1916年秋，中国科学社第一届常年会（1916）选举产生了由任鸿隽、赵元任、胡明复、秉志、周仁、竺可桢、钱治澜七人组成的董事会（1922年改为理事会），其中任鸿隽、赵元任、胡明复、秉志为两年董事，竺可桢、周仁、钱治澜为一年董事。次年的常年会上，竺可桢再度当选董事。[②] 由此奠定了任鸿隽、竺可桢在中国科学社中的元老地位。

科学社成立不久，其骨干成员如任鸿隽和杨铨相继学成回国，科学社大本营也从美国迁回国内。1918年12月中旬，经科学社主要人员商定，将胡先骕从《科学》杂志普通的编辑升为副总编辑，其在中国科学社中的地位亦有不断攀升之迹。而竺可桢等既是《科学》杂志的理事，后又被聘为编辑员，则说明经常面临稿件匮乏之困局的《科学》月刊实行了会员和编辑一体化安排的制度。

由于刚创刊时稿件缺乏，刊物创始人和社员大多兼编辑和作者两种角色于一体，其中任鸿隽是科学社中投稿页数最多的作者，投稿503页，竺可桢投稿328页，而胡先骕的投稿页数也在100页以上，三人分列第1、4、12名。[③] 由上可知，任鸿隽、竺可桢及胡先骕在《科学》杂志上刊登的文章相对是较多的，这显示了他们对《科学》杂志的热心与对科学学术发展事业的关注。

任鸿隽、竺可桢、胡先骕等会聚在中国科学社的主观目的就是科学救国和学术救国。创办《科学》杂志的初衷是为了引进和译介欧美最前沿的科学技术，以求有此研究兴趣的读者能够在原有的知识结构上"拾遗补缺"。这一过程是相当严谨的。首当其冲的就是要规范各科学名词术语，为学界同人搭建一

---

①　亢小玉，姚远.大型科技学术期刊《科学》的编辑与启示［J］.中国科技期刊研究，2014（6）：774.

②　范铁权，任晓燕.竺可桢与中国科学社［J］.自然辩证法通讯，2007（2）：82.

③　《科学》编辑部.科学投稿的一个统计：1卷1期至11卷12期［J］.科学，1926，11（12）：1774.

个共同探讨的基础平台。科学社同人的最初工作即致力于此。随后这项工作划归至教育部国立编译馆。[①] 科学社同人试图改进中国国民科学素养的理想自然是好的，所获成效也不小。在这其中，任鸿隽高举科学教育的旗帜在理念层面进行呼吁，其他成员则以他们各学术和专业领域的创见和随感付诸于文，以飨于科学专业或业余读者。他们投稿的文章中或深或浅地折射他们科学教育的思想。

二、初露峥嵘：科学教育思想的早期萌芽

任鸿隽科学教育的思想萌芽较早。他在《解惑》一文中高呼："国人应有科学之需求。……国人不可不知科学之为用。知之矣，而后科学之需求从此出也。"[②] 他认为学，然后知不足，然后知所需求。任氏的目的是要把广大民众导引到求科学之正途当中，以造成一个能"令讲学者引证曰'见某年《科学》某卷'"的学界。紧随其后，《科学与教育》一文全面阐释了科学与教育之间的关系，认为科学教育既关乎于社会问题，亦能影响个人性格，"科学于教育上之重要，不在于物质上之智识而在其研究事物之方法；尤不在研究事物之方法，而在其所与心能之训练"[③]。其施行科学教育的理想呼之欲出。隔一年后，任氏又在《科学》上发一文《吾国学术思想之未来》，在该篇中通过审视欧洲学术思想变迁之历史，得出了思想之变迁主要依赖科学（物观之学）及科学方法之应用而不是文学（主观之学）的观点，进一步明确了科学对于教育而言的重要意义。"综观西方学术思想之变迁，始之以旧学陈言之不满人意，继之以先知大哲之开辟新径，植人智于膏腴之区，而不以修旧起废为已足。乃其望道有见，则又竭全力以赴之，而不听玄言眇论，玩愒岁月。其结果则物观之学，既已日新月异，跻乎美盛之域；主观之学，今日所研究之问题，犹是二千年前

---

① 亢小玉，姚远. 大型科技学术期刊《科学》的编辑与启示 [J]. 中国科技期刊研究，2014（6）：775.

② 任鸿隽. 解惑 [G] // 周谷平，赵师红. 走向一流的历史轨迹：中外著名大学校长治校理念与办学制度文献选编：中国卷之一，1. 杭州：浙江大学出版社，2015：335-336.

③ 任鸿隽. 科学与教育 [G] // 周谷平，赵师红. 走向一流的历史轨迹：中外著名大学校长治校理念与办学制度文献选编：中国卷之一，1. 杭州：浙江大学出版社，2015：346.

研究之问题，曩令去此物观之学，则今日之西方，有以异于二千年前之西方乎？是未可知矣。"[①] 此外，他还发表了《科学精神论科》（2/1，即第 2 卷第 1 期（1916 年 1 月），以下从略），《科学基本概念之应用》（6/2），《科学与实业之关系》（6/6）等关乎科学与科学精神的文章，为其信奉的科学救国理念造声势。

与任鸿隽相比较，竺可桢与胡先骕的文章更偏科普。胡先骕撰写了《〈说文〉植物古今证》《细菌鉴别法》《细胞与细胞间接分裂之天演》等论文，发表在早期的《科学》上，他的系列文章与其所学植物学相关，专业性较强，但他尽量做到使其文通俗易懂。如其在《〈说文〉植物古今证》一文中，洋洋洒洒地对《说文》中的百余种植物名字、功用及科属进行细致的考证，并配之以相应的英文学名，旨在为民众了解这些植物提供可考的渠道。《细菌鉴别法》一文则对如何鉴别细菌的方法，即毒性试验法和植物学实验法做了介绍，文字通俗，言简意赅，起到了科普之效。而作为《科学》杂志的特约撰稿人之一，竺可桢早期撰写了一些倡导中国重视实验科学的文章，以《中国实验科学不发达的原因》为代表，并重点结合其专业气象学发表了一些科普性文章，详尽介绍了国内外气象学发展的历史和现状。除却专业领域知识的绍介之外，他还向国人介绍一些浅近的卫生、生理常识，如《中国之体格论》（3/8）、《中国之体格再论》（3/10）、《论早婚及姻属嫁娶之害》（3/9）等文。竺氏的文章以撰写为主，也兼译介他国科学资料。科普性文章雅俗共赏，研究性论文有较强的逻辑性，为普及科学知识、推进科学教育做出了积极的贡献，也为《科学》杂志在学术界知名度的打响创造了条件。

作为当时中国唯一之科学杂志，《科学》的辐射力度自然不可小觑。这得益于任鸿隽、竺可桢、胡先骕等科学社同人的相互协作和倾力付出。科学社同人中，任鸿隽、竺可桢、胡先骕三人的关系较为密切。其中任鸿隽与胡先骕两人因对科学的热爱及科学事业的追求，其交往持续一生。两人后来曾合著《科学与国防》（1941 年，国防书店发行）一书。中国科学社因得到学界泰斗蔡元

---

① 任鸿隽. 吾国学术思想之未来［G］//周谷平，赵师红. 走向一流的历史轨迹：中外著名大学校长治校理念与办学制度文献选编：中国卷之一，1. 杭州：浙江大学出版社，2015：357.

培等人的支持，在中国当时的学术性团体中获得不俗的名声。1926 年在日本东京召开第三届泛太平洋学术会议，中国科学社正式派竺可桢、翁文灏、胡先骕、任鸿隽等十二人参加，成为该会的中华民国代表。[①] 这说明任、竺、胡三人已成为中国科学社的中流砥柱。三者留学期间在中国科学社的任事及交往也为他们后续在大学任教积累了广泛的人脉基础。

三、职业沉浮间：科学教育观的维系或转向

随着中国科学社总部迁回国内，一众科学社成员学成归国后也陆续开始在国内高校谋职。科学社成员大多是受过科学教育熏陶的高学历人才，任鸿隽、竺可桢、胡先骕更是个中翘楚。"由于这个群体（知识分子群体，引者按）具有较强的专业特征，他们倾向追求志趣、见识、水平的一致，所以选择性也就较强，产生的矛盾亦较多。但自由流动的权利使得他们能在矛盾激化之前便主动作出选择、回避。……在这样（自由流动）的过程中，从精神到物质，他们总能较长时间地保持最佳状态，多数人自觉固定下来的大学，通常是最心满意足的。"[②] 任鸿隽、竺可桢、胡先骕这三位科学社的骨干成员归国后呈现了不一样的职业流动路径。他们并不墨守成规，在比较的基础上选择最适合栖身或知名度较高的大学任教或任职。在知名度较高的大学任教或任职的经历为他们日后成为一校之长奠定了职业背景基础。他们的共同点是皆有教学与管理（社团管理或科系管理）相结合的体验，都有在南高师—东大任职或任教的经历，并且最终都被聘为籍贯所在省份的大学校长。但亦有不同的地方。他们的治校理念是否受到了南高师—东大校长郭秉文的影响？他们的职业流动与科学教育观的维系与转向呈现了什么样的关系？这三位的答案显然是有所差异的。

（一）任鸿隽：一以贯之的科学教育提倡者

1918 年，任鸿隽在哥伦比亚大学获得硕士学位后归国，意图发展实业。1919 年 11 月任鸿隽为办四川钢铁厂再次赴美考察，胡适请他为北大搜罗聘请

---

① 范铁权，任晓燕. 竺可桢与中国科学社［J］. 自然辩证法通讯，2007（2）：84.
② 谢泳. 西南联大知识分子群的形成与衰弱［M］// 陈平原，谢泳. 民国大学：遥想大学当年. 北京：东方出版社，2012：152–153.

人才。任鸿隽对于胡适专请文科方面人才之行为显然不甚乐意，回信质问道："难道大学的宗旨，还是有了精致的玄谈和火荼的文学，就算了事么？"[①]充分反映了任鸿隽重视科学人才的心理。话虽如此，任鸿隽1920年秋还是选择到北大任化学系教授。但任职时间不长即辞去教职，年底开始专任教育部专门教育司司长一职。1921年底教育部之职亦随范源濂的辞职而被解除。教育系统领域职业生涯的不顺，令他决定回归四川发展实业。但是在四川他却对言论出版方面的封闭落后情形感到失望，在给胡适的信函中表达了希望扩大《努力》的篇幅以"替他们尽一点义务"的希冀。[②]因未在四川寻到合适的职业，遂希望胡适能在北京代为寻找"相当的事体"。还没等胡适给他找到工作，1922年年底任鸿隽已被上海商务印书馆聘为编辑。但是此职持续时间亦不长，很快任鸿隽就有了更适合他的去处。

1923年随着东大副校长（当时校长办公室副主任已被俗称为副校长，行使副校长职责）刘伯明的猝然离世，任鸿隽被迅速推为该职的接班人。《申报》1924年1月14日的报道《南京东大之善后办法》中提及：校务方面，自刘伯明先生逝世后，校长办公处长（即副校长），文理科主任负责无人，学校行政方面不免稍有停顿。现已聘定任鸿隽君主持校长办公处事（即任为副校长）。[③]他的聘任很可能与他在东大任教的一批科学社同人的举荐相关。因为任氏所主持的中国科学社总部设在南京，所以他是很乐意进入这所高校的。1924年1月，他正式入职东南大学。

不过任鸿隽任职东大副校长期间，相比于东大校务，似乎中国科学社在他心目中的分量更重。从他与胡适的信函往来可见，他最关心的还是中国科学社的经费和运营，短短一年多任职的大部分时间他都在为中国科学社的前程思虑，包括为科学社争取部分美国退回庚款用于发展科学事业之事来回奔波。由于任鸿隽对此事颇为积极，与其后来被范源濂聘为中基会专门秘书不无相关。

而在东南大学校务这一块，任鸿隽虽然不敢怠慢，却没有力挽狂澜的决心

---

① 赵慧芝.任鸿隽年谱［J］.中国科技史料，1988，9（2）：60.
② 赵慧芝.任鸿隽年谱（续）［J］.中国科技史料，1988，9（4）：38.
③ 南京东大之善后办法［N］.申报，1924-01-14（7）.

和动力。1924 年时局颇为动荡，10 月，东南大学开学，校长郭秉文拟为"庚款"和"捐款"事宜远去美国，要求任鸿隽维持全校工作，任氏却以学校安全为由劝说郭校长留下来主持校务。11 月 14 日，任鸿隽致信胡适道："南京的'robber baron'（强盗贵族）居然'凯旋'了，但是此间并没有什么庆祝。郭先生匆匆地来南京一趟，又返上海去了。我并不怕'任劳任怨'，但却不愿替人家收拾破瓶。"①此中言论多少表明任鸿隽对于东南大学校务同情有之，缺乏使命感。这也许与他任职东南大学未久，感情尚不是很深有关，但更为关键的，可能还是他对郭秉文工作作风不甚看好的缘故。彼时东南大学校长郭秉文持科学与人文并重的办学理念。任鸿隽虽与郭校长的治校理念有所出入，却也未曾与之发生过龃龉，可能潜意识中还是受到了东大良好学风的感染的。但是和而不睦，敬而不近却是任鸿隽与郭秉文之间的实态描绘。这可能也是导致他对于东南大学校务做不到躬身问切、鞠躬尽瘁的根本原因。此心态也与他在东南大学面临易长风波之时最终选择退却有关。他内心里已然看透倒郭事件的本质乃是教育新旧派别的斗争。2 月 5 日，他致信胡适，谈起东南大学所闹风潮之事，表露他已经因为校内两派斗争而成了夹在中间的馅饼，去意已生。而胡敦复的强行到校就职遭反对派殴辱事件则成为压倒任鸿隽神经的最后一根稻草，使他愤然辞职离校。去职后，他专心著述《科学概论》，回到他最为关切的科学之研究。

东南大学副校长的短暂任职经历对任鸿隽个人而言似乎并未泛起多大的风浪。东大辞职之际恰逢时任中华教育文化基金董事会干事长的范源濂邀请其去做专门秘书，任鸿隽于 1925 年 9 月进入中基会，此后在中基会的职位一路攀爬，从专门秘书改任执行秘书，后升任副干事长，及至 1929 年 1 月升任干事长，显示了其在职场上的能力非同一般。

中华教育文化基金董事会于 1924 年成立，其初衷是为了管理庚子赔款事项，虽以教育文化冠名，后在主管人任鸿隽的影响下，日益向自然科学基金的事务靠拢。凭借着中基会稳定的资金资助和相对自由的行政权限，任鸿隽发展

---

① 赵慧芝.任鸿隽年谱（续）[J].中国科技史料，1988，9（4）：41.

中国科学事业有了现实的可行性。从 1925 年到 1936 年，任鸿隽立足于自身的科学理想，兢兢业业地为中基会办了许多实事。

在教育方面，这一时期他在《努力周报》等刊物上发表过许多具有醒世之义的言论，如 1920 年在北大开学典礼上强调大学负有知识上的责任，须加强学术研究以贡献于人类；1922 年批评北京教育部的"兼职"现象严重危害教育的健康发展；1925 年在《高等中学公共必修的科学概论课程纲要》，提出"注重科学精神及方法"等。而在中基会任职期间，作为《独立评论》的主要撰稿人之一，主要抨击国民党推行的"党化教育"政策，发表了对改革师范教育和农业教育的意见，分析"择师自由"和"救国教育"思潮中的错误倾向和滥设国立大学给国家教育事业带来的长远危害等等。[①] 在学术研究方面，任鸿隽也不曾松懈，在《科学》杂志上发表了大量的科普性和研究性论文，始终奉行他的以科学唤醒民众的理念。

任鸿隽去川大任校长之前职务变动颇为频繁，几乎是一年一换，但是中基会却是他投入时间最长，花费心思最多的事业。鉴于任鸿隽在中基会的突出贡献和对高等教育发展的高度关注，1935 年，任鸿隽被委任为四川大学校长。

其实这一委任是有前兆的。其一，早在任鸿隽留美归国返乡之际，鉴于其留美研究生及创办中国科学社的名气，任鸿隽就曾应邀为四川草拟四川省高等教育发展计划书。任鸿隽给出的建议是仿美国州立大学设立四川大学。此事已为他日后被聘任为川大校长埋下了伏笔。其二，任鸿隽对于家乡教育事业的关注。前已提及任鸿隽曾数次回川意欲兴办实业，但最终因军阀混战无法落实。任鸿隽对于家乡是有感情的，希望以己之力为家乡造就一所真正现代化的大学。据黄翠红博士分析任鸿隽在《独立评论》（1932—1937）上所发文章的特点，可以看出他聚焦于科教、社会发展和家乡境况。[②] 决定他任职川大的因素正是出于对他的社会声望、他的办事能力以及地缘因素的考量。任鸿隽亦慨然接受了蒋介石动之以情晓之以理的任命。四川各界也因有此学界名人回乡任职

①　樊洪业，潘涛，王勇忠.中国近代思想家文库：任鸿隽卷［G］.北京：中国人民大学出版社，2014：导言.

②　黄翠红.近代中国科学事业的拓荒者——任鸿隽生平研究［D］.扬州：扬州大学，2014：137.

而感到欢欣不已。

（1）大学国立化与现代化

不得不说，由于任鸿隽与胡适的交流颇为频繁，对于大学教育的见解也较为趋近，两者对于大学学术性的追求与建设一流大学的目标基本一致。早在全校师生欢迎大会上，任鸿隽就提出了发展川大的两大目标，即"国立化"和"现代化"。所谓"现代化"是指"无论文理各科，均需以适应现代学人需要为准则"；"国立化"是指"四川大学是国立的学校，不是一乡一邑的学校，应该造成国士，不仅造成乡人"。①意欲通过三到五年的努力，使四川大学往"国立化"和"现代化"方向努力。任鸿隽将四川大学置于全国和世界的视野、格局和目标当中，从一开始就是高起点定位的。不仅强调川大与全国的联系和发展，也强调要把川大置于世界的坐标系中促成现代化的大学。②这就与任鸿隽之前学术救国、科学救国的理想结合起来了。首先要实现国立化，川大必须努力向国内其他大学靠拢，其次他是希望通过学习世界上的新学术、新科技来使四川大学迅速发展起来，成为一个有着"学界"的大学。他将建立学界的目标落实到大学当中。可以说他的办学使命是与他的科学教育观相契合的。

任鸿隽刚接手时，川大空有国立之衔，并无国立之实。他致力于国立化发展的路径主要体现在对于省外师资的引进和省外生源的扩充，并着重于办学质量和学校硬件设施的提高，以打造一所现代化的国立大学为旨归。③如在提高办学质量这一方面，他首重聘请合适的、能认同并贯彻自己办学理念的人加入进来，为川大注入新鲜血液。他既然强调大学为"智识之府"，那么其目标就是要把大学打造成为由学术名流主导的学府。借助于中基会的关系网，他申请到了一笔专项资金用于讲座费，向社会上的教育贤达及专家学者抛出橄榄枝，邀请他们来校讲学。在他长校期间，川大的学术发展欣欣向荣，先后有黄炎培、晏阳初、卢作孚、秉志、傅斯年、马叙伦、张伯苓、孟禄等来校演讲。他们中的许多都是教育家和科学家。在这些讲座名师的氛围带动下，川大的学风

① 四川大学校史编写组.四川大学史稿：第一卷［A］.成都：四川大学出版社，1985：154.
② 黄翠红.近代中国科学事业的拓荒者——任鸿隽生平研究［D］.扬州：扬州大学，2014：148.
③ 黄翠红.近代中国科学事业的拓荒者——任鸿隽生平研究［D］.扬州：扬州大学，2014：149.

和学术交流意愿日渐被调动起来。

（2）大学课程设置科学化

在教学改革方面，他尤其强调课程设置要科学化，注重培养学生扎实的基础知识。任鸿隽上任之始即发现学生在求学中有过重专业知识而置基础知识于不顾的通病。他觉得人才培养应首先为之搭好基础知识平台，学生掌握了基础知识方能有进一步研究的动力与能力。他说："大学学生，重在求得研究学问门径，并不定所学各科，均有深刻研究。……畴昔国内各大学，均重视专门科学之讲授，而忽于基本科学之练习，其在四川为尤甚。"[①]因此，他提出要改革川大课程设置。经学校课程委员会讨论后，决定各学院一年级不分系，增加一年级新生的共同必修课[②]。任鸿隽的这种教学改革方案其实与他对美国大学通识教育理念的认同是分不开的。他在美留学期间就经常研究美国的大学教育，他的大学现代化发展的目标原型来自美国大学。他将川大办学目标设为"国立化"和"现代化"也显示了他开放且包容的高等教育视野。

任鸿隽在川大办学正值国难时期，但是凭借着较强的协调和管理能力，不到两年的时间就将川大带入了一个新的时期。正当川大发展趋势大好之时，却因《川行琐记》事件产生的龃龉不得不离职。由此也落下了个半路撂担子的"罪名"，以致之后无缘再任职国立大学校长。但是他对于川大堪称成功的调整和改造，却深深地铭记在了川大的史册当中。他去职川大后，又回归中基会。与政治无涉又独立自主的中基会始终是最适合他个性气质的组织。

（二）竺可桢：从看重科学教育到科学人文教育并重

1918年秋，怀揣美国哈佛大学博士学位的竺可桢学成回国，首先选择进入武昌高等师范学校任教。该校原设有历史地理部、数学物理部、博物部、英语部，1917年校长张渲自国外考察回来，将前三部改为国文史地部、数学理化部和博物地学部。竺可桢到校后，主讲天文气象。武高学生多为湖南、湖北籍学生，因此对于竺可桢的绍兴口音难以适应，不过，竺氏编写的教材讲义内容丰

①　任鸿隽.整顿农学院计划——在农学院纪念周演说［J］.国立四川大学周刊，1935（4）.
②　党跃武.川大记忆——校史文献选辑：第一辑［M］.成都：四川大学出版社，2010：88.

富、新颖，教学效果十分理想，受到校方好评予以加薪。但任教一年后，对于武高第二年调任上来的新校长谈锡恩的反感促其萌生去意，同时在南高师任教的一大批留美学友和科学社同人的热情相邀之下，竺可桢于1920年秋辞武高赴南高任教。

甫到南高师，即碰上校长郭秉文筹建东南大学，并欲将南高师并入东大。竺可桢抓住此时机，呈请设立地学系。同时发表《我国地学家之责任》一文，对于我国地学家的责任予以阐述，文中认为亟待培养相当数量的以天下兴亡为己任、能改变我国地学研究的落后局势的人才。从该文亦可见早年作为系主任的竺可桢的人才培养目标是培养具有科学研究能力的人才。学校认可了竺可桢的建议，并将建设地学系的重任交到他身上。

竺可桢在东南大学任教时参与了《史地学报》及其后续刊物《史学与地学》《地理杂志》(《方志月刊》)《史学杂志》《国风》的创办。《史地学报》等堪称是南高师—东大浓厚的文理兼容、科学与人文平衡学术氛围的产物。因缘际会，竺可桢还与该校的同人杂志《学衡》《文哲学报》有所交集。如前所述，竺可桢与《学衡》杂志的主要创议者胡先骕留美期间就已结识，同为科学社骨干，彼此有着共同话语。在此种学术氛围下，竺可桢科学与人文教育思想兼重的理念得到强化。

任职地学系主任期间，竺可桢以其远见卓识大力加强了该系的教学师资力量，并拓宽了专业领域，增设新的课程。在师资方面，他延聘了曾膺联、徐韦曼讲授地质学，白眉初和王毓湘讲授中国地理。设置了地理、气象、地质、矿物4个专业，开设了地学通论等十余门课程。[①]地学系焕然一新，吸引了很多学生前来听讲，据统计，当时学生专攻地学的占全校学生总数的二十分之一，和北大地质系齐名。[②]

虽任地学系主任，竺可桢亦不曾懈怠，亲自授课，经常带领学生参加课外实践活动，对于学生的实地观测尤为重视。他在地学系开设的一门主课是《地

---

① 张彬.倡言求是 培育英才——浙江大学校长竺可桢［M］.济南：山东教育出版社，2003：16.
② 施雅风.南高、东大时期的竺可桢教授［J］.地理研究，1987（2）：58.

学通论》。《地学通论》的讲义在绪论中开宗明义地援引著名学者戴维斯（W. M. Davis）的话："地理学者，研究地球上各种物质与人类关系之一种科学也。"又引用德国学者李戴尔（Ritter）批评旧地理学烦琐记述的落后性。在这本讲义中，竺可桢将地理学进行细化划分，"分为天文地理、地文地理、生物地理、人类地理、政治及军事地理、商业地理六类。但他只讲述了其中的天文地理和地文地理部分"①。由于该门课程的通识性，虽则目标群体是地学系学生，然而同时亦为文理科各系共同的选修课，可面向全体学生授课。从课程设置制度上，显示竺可桢已初步具有文理交融培养的意识。只是囿于竺可桢当时的能力，尚未进一步将其作为该校的必选课。但是听课者人数的众多已显示其初步实践了竺可桢对于学生文理兼容的培养诉求。

竺可桢着力于改善教材和讲义，他留美 8 年，受过现代地学的良好学术规训，充分了解其发展趋势，因此在教材和讲义的编写过程中，他也能紧随时代潮流，做到理论基础和学术前沿兼备。在兢兢业业教学的同时，他时刻未忘从事科学研究，发表了大量专业相关的论文，同时积极鼓励学生从事相关学科的国外文献研究。他将陈训慈（1901—1991）撰写的关于世界石油问题的论文介绍到《东方杂志》发表。②他在帮助学生发展自身科研能力上不遗余力。为了培养地学方面的优秀人才，他还于 1922 年向学校提交书面申请，建议从地学系学生中筛选优秀者前往欧美留学，这些举措都说明了他对于人才培养的洞察力和执行力。

与任鸿隽一样，竺可桢亦在 1925 年东大发生易长风波时离职而去，其后经历了短暂的上海商务印书馆的编辑生涯和南开大学教职生涯，1927 年南京国民政府组建后，竺可桢又应邀回去第四中山大学（原东南大学）担任地学系主任直至一年后气象研究所成立，竺可桢辞去担任已久的地学系主任一职，专任气象研究所所长。

竺可桢是在任鸿隽任川大校长的次年被蒋介石举荐为浙大校长的。选定竺

---

① 施雅风.南高、东大时期的竺可桢教授［J］.地理研究，1987（2）：59.
② 张彬.倡言求是 培育英才——浙江大学校长竺可桢［M］.济南：山东教育出版社，2003：16.

可桢是基于如下考虑：一方面，竺是浙江绍兴人，与蒋同为浙江人，在地缘背景上符合蒋的预期，另外一方面，也是比较重要的，即对于竺氏的教育背景与科学家身份的中意。竺氏是美国名校哈佛大学的博士学位获得者，归国后曾任教于东南大学和南开大学，有大学中层管理和人才培养经验，后又建立了中央研究院的气象研究所，其在科学界和学术界的名声足以扛起一所大学的精神领袖之责。蒋氏一生最为钦佩科学家，阅读蒋介石日记的大陆第一人，著名历史学家杨天石曾言："手下的党政军干部，没有一人可以入蒋介石的眼，但他却对科学家和工业技术干部赞赏有加。"①

但竺可桢本人却是对这一委任状斟酌良久，在周边亲人友朋的百般劝说及支持下才应允下来。主要原因是他担心自己投身于行政事务以后会无暇从事自己热爱的气象研究事业。②另外他也觉得自己的个性不擅长与官员沟通协调。然而终是不愿眼看着自己的家乡大学"再陷于党部之手"，遂临危受命。他接任了浙大校长，但并未辞去气象研究所所长一职，在他身上表现出科学救国和教育救国双重理念最初相冲突但最后却齐集一身的状态。对于大学校长的任职，竺可桢的表现与任鸿隽的表现似乎有着小小的区别，任鸿隽的个性、能力及过往经历表现出他天生就适应校长身份（竺可桢后来在欲辞浙大校长一职时曾极力向国民党高层推荐任鸿隽接任浙大校长，竺与任是相交多年的好友，对于任颇为熟悉，此番举动想必是对任的掌校能力颇为看重），而竺可桢正如其所言，是被赶鸭子上任的。但是相同的是他们对家乡的高等教育有着很深的感情，有着强烈的正义感，不愿意看到家乡高等教育落入军阀或党部之手，愿意以己之力力挽狂澜。

（1）倡导通识教育，传统人文与现代科学教育并重

竺可桢在执掌浙大过程中始终奉行传统人文与现代科学教育相结合的办学理念。1936 年 4 月 25 日，竺可桢正式出任浙大校长一职。在就职演说中，阐述了他的一系列思想和观点，强调要兼采中国人文传统和西方现代科学之

---

① 杨天石.蒋介石的五大毛病和对国民党的反思［EB/OL］.（2012-06-14）［2018-01-27］.https://taiwan.huanqiu.com/article/9CaKrnJvPtN.

② 竺可桢.竺可桢全集：第 6 卷［M］.上海：上海科技教育出版社，2005：30.

长。他说："大概办理教育事业，第一须明白过去的历史，第二应了解目前的环境。……我们讲过去的历史，一方面固然绝不能忘了本国民族的立场，也不能不措意于本地方的旧事和那地方文化的特色。"[①] 竺可桢对于中国传统文化知之甚深。根基在传统文化上的教育自然有它的特色在里面。历史是连续的，是不容被割断的。教育文化亦是如此。因此，他开讲即阐明这一点，目的在于说明其对于人文教育的重视。但同时，他又谈到中国教育现在面临的现实。"现在这世界是机械的世界，是科学的世界。……我们知道现今的世界一切事物最重组织，可是中国社会的旧习惯与此很难契合。"[②] 他结合历史和现实，认为中国人并未形成一种精研科学的风貌，这主要源于科学及科学精神的缺失。在这里，他将民众是否具备科学精神与一国的兴亡相联系，充分彰显了其科学救国的主张。在此篇演说中，竺可桢已然初步显露了其科学与人文教育并重的办校理念。

竺可桢就读哈佛的时候，正是劳威尔（A.L.Lowell）出任校长时期，也是哈佛大学发展迅速、开始跻身于世界一流时期。劳威尔校长认为大学水平高低取决于本科教育质量，为加强本科教育，他采取一系列改革措施，如"将自由选修制改为'集中与分配'课程制度，即学生必须'集中'主修某一专业领域的课程，并被分配到所学专业以外的自然科学、社会科学和人文科学三个领域去选修课程，以拓宽知识面。此外，他坚持学术自由传统，加强学院建设和发展，实行导师制和荣誉学位制度等"[③]。竺可桢以哈佛大学为模板来制定浙大的课程制度，同时兼行导师制管理模式。"大学一二年级中，工院自宜打定数理良好基础，文法等院自宜重视文学、经济以及中外历史，以备专精。虽然，彼此不可偏废，仍宜互相切磋，不限系院，庶几智识广博，而兴趣亦可益然。"[④]

① 竺可桢.大学教育之主要方针［M］// 余音.现代大学校长文丛：竺可桢卷.合肥：安徽教育出版社，2015：30.
② 竺可桢.大学教育之主要方针［M］// 余音.现代大学校长文丛：竺可桢卷.合肥：安徽教育出版社，2015：32-33.
③ 郭建.哈佛大学发展史研究［M］.石家庄：河北教育出版社，2000：145-156.
④ 竺可桢.对1948年应届新生的训话［M］// 竺可桢.竺可桢全集：第2卷.上海：上海科技教育出版社，2004：689.

此等课程制度自然是为通才教育而设的。他认为大学是培养领袖人才的地方，援引美国著名文学家和政治家罗威尔说过的一句话："大学目的，不在乎使大学生能赚得面包，而在乎使他吃起面包来滋味能够特别好。"① 由上可见，造就受过通才教育之人才是竺可桢所持的人才培养目标。

由于当时的大学教育强调以养成专门人才为宗旨，浙江大学也不能例外，在院系设置上偏重于理、工、农诸类，文史哲方面比较弱。这种院系设置格局并不为本身精通理工科的竺可桢所喜，反而认为文理应该并重。为此，他在第一次校务会议上即抛出要筹备中文系、成立史地系的议题。史地系是他文理融合的一个组织尝试。竺可桢并未仿照其他高校的通例分设史、地二系，而是将两个学科统合在史地学系当中。② 这种做法充分体现了科学人文融通的理念。当时史地系的主任张其昀在《思想与时代》这一刊物的办刊理念上亦追随了其师竺可桢的思想，目标是倡导"科学时代的人文主义"，主张通过科学人文化实现教育的现代化和人文化的齐头并进。③ 颇有一种与竺可桢的大学办学理念遥相呼应的气势。

（2）"求是"的办校精神

早在留学期间，竺可桢就深刻地感受到了美国现代大学理念的影响。竺可桢决心把浙大办成一所一流大学，在办学理念和制度上也自觉向哈佛大学看齐。譬如他给浙大定的校训"求是"，就是哈佛精神的集中展示。在竺可桢看来，求是精神就是科学精神。"求是"既以探求真理为鹄的，就必须尊重客观现实，顺应时代发展潮流。而崇尚科学和科学精神即为当时的时代发展之潮流。

主掌浙大以后，竺可桢开始有意识地学习高等教育相关的书刊文章，如哈佛大学学报和校友刊、耶鲁评论等，并在日记中写下学习内容及体会④：

① 竺可桢.讲演词［G］//竺可桢.竺可桢文录.樊洪业，段异兵，编.杭州：浙江文艺出版社，1999：82.

② 朱鲜峰.中国近代高等教育史上的"学衡派"——以其人文教育思想和实践为研究中心［D］.杭州：浙江大学，2016：144-145.

③ 张其昀.复刊辞［J］.思想与时代，1947（41）：1.

④ 竺可桢.竺可桢日记：第1册［M］.上海：上海科技教育出版社，2010：37+59+369.

午后阅董任坚著《大学教育丛书》，关于大学之课程目的、指导教法等颇多可采处。其中有云美国大学学生数与教员作 12 比 1 之比，经费设备佳者作 500 与 1 之比，则国内大学学生这数实嫌过少。如以浙大论，教授 80 余，则至少应可有大学生千人之数；如以经费论，则数应更多。（1936 年 5 月 13 日）

阅《耶鲁评论》，其中有芝加哥大学校长哈钦斯（Hartchins）著文，题为《大学教育》。……其说虽新颖，但亦不彻底也。（1936 年 10 月 8 日）

《高等教育杂志》1939 年 1 月 10 卷 1 期《教授眼中之校长》一文，谓从教授眼中鲜有良好之校长，著者邱白（E. W. Chubb）。……据各教授之意，以为成功之校长须有二要素，一是尊重学术（Appreciation of Scholarship），一为富于同情心（Sympathic Personality）……（1939 年 10 月 28 日）

由上可见，在研习国外大学制度的同时，竺可桢还从中学习如何做一个称职的校长。一个成功的大学校长背后肯定有其他人看不到的努力。但是他意识到，对于美国的教育制度不能照搬照抄，他认为国际联盟专家对中国教育的批评是中肯的，其中之一点就是说中国的教育制度过于模仿美国。[①] 因此，在借鉴美国大学制度的同时，他注意到了其对于中国大学场域的适用性。换言之，他在执掌一所大学过程当中亦是遵循了"求是"的理念。

（3）不遗余力敦请教授

在具体办学方略上，竺可桢深知延聘一流名教授之重要。在就任大学校长的条件之一"校长有用人全权，不受政党之干涉"的保驾护航下，竺可桢在上任前就凭借多年来留学美国及在教育界、学术界的经历和关系，四处联络，开始物色人才。他的友朋多习自然科学，因此，在理工科领域请到了颇多造诣深厚的人才，如胡刚复、王琎加盟浙大。他还在东南大学任教之时的学生当中寻找能担当一方研究或管理角色的学者，如当时正在中央大学工作的张其昀来校

---

① 　竺可桢. 竺可桢文录［G］. 樊洪业，段异兵，编. 杭州：浙江文艺出版社，1999：80—81.

引领地学系的发展以及在浙江图书馆任馆长一职的陈训慈来兼任秘书长。他把之前因反对前任校长郭任远而离开的物理系教授一一请了回来。而在外文系中，他请到了1936年自美回国的老朋友梅光迪，梅氏被称为当时在美国三圣人之一的教授白璧德最喜欢的中国学生，其学术名望自然能够带动整个外文系的发展。梅光迪欣然应邀担任浙大文理学院副院长兼外文系主任，后文理学院分开，为文学院院长。

竺可桢文理兼重的思想亦体现在其延聘教授上面。他深信，"以大学教育而言，则文哲确极重要"[①]，必须增加文哲类教师，尤其要物色国学方面大师级人物。为此，他曾多次上门聘请邵裴子和马一浮这两位国学大师来校讲学。虽未果，然足见其纠正文理师资偏颇局面的决心。经过他的文理科系整顿，浙大呈现了文理科大师云集，学术研究蒸蒸日上的局面。竺可桢服膺教授治校、民主管理的治校方略，他认为："我国大学始于汉武，历唐宋明清不衰，然民主之风甚鲜。大学宜民主，固甚彰明，惟民主有先后，当自教授始，如此可冀各安其位，爱校胜己，历十载五十载以至一生工作于斯。学生时间较短，故宜采取教授治校。"[②]他精心挑选学术造诣和道德人品一流的教授担任校内各级管理职务，主张校务公开，因此校内风气整体呈现学术自由、民主管理的状态。

综上观之，竺可桢在任职浙大校长前的职业流动呈现的特点是以在高校从事教学科研为主。他在担任地学系主任的过程中逐渐摸索出了人才培养应有的规律。竺可桢早年留美期间即受到哈佛大学文理并重、通识教育的人才培养模式熏陶，加之回国后受南高师—东大校长郭秉文影响之故，教学过程中纯粹注重科学教育的模式开始发生调整，不自觉地带有科学与人文并重之势。虽然受限于他自身的学科专业，在南高师—东大时期仍是以奉行科学教育为主，但是已然出现在自身所辖系部的设置上贯彻人文科学教育相结合的意图。而在他主持浙大期间，由于具备了各方面的能力和条件，得以依美国哈佛大学为模板，结合浙大自身所面临的现实情况，推行科学与人文相辅相行、通才教育的办学

---

① 竺可桢.竺可桢日记：第1册［M］.上海：上海科技教育出版社，2010：65.
② 竺可桢.对1948年应届新生的训话［G］//竺可桢.竺可桢全集：第2卷.上海：上海科技教育出版社，2004：689–690.

理念，并在办学实践中注重延聘名流教授，为浙大的崛起铺垫了雄厚的基石。

（三）胡先骕：教育观的天平从科学向人文偏移

1916 年 11 月，胡先骕在美国学习期满，以优秀成绩获农学士学位。不同于任鸿隽在美留学期间获得的硕士学位和竺可桢的博士学位，胡先骕在第一次回国之时文化资本并不占优势，因此回国后未有名气较高的学校向他主动抛出橄榄枝。为此，他先选择在北京法政专门学校担任英语教师，后回到江西，任庐山森林局副局长及省政府实业厅技术员，欲以他的专业谋稻粮。科学实业救国乃是胡先骕等科学社同人的口号，但是对于身负人文情怀的胡先骕来说，这样的职位显然并不能令其满意。他需要一个既能发挥他学科专长，又能实践他人文主义关怀的职业。1918 年 7 月，他获国立南京高等师范学校农科主任邹秉文之聘，任该校农林专修科植物学教授，如此他才开始了教学、科研相结合，科学、人文理念相贯通的职业生涯。

胡先骕当时在南高师—东大的身份绝不仅仅是植物学教授和生物学系主任，还是个对于社会思想与文化异常关注、传统文化意识颇为浓烈的人文主义学者。1918 至 1923 年 9 月，他经历了国内轰轰烈烈的新文化运动。与作为旁观者的任鸿隽、竺可桢不同的是，胡先骕站在文化保守主义的立场协同南高师—东大的学衡派学人对激进的新文化运动予以回击。胡先骕虽为理工科专业教授，但与该校的柳诒徵等文史教授相交甚好。1919 年，胡先骕在《东方杂志》上发表《中国文学改良论》一文，与胡适、陈独秀等倡导的新文学思潮针锋相对。[①] 其时胡先骕仅是出于根深蒂固的传统儒家文化守护意识而自觉地举起笔杆子与新文化派进行论战。到了 1921 年，胡先骕开始接触白璧德的新人文主义思想，深以为然，遂将其作为思想论战的武器。

1922 年初，胡先骕与梅光迪、吴宓共同创办《学衡》杂志，掀开了与新文化派一决高下的思想阵地。当时吴宓刚从哈佛大学硕士毕业回国不久。梅光迪、吴宓皆师承"美国史上三圣人之一"的白璧德。胡先骕与有着共同语言的

---

① 胡先骕.中国文学改良论［G］//张大为，胡德熙，胡德焜.胡先骕文存：上卷.南昌：江西高校出版社，1995：1.

梅光迪、吴宓等接触，开始对白璧德的新人文主义思想有所了解并对于他的一些言论保持关注。在《学衡》第3期上，胡先骕率先将白璧德所作名为"中西人文教育谈"讲演的译文登出，收到颇多关注度。在讲演中，白璧德表达了他对孔子中庸之道的欣赏，他指出人文主义者的特点即强调道德观念，中国应在学习西方科学和机械的同时，注意保留传统文化中之根本。[①]胡先骕对此新人文主义思想颇为信服，觉得意犹未尽，于是根据对中国当时教育境况的了解，在《学衡》第4期上发表《说今日教育之危机》一文，言辞之间颇为呼应白璧德的思想。他称："至吾族真正之大成绩。则在数千年中能创造保持一种非宗教而以道德为根据之人文主义。终始勿渝也。"[②]胡先骕认为，我国教育面临的危机在于民众过分"崇拜功利主义而鄙弃了节制"，造成"国性已将完全澌灭"的境地，而这主要是由欧美留学生所主导的一种崇尚物质主义科学，贬低人文主义旧学的氛围所致，当前的政治腐败、教育偏颇都归咎于此。胡先骕在该文中的主张是物质主义和人文主义要兼顾。他认为中国民众只看到了西方物质主义中重功利的一面，而忽视了其人文的一面。

兴许是受到了新人文主义思想的感召，胡先骕在江西省教育厅的资助下再次留美，于1923年7月启程前往哈佛大学攻读植物学博士学位。一则是为了充实提高自身对于植物分类学领域的认知，另一层面，或许就是为了当面承教于白璧德以求思想之共鸣。在哈佛期间，他曾数次拜谒白璧德，亲聆教海，对于新人文主义的认识更为深化。1925年秋，胡先骕获得科学博士学位回国后，继续在东南大学任教直至1940年出长国立中正大学，兼在中国科学社生物研究所从事研究工作。

对于胡先骕而言，其科学和人文并重的理念不仅形象地体现在他的个人特质（集科学家和人文主义倡导者于一体）上，更具体地表现在教学中对人才培养的观察反思以及治校的实践过程中。就前者而言，在1925年发表的《留学问题与吾国高等教育之方针》一文中他就以上海一些大学只重西文，不重国文

① 郑师渠. 新人文主义与胡先骕的教育思想［J］. 江西社会科学, 1996（1）: 33.
② 胡先骕. 说今日教育之危机［G］// 张大为, 胡德熙, 胡德焜. 胡先骕文存: 上卷. 南昌: 江西高校出版社, 1995: 83.

的状况为例，斥责道："盖一般大学生竟不知能写清顺纯洁之国文，为受有高等知识之国民第一步之义务，更无论于洞悉本国历史与本国文化之源流矣。"[①] 胡先骕认为国文象征着人文，只注重科学知识而忽视国文，不能养成国家主义之教育。他又结合其教学实践观感和美国教育精神对我国大学生的影响来进行剖析，对我国大学生只知学习专业相关知识而不重视广博之学问表示痛惜，昭示其对于文理融通、通才教育的强烈呼吁。他痛心指出："美国教育精神之另一恶影响，在吾国已渐见端倪者，厥为但求精专，不求广博……东南大学之学风较佳，学生多能以求学为职志，然其求学，每有但求精专之弊……学校与学生若以此为高等教育之目的，则不但不能造成有完全人格之学者，且不能造成第一流之专家也。"[②]

如果说在南高师—东大，胡先骕科学与人文并重、主张通才教育的口号尚停留在思维和理想层面的话，那么他在国立中正大学的治校实践可以说是全方位地落实了这一主张。

长久以来，江西一直缺乏一所公立综合性大学，这种情况直到 1931 年江西省政府主席熊式辉的登台才有了改变。熊式辉希望在教育上做出改革。1934 年，恰逢蒋介石在庐山组织军官集体受训，言谈中流露出欲办一所"大学教育必须与地方政治完全吻合"[③]之理想大学的意思，熊式辉遂提及"由江西创办一理想大学，首先实验政教合一之理想"，正合蒋介石之意。但由于正值抗战时期，筹措办学遇到诸多障碍，经过几番周折，国立中正大学在熊式辉的各种疏通协调工作中终于筹备完成。首任校长之位虚位以待。经多番考量，熊式辉推荐胡先骕出长国立中正大学校长之职，这一提议也得到了蒋介石的支持。之所以推荐胡先骕，第一是基于胡氏本人的学术资本和他对于高等教育的不俗见解（胡先骕在此之前撰写过多篇文章抒发对高等教育的看法），第二是他的籍贯就

---

①　胡先骕. 留学问题与吾国高等教育之方针［G］// 张大为，胡德熙，胡德焜. 胡先骕文存：上卷. 南昌：江西高校出版社，1995：293.

②　胡先骕. 留学问题与吾国高等教育之方针［G］// 张大为，胡德熙，胡德焜. 胡先骕文存：上卷. 南昌：江西高校出版社，1995：293-294.

③　熊式辉. 国立中正大学创立的意义及今后的希望［J］. 江西地方教育，1940（200）：67.

是江西，第三是他拥有一定的人脉关系，尤其是与熊式辉交好且跟国民党颇为亲近。①

1940 年 8 月 26 日，胡先骕正式走马上任。对胡先骕而言，任职中正大学虽然责任重大，困难重重，但出于自身对家乡高等教育的关注②、服务乡梓的责任意识以及儒家"兼善天下"的政治理想③，胡先骕欣然受命。胡先骕在回忆这一经历时说："我对于做官没有兴趣，此次却做了第一任纪念国民党领袖的大学校长，我是引以为荣的，所以我便毫无迟疑地接受了这个任务。"④

由于该校是依蒋介石之名命名，其政治底色自然毋庸置疑。1940 年 10 月 31 日，中正大学开学典礼那天，学校的办学方针即由蒋介石敲定，是为：阐发三民主义之真谛和服务于国家社会之需要。中正大学的教学内容和教学目的基本上是与办学方针相映照的。在人才培养方面，蒋氏也定下了一个基调，"本校之所欲造成者，非仅博通学术之专长，实为革命建国之干部"⑤。这就显示出了浓厚的政教一体化的特点。此外，训词中还阐述了"文武合一"与"术德兼修"的教育主张，主张恢复古代的六艺主旨教育，使之与个人精神体魄的修养一同进行，教育之功用在于传习知能和造就人格。该教育主张显示了抗战特定环境下教育肩负的使命，不仅重视书面知识的传授，且强调体能之训练。其中"术德兼修"这一条与中国自古以来的教育理念相吻合。

蒋介石的训词和胡先骕的办学理念有着契合之处。这也是胡先骕颇为认同蒋介石的原因。胡先骕曾言："我说总裁是伟大的教育家，是因为总裁有一贯的精深的教育方针。……总裁说，'教育为救国之本'，'国家之前途，统统要

---

① 朱鲜峰 . 中国近代高等教育史上的"学衡派"——以其人文教育思想和实践为研究中心［D］. 杭州：浙江大学，2016：162–163.

② 胡先骕早在 1926 年就致函乡贤熊育锡，对改革江西教育提出建议。详见：胡先骕 . 致熊纯如先生论改革赣省教育书［G］// 张大为，胡德熙，胡德焜 . 胡先骕文存：上卷 . 南昌：江西高校出版社，1995：321–326.

③ 李欢 . 走向白璧德：学衡派之"前史"——以梅光迪、胡先骕为例［J］. 中国现代文学研究丛刊，2016（1）：44.

④ 胡宗刚 . 不该遗忘的胡先骕［M］. 武汉：长江文化出版社，2005：127.

⑤ 蒋介石对中正大学创校开学训词［M］// 聂国柱 . 国立中正大学（《江西文史资料》第五十辑）. 南昌：出版社不详，1993：227–228.

从教育做起'……总裁的教育思想便是在教人如何做人。……至于教育的主要目标，总裁认为就是'文武合一'，他提出'管、教、养、卫'为政治四大元素。"① 胡先骕在教育与政治有交集这一方面是予以承认的，并认为可以适当学一些党内的政治常识。② 但这并不代表着胡先骕对于政治势力的妥协，反而凸显了他个人的教育理念本色。以胡先骕的率真个性还不屑于去阿谀奉承、假意臣服。包括他后来对于蒋介石的态度由充满好感到疏离的转变，都说明他个人爱憎分明的态度。虽然在办学理念上胡先骕与蒋介石的训词和指示是耦合的，但是在实际办学过程中，他主张将民族政治观念融于教育教学过程中，淡化政党办学所带来的意识形态色彩。③ 作为宏通教育理念的宣传者，胡先骕在长中正大学期间的具体主张和措施如下。

（1）注重校歌与国文教育的熏陶

一般而言，校歌能够折射出一所学校的办学理念之精髓。胡先骕的宏通教育理念首先体现在由其至交好友亦是中正大学文法学院教授王易撰写的中正大学的校歌上。"礼，乐，书，射，御，数"六艺和"礼，义，廉，耻"四维是校歌的核心所在。前者着眼于智识层面，后者则强调要培育健全的人格。六艺和四维的说法来源于儒家文化教育思想。而"励志节，戒荒嬉"即强调要克己复礼，主张有节制的道德，呈现了胡先骕的新人文主义思想观。在这首校歌中，胡先骕将古今中外的宏通教育与人格教育思想凝练于其中，给中正大学学生传输一种术德兼修的教育气息和氛围。

在日常教学活动中，中正大学以"严格训练基本学科，依学生能力高下而分别施教"为指导方针④，对于国文、英文等尤为重视。针对当前学界普遍崇尚的养成专家式求学方式，胡先骕希望学生能在学习科学专业的同时，一并拾起国学和英文文学，加强自身人文素养。⑤ 胡先骕对于国文和英文的强调，彰显

---

① 胡宗刚.胡先骕先生年谱长编［M］.南昌：江西教育出版社，2007：304–305.
② 胡先骕.认识我们的学校［J］.国立中正大学校刊，1941，2（5）：6.
③ 朱鲜峰.中国近代高等教育史上的"学衡派"——以其人文教育思想和实践为研究中心［D］.杭州：浙江大学，2016：168.
④ 江西省档案馆.国立中正大学概览（J037–1–00393–0001）［A］.1941：12.
⑤ 本学期第二次纪念周胡校长训话［J］.国立中正大学校刊，1942，3（3）：11.

了他自身集中西文化于一体的教育背景与底色。他寄希望于学生能以"昌明国粹融化新知"为目标，求得学术的长进和人格的完善。

值得注意的是，在国立中正大学，胡先骕身正为范，学正为师，以新人文主义的理念呼吁学生重视国文学习，这是他依凭着校长身份，引导局部社会文化（话语体系）发生变化的一个体现。他盼望之前在南高师—东大任教时看到的国文（文言文）式微的现象在国立中正大学能有所改善。只可惜现实并非如设想那样美好。在新文化运动所造成的文字现代化趋势之下，学生在文言与白话之间，无疑更倾向于选择白话文。这说明新人文主义教育理念在大学内部的具体施行依然有着重重的障碍，即便新人文主义教育理念的重心并非落在这些外在形式上。

（2）院系及人事调整

中正大学建校之初，仅有三院九系，即文法学院的经济系、政治系、社会教育系，工学院的土木系、化工系、机电工程系，农学院的农艺系、畜牧兽医系、森林系，另外还设置一个研究部。单从这些系名即可看出其设置充满了浓厚的功利主义色彩，皆归属于直接与社会对接的应用类系科，文法学院还表现出为政治和行政服务的政治化色彩。这些院系设置是在胡先骕长校之前熊式辉所安排，以接受过美国现代大学理念熏陶的胡先骕的眼光审视之，自然是极不科学，需要做出极大的调整。1941年，胡先骕着力改善这一院系设置格局，扩大文法学院的系科规模，并且在农学院里面增设他最为崇尚的生物系，使得文和理、基础和应用学科之间的天平渐渐持平。

胡先骕不仅在院系设置上讲求宏通合理，也以学术宏通的要求来甄选教授。"大学教授，亦必须学术宏通品德高尚，可为青年表率者始得充任，盖必如古昔所称为经师人师者，始能作育英才。"[1] 在胡先骕长中正大学期间，他辞退了一些名声与学术不佳的教授，如文法学院院长马博厂。由于马博厂在中正大学举行总理纪念周时准备的演讲内容极为贫瘠，被博学卓识的胡先骕当场嫌

---

[1] 胡先骕.教育之改造［G］//张大为，胡德熙，胡德焜.胡先骕文存.南昌：江西高校出版社，1995：423.

弃："想不到马院长不学无术，一至于此！"[①] 马博厂乃是熊式辉的亲信，是由熊式辉在筹办中正大学时聘任的。然而胡先骕却不去管这些裙带关系，他坚持自己的原则，在用人上绝不姑息，宁可得罪人也不妥协，这种性格间接导致中正大学与当地政府的关系不够融洽，亦为他日后被驱逐埋下了伏笔。

在胡先骕大刀阔斧的人事革新下，清除了一批学术影响力或人品方面不堪为人师的教员，如文法学院院长马博厂、经济系主任吴华宝及政治系主任高柳桥，并迅速为中正大学输入了一批新鲜血液。胡先骕长校三年内，师资力量得到了显著的扩充与提高。从初创时的 40 人扩充至 1944 年的 203 人，其中教授 71 人，副教授 39 人[②]。虽然整体师资水平无法与西南联大、浙大、中央大学等校相比，但亦不乏知名学者，为从零起步、在抗战中艰难成长的中正大学的整体发展奠定了坚实的基础。

本章小结　大学实践场景下高等教育思想的流变和延续

本章着力于通过民国著名大学校长大学任职及实践场景的变动来考察高等教育思想的流变，研究对象是北大校长和科学社成员当中的校长。第一，是通过对民国时期最高学府北京大学校长人事变迁来检视该校大学办学理念的延续或变更；第二，考察科学社三位大学校长职业自由流动对于其自身高等教育理念的影响。社会任职场景对于民国著名大学校长个体外在的共同表现产生了一系列影响。高等教育思想产生和实践的戏剧性也因为民国著名大学校长的社会任职实践有了进一步的呈现。

通过考察大学校长的任职谱系，发现他们倾向于选择文化势点较高、名气较大的大学任教、任职，这对于高等教育思想的实践也是颇为有利的。而且，

---

① 谭峙军.步公校长，学生怎能忘记您［M］// 聂国柱.国立中正大学（《江西文史资料》第五十辑）.南昌：出版社不详，1993：9.

② 《江西师范大学校史》编写组.江西师范大学校史［M］.南昌：江西高校出版社，2000：4.

他们的职业谱系有着密集性相关。北大和南高师—东大是两所当时知识分子们留学回国后展开职业谱系的首选高校。

对于一所大学而言，其大学理念及具体的大学制度依随时代和社会环境的发展而发展。蔡元培、蒋梦麟、胡适在不同的时代和环境下主持北京大学，其高等教育思想的侧重点自然体现出些许差别。蔡元培长校时正值北大官僚风气正浓之际，因此迫切需要一位在精神理念上能振臂高呼、一呼百应的大学校长来主持，蔡元培正是合适的人选。及至北大树立明确的办学理念而学风亦有所改善时，蔡元培因各方面原因无法在校理事，蒋梦麟遂以其教育行政专家身份代理及正式入主北大，使北大校务运行卓然有序，为学校的经费筹措及进一步发展出谋划策、殚精竭虑。然而，在西南联大后半期的"着意"不作为却引发了教授们的反感导致其黯然退场。其实深层的原因则在于北大作为全国最高学府必须有一个学术领袖来掌控全局，而此时蒋梦麟既不复对于北大的倾情付出，又显然无法在学术上领袖群伦，更兼缺乏了教授们的支持，自然得让位给各方面来看更适合北大校长之位的胡适。

北大高等教育的发展不因易长之风波而有所停顿和断裂，整体上呈现自然平稳过渡的状态，这归因于蔡元培、蒋梦麟、胡适的高等教育思想的互通性，如都倾向于或认同"思想自由、兼容并包"的办学方针，都主张重视学术研究、科学教育、教育独立等。由于所处的年龄段不同，个性不一，所专注的领域之别，更兼掌校时间的先后之差，表现出一些高等教育思想和主张上的细微出入。

第一，蔡元培和胡适更侧重于高等教育理念的阐发，意在从精神上引领一所大学的发展，使大学脱胎换骨；而蒋梦麟更侧重于从大学管理制度入手，去实践高等教育理念。因此，前两者是理想型教育家，后者是实干型教育家。理想型教育家能够登高望远，为大学设计理想化的办学方针和发展前景，而实干型教育家却着眼于现实，为大学的各方面做好最周密的打算。

第二，蔡元培心中服膺的是德国经典大学理念，而蒋梦麟与胡适则更信服美国现代大学理念。这主要与他们所留学的国家不同相关。但是如前所述，美国现代大学理念里面其实是渗透了德国经典大学理念的，美国现代大学理念是对于德国经典大学理念的一种超越，因此，蒋梦麟和胡适对于蔡元培的思想更多的是继承和发展，而不是排斥和否定。这使得北大的高等教育理念体现出一脉相承、生生不息的稳定发展态势，北大的发展从蔡元培长校时的破旧立新到蒋梦麟时代的中兴再到胡适任校长时的全面复兴，不得不归功于这些懂教育的大学校长们的远见卓识和革新努力。

而通过对任鸿隽、竺可桢、胡先骕三位科学家大学校长的职业流动情况以及伴随教职岗位变化其所具有的科学教育观是否维系或发生转向的考察，我们发现，三者呈现了不同的演变路径。

任鸿隽始终如一地坚持其科学救国的理想，他的人生轨迹体现出以科学事业为主业，教育事业为副业的脉络。由于中国科学社在他心目中地位极其重要，他所思索的问题皆是如何通过科学来救国，通过科学来发展一所大学。所以在其任川大校长之时，他依旧贯彻他重科学、重现代化发展的思维倾向。

从长期担任教职到最终长校，竺可桢最开始所秉持的科学救国观后期逐渐被教育救国的思想所覆盖，这也是时代对于他的要求，说明科学家也可以成为很好的教育家。竺可桢勤于研习世界先进的治校理念，在南高师—东南大学任教之时，受郭秉文科学与人文相平衡的理念影响颇深，因此对大学教育中必须兼顾科学和人文的平衡有极深的体会。可以说，从教职岗位到校长职务的转变过程中，竺可桢的教育观开始从科学教育观转为科学人文并重。

而纵观胡先骕的教育与学术经历，他加入的两个社团，科学社和学衡社分别代表了科学和人文两大思潮，胡先骕在其中左右逢源，思想也愈益成熟与完善。而其职业流动呈现与竺可桢相似的轨迹。在南高师—东大任教多年，他同样也受到南高师—东大郭秉文校长科学与人文相平衡的教育理念的熏陶，但由于他本身是学衡社的中坚力量，因此颇以人文教育理念为其根本。在长中正大学时他的教育理念显然更多地偏向人文学科，这或许也与中正大学这所大学初设时为政治和行政服务的办学导向有关。他提倡实施宏通教育，尤其重视国文在教学中的地位，这从他对中正大学的文法学院文史系和教育学系的关注可见一斑。这说明，作为一位传统儒家思想根深蒂固的知识分子，当其能够有机会治理一所教育机构时，他首先考虑发展的应该是人文学科。如果不是他本身是从事植物分类学这一科学研究的话，他的教育理念的天平当更加偏向人文。

三位大学校长从最初结缘于中国科学社，到抗战爆发前后各自长校并且与中央研究院有着密切的联系，他们的职业谱系有着类似之处，即显示出寓科学教育于大学教育，融教育救国于科学救国之职业因缘轨迹。但是在他们执掌大学的过程中，他们的教育理念发生了些微变化，这正体现了高等教育思想在实践中得以成熟和转型的特征。

此外，本章关于民国著名大学校长任职场景的具体阐述也似乎能够对前一章末尾所提到的一个假设有所回应。教育学术场景与社会任职场景确乎有着一定的重叠区域，学术网络和任职网络层面的重合是其中的突出表现。以科学社三位大学校长为例，从在留美期间他们因为对科学共同的兴趣爱好和关注而汇聚在科学社这面大旗之下，到学成回国后又先后"不约而同"地在南高师—东大任教，可以看出：由科学社中形成的学术网络和社会关系带到了他们之后的社会任职圈当中，延续了下去。于他们个人的职业发展而言，这种学术网络体现的可能是一种相互之间的提携和引荐作用，而对于他们高等教育思想（以科学教育为主的高等教育思想）的生成和进一步发展而言，这种学术网络是一种高等教育思想不断演进的动力，留学期间直接或间接的交流以及社会任职过程当中对于高等教育思想和长校见解的互通有无是促使他们高等教育思想进一步凝练和成形的活化剂。

第五章 民国著名大学校长高等教育思想的内核及特点

前两章分别聚焦于民国著名大学校长所置身的学术师承、网络场景和组织机构任职场景，描绘了他们所处的具体场景对于高等教育思想形成的作用和影响，从一定程度上把握了高等教育思想因身处不同的学术师承、学术网络、组织机构的场景而产生差异的境况。若要全面地总结高等教育核心观念，即场景中所孕育的文化价值观（大学校长高等教育思想产生的主体场景正是大学教育这一场景），有必要对他们所产出的高等教育思想文本进行一个解读。

民国著名大学校长的高等教育思想相当丰富且多元。一方面是因为高等教育不同于普通教育，高等教育与社会的相关性更强，因此高等教育相关问题总是伴随着更多的矛盾。如大学使命、功能以及高等教育应该秉持什么样的教育理念仍是今日高等教育的核心理念或重要议题。在这些理念的实践中潜藏着诸多对矛盾，有些矛盾和冲突至今仍不能消弭，如大学是培养通才还是培养专才，大学究竟该采取科学人文主义还是人文科学主义教育理念等问题依然徘徊在现代高等教育研究者的视野中。高等教育本身就是一个在矛盾中博弈求发展的系统。另一方面，虽然民国著名大学校长的高等教育思想存在共性，然而终究也有着相异之处。为了能对民国著名大学校长高等教育思想的内核做一个较为全面的考察，需要选择一本能够汇总多位民国著名大学校长高等教育思想的相对全面的汇编进行文本分析①。目前，这样的汇编书籍还较为稀少。《走向一流的历史轨迹（中国卷之一）———中外著名大学校长治校理念与办学制度文献选编》（以下简称《选编》）中筛选的是"民国著名大学校长在办学过程中（或教育生涯中）所发表的直接或间接地影响到他所主持的学校或他所在的国家（民族、地区）某一时期高等教育发展方向的言论和著述"②，在文本来源上较具可信度和说服力。同时《选编》把本书论及的十一位大学校长都包含进去了，方便对此进行集中梳理和比较，遂将之作为文本的选取对象。

第一节　大学理念文本梳理

简单来说，大学理念是关于大学的使命、功能、职能、精神等的综合描述，是对于何为大学以及大学何用的理论预设。因此，可以从两个层面来分析。大学的使命、功能、职能可以列为一组，大学的精神和大学理想可以列为一组。

一、关于大学的使命、功能、职能的认知演进

《选编》中关于大学使命、功能、职能的相关文本③详见书末附录1。

由附录1可见，在《选编》中，十一位大学校长中有九位对大学使命和功能有过阐述。时间上分别从1916年到1945年不等，表述各有不同，主要集中于四个层面，即研究学术、培养人才、服务社会和传承文化。从时间上来看，

---

① 结合该选编中的序言所陈述，这里有两点需要说明：第一，这本选编（上册）是倾向于从民国著名大学校长高等教育办学理念、教育理念和治校方略这几类文本进行汇总的，"上册分别是著名大学校长（教育家、政治家）有关高等教育和大学办学理念、治校方略的内容；下册是著名大学的相关文献"，因为本书研究的对象是高等教育思想，与理念的相关性更强，故涉及到大学制度方面的文本不作为研究重点；第二，据编者所言，"本书的编写目的，是选择、整理世界和中国的著名大学在走向一流的历史进程中留下的重要足迹；不是编辑这些大学的校史资料，更不是编辑这些大学的创办者（或其他教育家、政治家）的教育论著集"。因此，该本选编并未囊括十一位著名大学校长的所有高等教育相关言论。然而，出于文本选择的便捷性、统一性等综合考虑，本部分的文本选择对象还是主要以该本选编的相关内容为主。

② 周谷平，赵师红.走向一流的历史轨迹：中外著名大学校长治校理念与办学制度文献选编（中国卷之一，1）[G].杭州：浙江大学出版社，2015：序4.

③ 仅筛选本书所论及的十一位大学校长的相关表述文本，如果没有相关表述则略过，下同。因为相关文本较多，故置于附录当中。

当以 1916 年张伯苓所提出的为最早。张伯苓认为大学的使命在于培养一般人才。紧接其后，蔡元培于 1917 年提出大学是研究学理的机关，将大学的使命开始着眼于学术研究。1918 年，蒋梦麟发文指出大学是培养平民主义领袖的地方，同时在许多方面追随蔡元培的教育思想，认为提高学术非常重要。同样是在 1918 年，郭秉文提出大学应培养适合于社会需要的人才，开始将大学服务社会这一功能搬上中国大学的舞台，而在 1923 年，郭秉文拓展了对于大学使命的认识，指出大学应培养一种宽容、平等、和谐的精神，造就具有国际头脑、贤明、无私、能够抛弃自己民族偏见与偏爱的世界主义者，进一步明确大学亦是具有文化传承和精神改造功能的。1931 年，梅贻琦提出大学的功能在于研究学术和造就人才，将大学的这两种使命统一了起来。1932 年，罗家伦谈及中央大学的使命时，亦从大学是传承精神和弘扬民族文化的一个机构进行论述。1933 年，任鸿隽首次将人才培养与服务社会相结合起来，认为大学教育的目的在于培养社会上健全和有用的分子。1938 年，竺可桢提出大学教育的目标不仅在于培养一般的专门人才，也在于养成能够服务社会、传承风气的领导人才，将大学的使命融合为人才培养、服务社会及传承风气（文化）三者的统一体。1941 年 4 月，梅贻琦在著名的《大学一解》一文中对大学新民之效的解释含沙射影地指出了大学应担负社会服务和文化传承的职责和使命。1945 年胡先骕任中正大学时提出大学教育在养成一国之领袖人才，暗含了不仅要培养专门人才，也要培养能够引领社会发展的领导人才。

由上综述可知，随着时间的演进，民国时期大学校长的大学使命观和大学功能观渐趋多元化和综合化。从刚开始单一的大学功能观（仅注重学术研究、人才培养）转换为多元化的大学功能观（学术研究、人才培养、社会服务、文化传承并重）。这一方面是因为社会和时代向大学提出的要求导致大学校长肩上所承载的使命加重，另一方面也是大学校长自身对高等教育本质和高等教育使命的把握渐趋完善所致。在当时的社会环境下，社会对于高等教育的期望是能够通过改造高等教育进而改造整个社会。社会上知识分子界普遍有着学术救国和教育救国的信念，而大学作为导引社会风气的主力机关，毋庸置疑当承担起这一使命，大学校长也认识到了这一大学使命，通过整饬大学风气来实现大学改造社会风气的文化使命，通过培养适合社会需要的人才来改造社会和发展社会。

从如上大学使命、功能和职能的文本陈述的价值取向来看，其呈现的大学学术伦理观是十分鲜明的。为学问而学问是 19 世纪初德国大学所奉行的理念。通过蔡元培等留德学人引进中国大学，使中国大学一改贩卖知识场所的特点，而成为追求纯粹真理和知识进步的机构。从其知识和学术本身出发来寻求其安身立命之本，是大学最为本质的属性。虽然这种以学术伦理为重心的大学理念把大学拘泥于甚至束缚于象牙塔之中，但是这的确是德国大学最初卓立于世界高等教育巅峰的本源所在，是不可动摇的。它就像是大学理念之中的本质和核心部分，即使随着时代的演进，大学理念再发生外延扩展，它都依然存在。这可从如上大学校长对于大学使命和功能的论述可见。留德学人自不必说，即便是留日还是留美甚或是留学其他国家的大学校长，都未对大学理念的这一核心部分予以否定。

其次是大学的社会伦理观。大学除了为知识而存在外，还有其所肩负之社会使命。大学不仅是社会、政治、文化的批判中心，也是社会、政治、文化的服务中心。19 世纪中下叶，美国在承续德国经典大学理念基础之上结合自身的实践，提出了大学服务于社会，大学应崇尚有用知识的研发与传授之口号。在功利实用主义的技术研究与非功利的科学探索之间的张力中，美国大学把握好了这个度，在此基础上形成了超越于德国的大学理念，即美国现代大学理念。从如上诸位大学校长关于大学的使命和功能的阐述中可见，曾有过留美经历的大学校长，如郭秉文、梅贻琦、竺可桢等对于大学的社会服务功能尤为看重。

再次是大学的文化伦理观。大学作为社会上最为重要的文化机构之一，通过传承知识和文化而完成它的社会使命，这本就是大学存在的意义所在。大学的知识传承职能是不需言说而自明的，而大学的文化传承使命也早早地为这些大学校长所看透。这其中的根源在于这些大学校长受到了中西文化之双重冲击，他们对于大学这一知识载体所额外附加的文化使命感同身受，因此，他们才想到会用大学来转移社会风气，引领社会文化。如果说大学的社会伦理观是大学为社会提供有形服务的话，那么大学的文化伦理观就倾向于隐形的精神引领和风气表率。

大学校长学术伦理观和社会伦理观的分歧主要体现为：大学应该以学术发展为导向还是以社会需求为导向。"所谓社会导向，指的是高等学校的主旨在于为社会经济、政治需要服务，促进社会生产的发展和生活水平的提高；而学术导向则强调高等学校应以增进人类科学文化知识，进行高深的学术研究为首务。"①"学"与"术"的关系是社会导向与学术导向的矛盾在高等教育办学方向以及结构上或布局上的反映。②

由于德国大学理念对于中国现代学术体制影响之巨，民国著名大学校长大多认同大学是从事高深学术研究的场所，大学应以追求学术性为旨归。如蔡元培、梅贻琦、傅斯年、罗家伦等人。如蔡元培在《读周春嶽君〈大学改制之商榷〉》一文中明晰地阐述了文理二科的基础性地位及大学应专设文理二科的理由："学与术虽关系至为密切，而习之者旨趣不同。文、理，学也。虽亦有间接之应用，而治此者以研究真理为的，终身以之。所兼营者，不过教授著述之业，不出学理范围。法、商、医、工，术也。直接应用，治此者虽亦可有永久研究之兴趣，而及一程度，不可不服务于社会；转以服务时之所经验，促其术之进步。与治学者之极深研几，不相侔也。鄙人初意以学为基本，术为支干，不可不求其相应。故民国元年修改学制时，主张设法、商等科者，不可不兼设文科。设医、农、工各科者，不可不兼设理科。"③又如在1931年12月4日清华大学校长的《就职演说》中，梅贻琦希望"清华在学术研究方面应向高深专精的方面去做"。蔡氏和梅氏的观点显然皆倾向于大学重"学"而非"术"。

但是亦有大学校长如郭秉文认为大学既要发展高深学术，也要培养专门技术人才。郭秉文不仅开办东南大学，同时创设了上海商科大学，他的办校主旨是既以"求智识之归宿"，又与"社会生活有密切之关系"，充分体现了他"学"与"术"兼管，"学"与"术"两手一起抓的心态。

---

① 潘懋元，王伟廉.高等教育学［M］.福州：福建教育出版社，1995：108.
② 潘懋元，王伟廉.高等教育学［M］.福州：福建教育出版社，1995：109.
③ 蔡元培.读周春嶽君《大学改制之商榷》［J］.新青年，1918，4（5）.

二、关于大学理想和大学精神的认知推进

大学既以高深学术研究为使命，则必有一些与之相匹配的大学理想和大学精神。学术（思想）自由、学术（教育）独立等就是大学为了贯彻这一使命而衍生的大学精神和理念。《选编》中大学校长们关于学术（思想）自由的表述汇总详见附录2。

由附录2可见，有七位大学校长有过这方面的论述。从时间上来看，最早的是蔡元培。蔡元培于1917年提出，接着在1918年、1919年、1930年的一些演说或文字当中都曾有过解释性或者强调性的论述。之后，蒋梦麟和胡适在北大对蔡氏的学术（思想）自由理念进行了传播和发扬，或是通过各国之间的历史比照，或是引经据典，虽然理解方面稍存差异，但对于思想自由在大学内部的重要性给予了深刻的阐述。蒋梦麟在《北大之精神》一文中亦指出，北大在历经学潮和社会动荡后犹能存续，是因为北大具有大度包容和思想自由的精神。而郭秉文、胡先骕、竺可桢三人虽然并未对思想自由、学术自由有过一番系统的表述，然而从他们的一番言论和文字来看，他们是认同和鼓励思想自由的。其余的几位大学校长并未在《选编》一书中明显地提到学术自由和思想自由。但在其他文本中，如傅斯年在《漫谈办学》一文中提到，"学校必须有良好的学风。这个良好的学风，包括自由的思想，规律的行动，求学的志愿，求真的信心，师生相爱的诚意，爱校爱国爱人民的愿心。没有自由的思想，便没有学术的进步……"①。从思想的发展和承继来看，蔡元培可以说是率先在国内大学推崇思想自由的鼻祖式人物，正是蔡元培在北大的"思想自由、兼容并包"的教育方针广为流传，使得其他诸位大学校长纷纷关切起思想自由对于一所大学的重要意义。

再如学术（教育）独立，十一位大学校长中有七位对此作过相关的论述，具体见附录3。对于附录3的相关文本进行分析，可知他们的观点分为几派。

第一种观点是大学教育要独立于政府部门与政治体制，以蔡元培为代表，持此论的还有郭秉文、竺可桢、傅斯年等。这种教育独立的观点与学者思想自

---

① 傅斯年.漫谈办学［N］.北平《经世日报》，1946-08-04.

由有着显著的关系。政界倾向于对高校系统进行思想控制，大学校长们追求教育独立是为了取得大学的独立发展和自治权，当学术自由和思想自由谋而不得之时，遂发出要求教育独立的声音。在《选编》这本书中，尚未见到直接的教育独立的呼声，然而这几位大学校长的言论已然明明白白地表明他们追求教育独立的意愿。有学者指出，民国以来，蔡元培教育理念的发展呈现出一条十分清晰的"教育独立"的思想脉络。他在多种场合倡导和推行教育独立。1928 年推行大学区制是他追求教育独立的实践体现，虽然这一做法最终黯然收场，因为在当时的社会环境和政治环境之下，想要教育脱离政府系统的掌控，做到完全的教育独立根本是不可能的事情。但是这种教育独立的追求毕竟是一种美好的理想。傅斯年在《教育改革中几个具体事件》一文中也认为，教育独立是办好教育的必要条件，即便如官僚化颇为严重的普鲁士，其教育界仍享有较大的自治力量，因此，政府的第一责任就是要确定教育经费之独立。[①]

第二种观点是大学教育不能过分依赖于留学教育，应该发展与中国本土化相适应的高等教育，这派观点以胡适、胡先骕、任鸿隽、张伯苓等为代表，虽然任鸿隽并未直接提出学术独立这一概念，但是从其想方设法地想要设立中国的学界已经足够表明其对于中国学术独立的重视。他们认为中国应该发展自己的学术，不应该永远望他国项背。虽然胡适和胡先骕认为过度重视留学教育是不可取的，是治标不治本的办法，却也并未否认留学教育的重要性，认为短期内留学教育还是必要的，并且学术上不应有国家主义思想，学术大同和学术交流与合作是促进世界学术繁荣的一种价值取向。胡适等人的学术独立观点是在对留学教育大规模发展形势下进行审慎忧思的产物，是对中华民国高等教育进行宏观统筹的一种认知判断，对当时置身于高等教育的国人无异于醍醐灌顶。

还有一种观点是大学教育要与中学教育等区别开来，大学教育是独立的一个教育系统。这一观点以傅斯年为代表。傅斯年的观点将大学教育即当时所认为的高等教育的地位凸显出来，初步明确了高等教育机构和高等学术研究的性质，也为几十年后设立高等教育研究领域或是高等教育学这一学科奠定了基础。

---

① 傅斯年.傅斯年自述［M］.文明国，编.安徽：安徽文艺出版社，2014：159-160.

综上，可见教育独立在民国的高等教育思想界有三层意思：第一，高等教育的思想独立；第二，高等教育的学术独立；第三，高等教育的层级独立。民国著名大学校长基本上已经将教育独立该具备的内涵要素都阐述清楚了。

三、关于具体大学理念的论述列举

在办学思路上，民国著名大学校长既能着眼于类似教育与社会发展方面的全局性问题，也能注意到学生学风塑造的细节性问题，他们相信"播在年轻人心中的新思想的种子，迟早是会发芽苗长的"[①]。教授治校和学生自治等理念是颇为重要的具体办学理念。而在《选编》中，尤以学生自治的讨论为多，故以之为例来做一番梳理。大学校长关于学生自治的相关表述具体见附录4。

由附录4可见，民国著名大学校长们眼中的学生自治其实是一个内涵相当广泛的词，可以界定为民国时期大学校长们所期望的大学生乃至大学毕业生个体或集体组织培养和发展自己的知识、才能和道德，保持思考能力，从而增强自身的责任感，更好地服务社会的意识和行为。我们根据这几位大学校长的相关言论来分析学生自治的内涵构成，发现学生自治的内涵极为丰富，至少包含如下四点：关于知识的学习及学风的养成；关于道德的修养；对于社会的责任感和服务社会的能力的培养；关于团体协作和组织。具体而言，大学校长们的观点有所差异，具体分为以下四类。

第一类，认为学生自治等同于知识的学习及学风的养成，这种观点以郭秉文、竺可桢为代表。郭秉文将自动学习和养成思想独立之能力作为对学生学习能力的要求。竺可桢对于大学生有如下要求：一是强调形成一种组织和系统的精神，二是要养成一种能自主思考、自动求智和随时求学的习惯。

第二类，认为学生自治是关于团体组织的协作，这种观点以任鸿隽和张伯苓为代表。任鸿隽认为学生个体之间的合作非常重要，希望社会上健全的分子养成通力合作和终身学习的习惯。张伯苓也期盼学生形成通力合作，互相扶持的习惯，爱国、爱校、爱人和爱物，随时求学。

---

① 蒋梦麟.西潮［M］.昆明：云南人民出版社，2016：93.

第三类，认为学生自治既是知识的学习及学风的养成，又要注重团体协作和组织，这种观点以胡适和梅贻琦为代表。胡适不仅要求学生组成自治组织，也要求他们形成随时学习和独立思考的能力。梅贻琦认为学生应当在意识和行为上保持良好的学风，养成自动思考的习惯和团体合作的精神。

第四类，认为学生自治囊括了如上几方面含义，以蔡元培和蒋梦麟为代表。蔡元培长校期间重视学风的培养，目的是克服学生一心做官、无心学业的积弊。他在《就任北京大学校长之演说》一文中，旗帜鲜明地提出要学生坚定求学宗旨，树立研究高深学问的信念，又在《组织北大同学会缘起书》中强调了对于学生团体组织的重视，认为学生团体对于发展校内学术力量、改进校务及服务社会均有良好助益。蒋梦麟在《学生自治——在北京高等师范演说》一文中以非常清晰的逻辑论述了学生自治的基础、责任以及可能存在的问题，理论色彩颇为浓厚，即使是今日读来仍有可借鉴意义。他对于学生自治的阐述可以说是所有校长中最为全面和深刻的。

总体上来看，这些大学校长将学生自治的问题看得非常重要，认为具有学习、团体组织、合作和服务社会的精神是大学生应负的责任和义务。这些大学校长对于学生自治的要求侧重点虽有所不同，但有一点是一致的，即要学生自己培养一种学习和自我管理的能力。

第二节　大学教育理念内核：科学与人文的拉锯与对峙

有了一定的大学理念作为大学发展的导向，大学校长的教育理念也自然呼之欲出。或许一定程度上可以说，教育理念是大学理念的产物。关于大学课程设置以及培养什么样的人才及如何培养人才，这些大学校长们的成果颇丰，归纳可知他们有两种代表性人才培养观，其一是培养完整的人的通识教育；其二是培养专门技术人才的专业教育。但究其根本，专业教育和通识教育的人才培养观的对立还是要归因于科学教育和人文教育之间所存在的张力，或者可以说，专业教育和通识教育的探讨，归根到底还是要对科学教育与人文教育进行权衡。因此，本部分试以科学教育和人文教育这对理念为例进行分析。

随着时代和社会的演变，虽然自由教育所针对的群体范围有所扩展，其内涵也向着通识教育靠近，但是自由教育的内容构成却未曾变过，即自由教育向来注重人文教育与科学教育的结合，这也是自由教育的题中应有之义。学者张金福曾系统梳理了西方大学人文教育与科学教育关系的演变，指出在古典自由教育时期，人文教育与科学教育是处于结合状态的；在中世纪（14、15世纪），人文教育继续发展，科学教育流于障蔽；在文艺复兴时期（1350—1600），古典自由教育理念得到复兴；在近代（17世纪、18世纪以及19世纪早期），科学教育走进中心，人文教育走向边缘。那么在中国漫长的历史进程中，尤其是在民国这一特殊时期，人文教育与科学教育何去何从？两者存在什么样的张力？大学校长们又是如何来阐释和发扬科学主义精神和人文主义精神的？这些是本部分拟集中讨论的问题。

一、古代社会人文教育的辉煌

人文教育，从本初的意义上说，指的是关于人的学问的教育。中国高等教育自古代衍伸至近代前夕，人文教育向来是占据主导地位的。

中国的人文教育最早可以追溯至西周。《周礼·保氏》中记载了六艺的内容："养国子以道，乃教之六艺：一曰五礼，二曰六乐，三曰五射，四曰五驭，五曰六书，六曰九数。"[①] 从六艺教育的教育理念、教学手段和教育精神来看，早期人文精神的培养已经初露端倪。

汉代以来，太学成为培养国家官僚的场所，其授课内容是以四书、五经为主要内容的儒家典籍，目的是灌输和传递人伦礼仪与规则。自唐以来，中央官学的形式转变为国子监。国子监依然是国家官员的养成所。儒家典籍中所蕴含的伦理知识伴随着科举制的蔓延而融入传统士子的骨髓。北宋开始，书院教育

---

① 鄢家娟.从六艺教育看中国古代人文教育的起源［J］.长春教育学院学报，2015（11）：24.

蔚为流行，日渐成为高等教育活动开展的主要场所。不同于太学和国子监，书院由私人举办，在办学上无须征得朝廷许可，所要培养的人才也并非朝廷官员，而是学术精英，因此在教学模式上体现了更多的特色和灵活性。

从太学到国子监再到书院，高等教育的形式处于变更之中，士子们具体的学习内容也因知识的累积原则而不断扩展和深化，但是受"君子不器"的观念影响，读书人对于科学技术相关的知识基本上是不闻不问的，他们本质上就是人文教育的产物。人文教育倡导道德教育，教学内容以儒家经世致用的思想为基础，讲求道德教化和修身养性。以书院为例，书院以自由讲学的形式为主，营造宽松的治学和研究氛围，主张在学问交流探讨的过程中自然养成自主独立的品格。书院不仅传授儒学思想和各种人文知识，同时，也将祭祀活动视为教育过程中的一环。通过祭祀儒家圣贤先师，使学生对于道德教育有更深切的体认。总之，对如何认识及处理人伦及礼仪关系的看重，是古代人文教育的最大特点。古代人文教育培养出来的传统士子，普遍具有家国天下的观念和思维模式，怀有内圣外王入世从政的理想追求。科举制推行的一千余年来，经受过传统人文教育的士子几乎主导了整个政界和学界，"学而优则仕"，古代的高等教育机构主要是为政治服务，为补充朝廷官员而开设的。为了培养出符合政治道德的人才，人文教育的形式和内容经过一代又一代圣贤先师的调整和补充，已经变得相当成熟和完善了。

清末民初以前，中国高等教育一直处于人文文化主导的阶段，科学教育几乎处于缺位的状态。据蔡元培所言，戊戌维新运动的幸存之果京师大学堂在1898年创设之时，"仅有仕学、师范两馆，专为应用起见。其后屡屡改革，始有八科之制，即经学、政法、文学、格致、医科、农科、工科、商科是也。民国元年，始并经科于文科……"①。人文教育和科学教育之地位严重不对等，从京师大学堂创设初始时的科目设置可见一斑。蔡元培长北大之前，中国没有一所现代化大学，这与我国的教育文化特点即只注重人文教育的传统是脱不了关系的。

---

① 蔡元培．北大二十周年纪念会演说词［G］//周谷平，赵师红．走向一流的历史轨迹：中外著名大学校长治校理念与办学制度文献选编（中国卷之一，1）．杭州：浙江大学出版社，2015：12.

二、民国时期科学教育对于人文教育的冲击和压制

中华民国成立后，忠君尊孔的封建礼仪得以破除，其后虽经历了以袁世凯为主导的复古教育思潮，但历史的轨迹终究向前发展，传统人文教育虽然在一些文化保守主义者的力挽狂澜下薪火不灭，但是"尊孔""读经"这些与时代相悖的封建仪式和规程却已再无立足之地了。文化激进主义分子和文化自由主义分子祭出"科学""民主"这两面大旗，高扬理性主义和自由精神，迅速在思想文化领域中占据了主导地位。

这些饱受西学灌养的知识分子普遍认为中国的前途甚为堪忧。如鲁迅曾道："现在许多人有大恐惧；我也有大恐惧。许多人所怕的，是'中国人'这名目要消灭；我所怕的，是中国人要从'世界人'中挤出。"[①]他们认为只有通过学习西方科学精神、科学方法，通过科学教育来改善民智，才能有一丝侥幸留存于"世界人"中，不被挤出去的余地。如对于中国文学修养颇深的郑振铎就提出："我们如要求中国的生存，建设与发展，则除了全盘的输入与容纳西方的文化之外，简直没有第二条可走。"[②]虽然不可否认这些知识分子的思想有些激进，但是他们那种忧患和绝决的意识，却是那个时代的独特产物。

科学教育在民国时期的地位高涨不仅与五四新文化运动有关，还与以科学社为代表的科学救国派的大力宣扬有关。尤为重要的是科学救国派本身对于"科学"的认知已经达到了升华的状态，他们不仅在国外留学期间习得了科学技术知识，更掌握了科学精神和科学方法，因此他们对于"科学"的理解和把握已然与洋务运动和维新变法时期对于"器物"或是"制度"层面的浅显认知不可同日而语。他们对于科学的阐释越是深入，科学教育就越是能取得在科学与人文教育之争中的有利地位。这点在新文化运动不久之后的"科玄论战"中得到了体现。

20世纪20年代初，中国思想文化领域围绕着科学与玄学（人生观）之间

---

① 鲁迅.随感录两则［M］//梁启超，王国维，蔡元培，等.国学的盛宴.高敬，编.北京：新世界出版社，2016：157.

② 郑振铎.且慢谈所谓"国学"［M］//梁启超，王国维，蔡元培，等.国学的盛宴.高敬，编.北京：新世界出版社，2016：336.

题曾发生激烈的论战。以张君劢、梁启超为代表的玄学派认为科学与人生观存在本质上的不一致，科学不可能解决人生观问题。张君劢道："科学无论如何发达，而人生观问题之解决，决非科学所能为力，惟赖诸人类之自身而已。"他的论断遭到了丁文江的驳斥。丁氏认为："如果科学而不能支配人生，则科学复有何用？"指出"人生观现在没有统一是一件事，永久不能统一又是一件事"，在此基础上他连发两问，一是"何况现在'无是非真伪之标准'，安见得就是无是非真伪之可求？"二是"应求是非真伪，除去科学方法，还有什么方法？"[①]言之凿凿，句句在理，并且对于张君劢所持"西方文明属于物质文明，中国文明属于精神文明"这一观点提出了批评。张君劢和丁文江两个人之间的论战后来发展到以张君劢为代表的玄学派（或称东方学派），与以丁文江为首的科学派（或称西方学派）之间的论争。科学派的核心人物任鸿隽、胡适等亦纷纷发表文章批评张君劢的观点。明面上历时两年之久的科玄论战最终以提倡科学的人生观而结束。罗家伦对此亦发表《科学与玄学》一书，站在客观的角度对于科学与玄学的界定和特点给予了周密的分析。

民国时期是人文教育发生转型和遭遇弱势时期。虽然长期统治中国的封建纲常伦理思想仍然在社会人文教化中存在，但资产阶级倡导的民主、科学、平等思想在社会人文教化中已深入人心，产生越来越广泛的影响。[②]五四时期多元化科学思想的引进对于打破中国高等教育中独重传统人文教育的一元格局起到了关键的作用。而科玄论战更是直接撕开了科学主义和科学教育裹挟在大学里的最后一层薄膜，使得大学教育中科学教育的地位得以迅速确立。科学教育不仅具备了与人文教育一较高下的立场，更是后来居上，占得上风。总的来说，科学教育与人文教育在大学系统内部的对峙表现为新学与旧学、西学与中学、现代与传统的较量。

三、群策群论：民国著名大学校长眼中的科学教育与人文教育

客观而论，民国时期科学主义的思潮是主流，人文主义的呼声则显得低调

---

① 伍光良 . "科玄论战"与马克思主义［J］. 自然辩证法通讯，2015（4）：76.

② 李清华 . 中国传统人文教育思想［M］. 福州：福建教育出版社，2015：257.

很多，只有少数人仍在倡导人文主义精神，这些人中又以一些文化保守主义知识分子为主，如胡先骕。胡先骕颇为注重中国儒家教育思想对人的积极影响，他反感欧美留学生唯功利主义和物质主义是从，将中国传统文化修养抛诸脑后的做法。"夫教育之陶冶人才，尝有二义。一为养成其治事治学之能力。一为养成其修身之志趣与习惯。如昔时所谓之六艺与文章政事。今日之学术技艺。属于前者。至所以造成健全人格。使能正心诚意修身齐家者。则属于后者。二者缺一。则为畸形之发达。"①他认为现今很多欧美留学生都是一些"治专门学"的专门家，他们能胜任专门之职务，却缺乏坚毅之道德观念，易沦为物质（科学）主义或功利主义的奴隶。胡先骕此论其实也是对新文化运动主张全盘西化、彻底否定孔教儒家思想予以批判。他认为中国的人文学问不应泯灭，否则极易道德堕落。他殷切希望作为社会之领袖的欧美留学生担当起责任，"庶于求物质学问之外。复知求有适当之精神修养"②。

相较于胡先骕力主人文教育而拒斥应用科学教育（此处需注意，胡先骕只是对于应用科学排斥，对于纯粹科学则并无排斥之意）的观点，任鸿隽的看法则较为客观和全面。他认为科学是关于物质的学问，但科学并不意味着物质主义，应重视学问上的物质主义而非功利上的物质主义。"谓科学为物质之学者，对心灵之学而言，盖谓其不离于物质，犹吾所谓实验，非物质功利之谓也。且物质亦何足诟病。科学以穷理，而晚近物质文明，则科学自然之结果，非科学最初之目的也。至物质发达过甚，使人沉湎于功利而忘道谊，其弊当自他方面救之不当因噎而废食也。"③任鸿隽认为当前这种物质主义和功利主义泛滥的风气并非科学教育本身所导致的，而是人心对于物质的过分追求所引致，因此不能因为教育界出现这种风气就对于大学里的应用科学教育予以否定。由此可见，任鸿隽是坚定的科学教育论者。

---

① 胡先骕. 说今日教育之危机［G］// 张大为，胡德熙，胡德焜. 胡先骕文存（上卷）. 南昌：江西高校出版社，1995：84.

② 胡先骕. 说今日教育之危机［G］// 张大为，胡德熙，胡德焜. 胡先骕文存（上卷）. 南昌：江西高校出版社，1995：90.

③ 任鸿隽. 吾国学术思想之未来［G］// 任鸿隽. 科学救国之梦：任鸿隽文存. 樊洪业，张久春，编. 上海：上海科技教育出版社，2002：116–117.

　　对于胡先骕要求大学教育中注重中国传统人文教育即道德修养，并将道德修养完全附着于人文学问之上的论调，竺可桢有着不同见解。竺可桢认为当前"许多人批评我国大学只教而不育，这根本理由，就在于目前大学制度本来即专重传授理知。……培养道德，家庭社会政府的力量，统要比大学大得多……若是一个大学能彻底的培养理知，于道德必大有补益。……大学之最大目标是求真理。这可以说是理知的，但亦可以说是道德的，所以道学问，即是尊德性。"[①]与任鸿隽不同的是，竺可桢对于人文教育的理念颇为看重。他采取的是一种寓人文教育于科学教育的策略和主张。

　　再回过头审视，其实胡先骕大学教育思想中所蕴含的中国传统文化人文主义情结，其他大学校长也是有的，这主要是由于他们自幼便深受儒家传统文化熏染之故，但是他们并未予以高调显露。正所谓"爱之深，责之切"，他们对于"国粹"之说嗤之以鼻极尽讽刺，又借着新文化运动之风气将中国传统儒家文化批得一无是处，实则内心深处却隐含着重整国故之希冀，渗透着他们浓烈的人文主义情怀。这种情怀当然也不局限于国故整理之上，他们还为一些有志出国留学的少年开出一系列国学的书单。如胡适就曾受邀为清华学校胡敦元等四人拟一个最低限度的国学书目。从他对书目的列举来看，几皆儒家传统思想和文学书目，充分体现出他对于青年一代人文教育及其素养的关注。

　　同时，以胡适为首的一些知识分子一方面主张整理国故，另一方面又倡导输入西方学理。因为他们深知，科学与人文不可偏废其一，西洋的现代科学教育和中国的传统人文教育皆是大学教育所必需的。胡适甚至还将西方的科学方法应用到整理国故之上，真正实现了科学与人文的结合。从某种程度上而言，"整理国故"这一口号为新旧各派寻得了一个平衡点，使得"科学"与"人文"均能栖身其间[②]。这些知识分子们深知，他们的职责在于整理出那些有价值的国故，在于通过输入西学来研究中国的各种社会问题，而这些做法的最终目的都是为了在中国创造一个过渡时期的新文化。陈寅恪对于中西汇通式的学习以及

①　竺可桢.我国大学教育之前途（节选）[N].大公报（重庆），1945-09-23（2）.
②　朱鲜峰.中国近代高等教育史上的"学衡派"——以其人文教育思想和实践为研究中心[D].杭州：浙江大学，2016：199.

它带来的民族文化的融通颇为肯定："若真能于思想上自称系统，有所创获者，必须一方面吸收输入外来之学说，一方面不忘本来民族之地位。"[①] 无独有偶，陶孟和也主张文化共通以创建世界大同文化："人类的前途不能专倚靠西洋文化，也不能如我们国粹论者，专在乎保存固有的文化。人类的运命全在乎各民族能否在短的时期内建设出一个各方面平衡发展的，适于全人类的新文化。"[②] 这种说法的确是当时许多先知先贤们的共感。

第三节　基于文本分析的高等教育思想的多元共生性

以上从大学理念与大学教育理念两个切入点对民国著名大学校长高等教育思想的主要面相进行了重点剖析，他们的高等教育思想是建立在承继和发展西方大学理念和西方大学教育理念的基础之上，再结合本国高等教育的实际提出来的。大学理念和大学教育理念总体上呈现多元共生性的特点。

一、大学理念：使命、理想和精神的多元调和

大学的使命分为四个子使命，分别为：教学、科学研究、社会服务、文化传承。大学理念的多元，根本原因在于大学既具有本体存在意义，还具有社会存在意义。大学的本体存在使得大学遵从它自身知识发展和传播的使命去发展自己，因此衍生了科学研究和教学之本体发展的使命，而大学的社会存在又要求它还要为社会服务，为社会文化的传承服务。因此，大学理念需要兼顾大学和社会的需要，大学理念是这两种需要进行调和的产物。而大学的需要和社会的需要在现实层面又表现为大学生个体的需要和社会的需求。

若干大学校长认为个人需要和社会需要并不是对立的。社会需要的满足会

---

① 刘桂生，张步洲.陈寅恪学术文化随笔［M］.北京：中国青年出版社，1996：17.
② 陶孟和.国粹与西洋文化［M］//梁启超，王国维，蔡元培，等.国学的盛宴.高敬，编.北京：新世界出版社，2016：221.

带来个人需要的满足，而社会的动荡不安和社会矛盾会给个人带来无尽的痛苦，也必将影响大学理念和使命的实现。针对动荡社会给教育所带来的负面影响，多位大学校长曾发表论说。如蒋梦麟畅言："明德新民，己欲立而立人。个人与社会，固相成而谋人类进化者。社会愈开明，则个人之生活愈丰富；个人生活丰富之差度，则亦与社会程度之高低，成正比例。盖合健全之个人，而后始有健全之社会。故求全生而广大之，即所以利群，利群即所以求全生也。社会不振，个人之自由，必为之压迫；个人之幸福，必为之剥削；则亏生者众矣。故全生者，教育之目的；利群者，达此目的之一方法也。"[①]在教育的个人与社会关系上，他道："盖个人为教育之体，社会为教育之用。两者兼具则教育之体用备。"[②]蒋梦麟的言论充分表征了他视大学理念的本体和社会需要相统一的倾向。

教育与社会的关系互为倚赖。傅斯年针对当时动荡矛盾的社会局势发表了中肯的言论："青年人之要求，因社会之矛盾而愈不得满足。今日中国的社会，是个最大的矛盾集团，时代的，地域的，阶级的，主义的，一切矛盾，毕集于中国之一身。在这个状态之下，国家无所谓'国是'，民众无所谓'共信'，人人不知向那里去，三十多岁的人尚且不能'而立'，更何所责于青年？在这样的情形之下，青年学生自然不能得安定——身体的，心理的，意志的。于是乎最基本的冲动，向最薄弱的抵抗处发动，于是乎青年学生的事不是风潮便是恋爱。……所以青年的'安心丸'是极不容易制造的，然而若想教育办好，这个'安心丸'又非造出不可。"[③]在傅斯年的观念里，大学教育与社会互相作用，互相影响，要使教育优良，首先需要这个社会是良性循环的，否则置身大学当中的学生不得安定，那么大学的理念又何从发挥作用？但是他仿佛又陷入一种循环论之中，即到底是先创造一个安定的社会，还是先造就一批安定的青年，才能实现他最初的设想，他并无一个确切回答。不过有一点却是无疑义的，他相信教育与社会应当处于一种良性调和的状态，如此才能适合青年的发展，满

---

①　蒋梦麟.高等学术为教育学之基础［J］.教育杂志，1918，10（1）.
②　蒋梦麟.高等学术为教育学之基础［J］.教育杂志，1918，10（1）.
③　傅斯年.教育崩溃之原因［J］.独立评论，1932-07-17（9）.

足青年的需求。

在具体的大学使命之下，又可分为一些宏观精神层面的大学理念和具体制度层面的大学理念。前者如学术自由、大学自治、教育独立、学术独立等价值观念和精神；后者则如教授治校、学生自治等大学治理相关的理想诉求，不一而足。我们发现，无论是前者的大学精神还是后者的大学理想，都是倾向于大学本身的知识发展的，是从大学存在的本体意义上去追寻其存在的价值的。由此，可以看到大学理念的内在是由大学主体的知识发展本位主导的，外在的功能和使命则是兼顾到了大学主体的知识发展意义和大学的社会存在意义。大学理念是大学使命、大学理想和大学精神的多元调和。

二、教育理念：理想追求与现实需要的对立共生

如前所述，教育理念其实是一对矛盾综合体，其核心表现为科学教育与人文教育之争，具体又表现为通识教育与专业教育之别，虽在表象上呈现出矛盾之态，但其实他们都是依赖于彼此而生的。这正如形而上的哲学辩证观描述的一样，他们既对立，又统一。

有学者认为，"通识教育建立在理性主义的基础上，专业教育建立在经验主义的基础上。理性主义者主张，反思性知识构成的理性空间是自足的，人的行动只有在与理性空间的关联中才能得到理解；而经验主义则认为，社会实践是在先的，人的知识只有通过实践才有可能形成和被理解。"[①] 这两种哲学观为通识教育和专业教育找到了存在的依据。在民初时期，大学奉行纯粹的专业教育理念，通识教育理念并未成形，到蔡元培主掌北大以后大学教育理念中开始引入了理性主义的教育理念，即通识教育理念，但彼时通识教育并未成为主旋律。专业教育（精专教育）在 20 世纪二三十年代的教育界越发取得了实践上的主导权，同时也暴露了很多问题，因此，学界先贤围绕着这一问题，即实行"通识"还是"专识"争论不休。从话语体制层面而言，通识教育的光谱在理论上异军突起，后来居上，压制了专业教育理念的光谱，这得益于如上诸多民

---

① 周光礼. 论高等教育的适切性——通识教育与专业教育的分歧与融合研究［J］. 高等工程教育研究，2015（2）：67.

国时期著名大学校长的力挺和坚守。他们不仅对于通识教育进行了理论论证，更兼以制度实践，有效地弥补了专业教育的不足，使得大学在通识教育和专业教育两者之间取得了很好的平衡。这些大学校长对于高等教育发展的敏锐眼光和犀利主张，使得现实教育实践领域从单一的专业教育扩展到通识教育与专业教育两厢共存，对于民国时期高等教育理念的整体转型与和谐化提供了不小的助力。

而科学教育和人文教育分别以科学主义与人文主义为其存在的哲学根据。科学教育和人文教育作为自由教育（通识教育）中的有机组成部分，这两者是不可分割的。前已论及在中国的古代直到民国初期，人文教育一直占居高等教育的核心位置。五四以降，随着新文化运动的蓬勃开展以及一批留美学生的归国，科学教育日益占居大学教育理念的高地，人文教育理念遭到障蔽。但是这种局面只是表象的。事实上，文化保守主义者一直在为传统人文教育的合法性进行呼吁，即便是在那些主张全盘西化的文化激进知识分子心目中，恐怕也是无法完全隔绝人文教育之精神脉象。一些文化自由主义知识分子更多地是化为了默默无闻的人文教育传递者，如通过整理国故、罗列国学书单之类的办法来输送人文精神养分，挽救青年的人文精神。因此，虽然无论在现实还是理论层面，民国时期大学内部的科学教育都势压人文教育一头，但是理性的大学校长决不会仅仅关注到科学教育而不给人文教育以应有的重视。

因此，在理想层面而言，大学校长都期盼实行通识教育、人文教育，但是就现实而言，专业教育和科学教育的确是主流教育理念。所以，这就构成了理想和现实的妥协。大学的通识教育和专业教育，科学教育与人文教育应当是各有其位置的。

除了以上两对教育理念之外，大学校长们还提到了一些其他教育理念，如个性教育与一致教育。教育一致性和多样性的问题并非大学校长着力讨论的问题，但是亦有涉及，且提到的都是偏多样性的。显然，在当时的时代，已经开始注重自由教育和个性教育了。如胡先骕持因材施教、个性化教育的理念。他道："在一方面教育须求普及，一方面教育须培植特殊之天才，且人类赋性不齐，才能各异。长于此者，或短于彼，是宜因才而教，使各尽其性。"[①] 而任鸿隽认为实行选科制其利不可胜道，"学者得自由发展其才能以达最高之域；学者得均受各科教育以成全才；便学者时间之利用；增学者对己之责任心；观摩之广；教育之竞争；管理上之便易"[②]。说明了任鸿隽对于个性化教育和自由教育之推崇。

如上所述的几对理念都是具有共生性的，它们就像一个硬币的两个面，缺一不可。这些大学校长的眼光可谓是颇为独到，他们既注意到了这些教育理念对立的一面，也强调了他们共生于一体的特点。如胡先骕颇为经典的一句话"大学教育，既贵专精，尤贵宏通"就指向于此。只是在现实的情况中需要具体情况具体分析，具体采用或偏向于哪一种教育理念才能使大学教育理念与实践相适宜，进而指导高等教育实践的和谐发展。正如梅贻琦主张在大学实践教学环节中更要重视通识教育时说："大学四年而已，以四年之短期间，而既须有通识之准备，又须有专识之准备，而二者之间又不能有所轩轾，即在上智，亦力有未逮，况中资以下乎？并重之说所以不易行者此也。偏重专科之弊，既在所必革，而并重之说又窒碍难行，则通重于专之原则尚矣。"[③] 梅贻琦之见解体现了放眼全局而又具体问题具体分析的态度和特点。

本章小结　共价值性：高等教育思想的文化价值观场景特点

由上可知，本书所论及的这些民国大学校长普遍有着共同的文化价值观，如在大学的使命、功能和职能、大学理想和大学精神等认知上具有同一性，在大学教育理念上普遍看到了科学教育和人文教育、通识教育和专精教育之分

---

① 胡先骕.教育之改造［G］//张大为，胡德熙，胡德焜.胡先骕文存.南昌：江西高校出版社，1995：410.

② 任鸿隽.西方大学杂观［G］//任鸿隽.科学救国之梦：任鸿隽文存.樊洪业，张久春，编.上海：上海科技教育出版社，2002：106—111.

③ 梅贻琦.大学一解［G］.刘述礼，黄延复.梅贻琦教育论著选.北京：人民教育出版社，1993：106.

野。总体上来看，他们的高等教育思想随着历史的演进和相互之间的交流处于一种深化和发展的状态。虽然他们对于大学理念和教育理念的具体认知因为个人具体思维体验不同而有着细微的分化，但是对于某些核心价值理念，如西方大学学术至上、思想自由、教育独立、教授治校、学生自治等治学和治校价值观具有较为一致的认识，呈现了共价值性的特点。

第六章　民国著名大学校长高等教育思想的影响及研究的再反思

对于现今的高等教育思想界而言，民国著名大学校长高等教育思想的时代影响已经被深刻感知，成为了高等教育界的思想瑰宝，披上了"神话"的外衣。近三十年以来，涌现了一波又一波民国著名大学校长高等教育思想的研究热潮，研究思潮昭示了学界对于高等教育思想资源的汲取之热切。然而，在"神话"的光环折射下，民国著名大学校长高等教育思想存在的真实而复杂的场景或是被忽视，或是被碎片化，因此，有必要结合本书所着眼的场景的特质对民国著名大学校长高等教育思想的研究进行再反思，将神话解构。

第一节　民国时期著名大学校长高等教育思想的社会时代影响和价值

一、对于中西学术文化交流和中国高等教育近代化的贡献

近代史上，能够将留学史、学术史和大学史三者有机联动起来，并且在其中扮演重要角色的人物的不少，民国著名大学校长算得上其中的佼佼者。本书对于民国著名大学校长教育文化场景的考察，重点描绘了他们的留学史；对于他们学术师承的考察，简要勾勒了他们与高等教育思想形成相关的学术史；对于他们大学职业任职和实践场景的考察，则对于他们所在的大学史亦有所提及。通过这样留学史—学术史—大学史的三维谱系，试图探究他们借由学术这一中介而发生的互动和联系。

研究发现，本书论及的民国著名大学校长的留学史、学术史和大学史三者

之间的关系存在一定的同一性，即他们都遵循谱系发展上的顶端性。首先，是他们留学国度的选择，体现了强烈的精英化色彩。他们所留学的国外大学，皆为当时世界上赫赫有名的大学，这使他们具有较为优秀的教育背景谱系。其次，他们学术上所师承的教授，如蔡元培在莱比锡大学跟随学习的冯德、兰普莱西教授，胡适、郭秉文等在哥伦比亚大学师范学院所师从的导师杜威、孟禄等，都是当时该领域的学术权威。他们的师承谱系是卓越的。此外，回国后，他们因其所具有的学术资本和社会资本，能够进入当时的国内最高学府北京大学任职或任教，甚至于像郭秉文这样教育学出身的博士拟在中国新创一所集师范教育于一体的国立综合性大学，他们的职业谱系也是较为凸显的。通过上述考察，发现在优越的学术谱系和职业谱系环绕之下，他们的学术思想也体现了中西兼容、博采众长的特点。借由他们这些优秀的知识分子，西方的各种学术思想和教育思想在中国得以最大限度的传播。

从本质上来说，文化与教育是一体的。在清末民初至 1949 年前，中国知识分子对于中西文化的看法决定了对于中西教育的看法。随着西方列强在中国的长驱直入，异域文化的强行输入对于中国造成了前所未有的冲击。中西关系是当时摆在知识分子面前不得不处理的关系，但是文化向来也是遵循从势点高的文化向势点低的文化传输的规律，更何况当时的西方在文化上的确占有时代的优势——现代化的优势。19 世纪中后期，为了应对文化危机，洋务派率先给出了"中体西用"的处理方案。这一方案或模式虽然具有内在的缺陷，但它是中国人开眼看世界的第一反应，在历史上曾起过积极的作用，它引导着中国在器物层面做出改进。及至戊戌维新以后，维新派对于"中体西用"论大加批判，尤其是新文化运动之后，"中体西用"论被彻底否定，文化自由主义知识分子和文化激进分子开始明确提出了"西化"的模式，即无论是"体"，还是"用"，皆要效仿西方，同时对于中国的一切旧思想、旧制度、旧文化均采取全面批判的策略。这一模式一直持续到抗战爆发，全面学习西方的热情被日益高涨的民族救亡浪潮所淹没。

教育上的吐故纳新亦同于文化演变之思路。中国近代高等教育走过的历程决定了高等教育治校理念的变迁路径。从洋务运动时期"中体西用"的治校理念，到维新运动时期"会通中西"的治校理念，及至辛亥革命前后"西化"的治校理念，以及国民政府时期"教育救国"的治校理念①，除前两个时期的治校理念外，后两个时期的治校理念和模式在民国著名大学校长身上得到不同程度的显现。

这些大学校长的年龄可划分为两代，依其所处年代不同，蔡元培等在30岁而立之年经历了戊戌维新运动，因此其思想并非像傅斯年、罗家伦等在19世纪末出生的那一代人彻底主张西化。总的来说，蔡元培的思想定型较晚，在新文化运动之后他的思想才基本成熟、定型，这是由于其在中年阶段仍处于不停的游学求索阶段，导致其学术思想一直在发生偏移。"他的中西文化观与当时大部分年青一辈的新文化人所呈现的偏激倾向有所不同，表现了较为稳健的特性。"②而傅斯年、罗家伦等那一代人由于受到封建纲常名教的荼毒较小，并且他们的青年时期恰好就在民国初建和五四新文化运动时期，因此他们的思想成熟较早，并且有一种主张完全西化之趋向。"当时新文化人已超越辛亥革命时期的'国粹派'，并不存在一个所谓'保存国粹'的理念，他们所担忧的也不是传统文化的生存问题，而是自身的生存问题。"③搞清楚了这些大学校长的文化和思想趋向才能进一步分析他们对于中西文化交流和高等教育近代化所做的贡献。

这些大学校长倡导中西文化汇通，主张采用西方的治校理念来改造重塑中国的高等教育。在中西文化交流上主要是通过翻译外文著作来引进西方新思想，郭秉文、胡适等关注国际合作和交流的大学校长还邀请国外的知名学者、专家如杜威、孟禄来华传播西方教育思想。这些举措均在一定程度上促进了中西教育思想的汇通。

在促进中国高等教育近代化上，这些大学校长适逢其时，以他们中西兼通

---

① 钟波.近代中国大学校长治校理念与中国高等教育近代化（提要）[D].湘潭：湘潭大学，2003：提要1.

② 欧阳哲生.评蔡元培的中西文化观[J].清华大学学报（哲学社会科学版），2009（2）：102.

③ 欧阳哲生.评蔡元培的中西文化观[J].清华大学学报（哲学社会科学版），2009（2）：103.

的学术背景，在中国高等教育经历中西文化冲击、碰撞、交汇而不断变革、更新、转换的历史过程中起到了领衔作用。他们以独特的治校理念和办学思想领导了国内一批高等学府进行了卓有成效的改革，对于推进中国高等教育近代化和现代化转型起了示范性作用。如蔡元培倡导"思想自由、兼容并包"，推行民主管理、教授治校、学生自治，这些治校理念和管理措施使得北大形成了科学、民主的优良风格与传统，北大校风丕变，学术研究氛围浓烈。作为民国时期最高学府的北大的改革对于中国高等教育近代化产生了极其重大的影响，紧随其后，郭秉文在南高师—东大倡导"四个平衡"的治校理念，推行了融师范教育于国立综合性大学的改革，并且成效斐然，在 20 世纪 20 年代形成了东大和北大南北对峙，双峰林立的局面，自此中国高等教育近代化得以全面展开。蒋梦麟、胡适承继蔡先生的余绪治理北大，罗家伦在郭秉文离职之后的东南大学（其时已改名为中央大学）校长任上更是提出了要建立有机体的民族文化，立志高远，堪称融文化与高等教育于一体的尝试。他们的这些促进中国高等教育近代化的尝试，的确为中国大学的近代化转型提供了最初的动力支持。而促使他们持之以恒地从事此项事业的信念，应该就来源于他们对中西文化共通性的深刻体悟。

二、破除政教合一、争取教育独立和教育改造社会的尝试

在中国传统社会中，政治体系与意识形态呈现出高度的一体化特征，它们紧密结合，共同实现其社会与政治整合功能。政治覆盖了中国传统文明的各个方面和层面，则一切活动——包括学术和教育活动，便皆以"求治"为目的。教育的功能从理论层次上讲是传承儒家所谓"道统"，教人"做人"，实现儒教所谓"圣化"目标。这种对教育功能的定位，从根本上说，是将教育看作特定意识形态的传播手段和实现意识形态目标的主要工具。[①]京师大学堂是我国具有近代意义的第一所大学，但它也逃避不了教育功能的这种习惯性认知模式，不可避免地卷入政治的旋涡。尽管在 20 世纪初期的清末及随后的北洋政

---

① 　华银投资工作室 . 思想者的产业——张伯苓与南开新私学传统［M］. 海口：海南出版社，1999：
　　253.

府中，都有相当数量的人士强调教育在强国和救亡中的功用，但他们中大多数人只是将包括大学在内的学校看作他们所需要的意识形态的传播和传承工具。

民国成立后，蔡元培作为民国第一任教育总长，开始努力将教育独立于政府和儒学意识形态之外的精神贯穿到教育体系的建设之中。他发表《对于教育方针之意见》，明确提出："教育有两大别，曰隶属于政治者；曰超轶乎政治者。"他将这一思想落实在民国的教育方针中，提出以"世界观教育""美感之教育"以替代原来帝制政府所提出尊孔、忠君等意识形态教育。在此之后，随着一批著名大学校长的上任，如蔡元培之于北京大学，郭秉文之于东南大学等，他们率先引入德国、美国等国的大学制度与理念，使得大学成为了呼唤教育独立的阵地，大学开始具有了独立的精神气质。

1912—1928年的十余年间，整个社会动荡不安，各种政治体系、军阀派系林立，但他们无暇顾及教育。所以当时主导社会舆论的，却是教育界的一批知识分子们，这间接为大学的发展创造了一个黄金时期。由于大学的文化特殊性，大学甚至成为了首当其冲的教育思想传播基地和平台。很多报刊杂志如雨后春笋在大学里拔尖而出，对于中国社会的现状和问题及大学如何发展等问题的探讨层出不穷。他们最为关注的问题即是如何通过改造教育来改良社会。如《新教育》创刊时曾言："当此世界鼎沸，思想革命之际，欲使国民知世界之大势，共同进行，一洗向日泄泄沓沓之习惯，以教育为方法，养成健全之个人，使国人能思、能言、能行、能担重大之责任。"[1]《新教育》创刊的目的就是发表正义之言论，引导民众学生具有政治意识，进而改良社会。胡适在《新教育》杂志也说："教育根据于社会观念，支配个人的活动，这便是社会革新的唯一可靠的方法。"[2] 这正是教育界和舆论界的一个主要价值趋向。

民国时期，"知识人的人数较之之前有所增加，新教育体制外受教育的人，知识的承载者、追求者队伍加大"[3]。知识分子对于高等教育的关注也提升到一种颇高的层次。知识分子参与知识与资讯的生产、消费与传播，进入一个以报

---

[1] 《新教育》编辑部.新教育［J］.1919，1（1）：评论1.

[2] 《新教育》编辑部.新教育［J］.1919，1（3）：300.

[3] 叶文心.民国知识人：历程与图谱［M］.北京：生活·读书·新知三联书店，2015：149.

纸、杂志、书籍为知识传播纽带的时代，进入这一场域的知识分子其实整体构成了一个系统。而大学校长群体则是这些知识分子中的精英人物。他们是高等教育思想的先驱，是中国最先引入和倡导高等教育思想和理念的群体，是高等教育思想的传播者和扩散者。传播高等教育思想和养成民族文化最为迅捷的方式即为报刊杂志。"究竟这种民族文化是如何养成的呢？我以为民族文化之养成，不是由于几个最高学府如大学、研究院等内面所养成的博士、学士们的努力便可以养成的，而必须要构成该民族的各个分子的知识协调同步的迈进无已。就教育上言之，即是要提倡社会教育，使一般民众的文化水准提高。如要一般民众的知识协调同步的向前迈进，一般民众的文化水准提高，方法固然很多，报纸确实能负担一大部分的责任。"① 这些著名大学校长通过在大学报刊杂志上发表高等教育言论，密切关注社会和教育改造态势，以中西贯通、古今包容之学识，比较中西教育体制的不同，认真负责地指出中华民国建立之后，由封建社会转向民主共和社会之际，大学应当走一条什么样的发展道路，大学应当培养什么样的人才。同时，在社会服务方面，他们通过倡办平民教育、主张大学开放女禁以及提倡科学教育等途径来提高一般民众的文化水准。他们的最终目的都是着力于创造一个过渡时期的新文明和建设民族新文化。

　　民国著名大学校长高等教育思想的实践效果如何，对于具体的大学教育改革以及现代大学的创建来说，民国时期北京大学、东南大学等校办学的成功已然充分说明了这一点。同时，这些大学的成功也说明了高等教育思想的实践会对社会进展产生一定的建构式影响。而就社会改造和教育救国的理想层面而言，高等教育思想和主张其实更多的只是起到了一种风气引领的作用或者一种爱国舆论的宣传功能，因而产生了一种正面向上的集体意识。正如学者吴玉伦所言，"人们的认识有一个发展过程，在没有更为先进的救国之策被提出和实践之前，'教育救国'本身就有其先进性，其对教育的定位包含着诸多合理的成分。合理性之一在于对教育功能的充分肯定，作为救国之道教育确实难膺此

---

① 张研，孙燕京. 非常时期之报纸——报纸之重要及其功用［M］// 张研，孙燕京. 民国史料丛刊：第
　 1115 卷：文教·文化概括. 郑州：大象出版社，2009：14.

任，但教育可作兴国之策已为历史和现实的实践所证明。"①

三、为现今的大学发展和大学校长掌校做参考

民国著名大学校长高等教育思想是如今高等教育发展和规划的重要源泉。高等教育思想中的一些内核，如大学使命和功能、大学精神、学生自治、高等教育与社会关系等都是现今高等教育规划者和大学校长们所关注的问题。考察民国著名大学校长高等教育思想对于今日大学的影响主要可以通过三个角度进行。第一，从现今大学校训中寻找影子。第二，从现今大学校长的言论中寻找相似点。现主要以北京大学、清华大学、浙江大学、南京大学、南开大学为例进行分析。第三，对于目前中国建设世界一流大学提供借鉴意义。

（一）大学校训的理念传承

关于"校训"一词含义，《辞海》中是这样解释的："学校为了进行道德教育的方便，选择若干符合本校办学宗旨的醒目词语，作为学校全体人员的奋斗目标。"②校训体现了大学治校的理念和价值取向，主要针对学生群体，亦覆盖教师群体，以此达到勉励、引导师生自觉或不自觉地走与所在大学发展方向相一致的目的的一种手段。大学校训无疑是大学精神的浓缩，具有相对的稳定性、继承性、融合性和个性化特征。③表6-1呈现了民国时期部分大学校训及现在的校训。民国时期部分大学校训来自《近代中国大学校训——大学理念的追求》一文，而现在的校训则通过网上百度或者到大学官方网站搜索得到。通过清华大学、北京大学、浙江大学、南京大学和南开大学这五所学校的校训对比发现：清华大学和南开大学没有发生任何变化，浙江大学和南京大学的校训在维持原先的基础上有所拓展，而北京大学现在的校训则不是很确定，有说仍以"博学、审问、慎思、明辨"作为校训的，也有说"思想自由，兼容并包"的，不过较为公认的是"爱国、进步、民主、科学"。不过即使是这个校训，也是

---

① 吴玉伦.论"教育救国"思想的积极意义［J］.江汉大学学报（社会科学版），2005（1）：83.

② 汉语辞海.校训［EB/OL］.（2012-05-12）［2019-08-13］.http://www.esk365.com/cihai/chshow.asp?id=minztitp.

③ 周谷平，陶炳增.近代中国大学校训——大学理念的追求［J］.清华大学教育研究，2005（2）：96.

承接了民国时期北大所追求的一些精神境界。这显示目前中国的这五所主要大学就校训而言，并没有实质性的变化，依旧延续了民国时期大学的精神风貌。这也从另一方面说明，民国时期那些主要的大学就理念层面而言，已经触摸到办高等教育的一个应有高度了，要对其进行实质性的变更，不是说没有可能，而是没这个必要了。虽然当时各位大学校长的办学理念于实际上各有不同，然而却又是相似的，当时的大学注重的是风气，是办校精神，在国难深重的环境下尚能维持乃至发展起来，这种精神无疑代表了一种风骨，是不朽的，只能在它的基础上，结合时代的发展予以扩充和完善。

表6-1　部分民国时期大学校训及现在的校训

学校名称	民国时期校训	现在校训
清华大学	自强不息、厚德载物	自强不息、厚德载物
北京大学	博学、审问、慎思、明辨	爱国、进步、民主、科学
浙江大学	求是	求是创新
中央大学（南京大学）	诚朴雄伟	诚朴雄伟，励学敦行
南开大学	允公允能，日新月异	允公允能，日新月异

（二）大学校长毕业演说词的寄托

现代大学校长的毕业演说词也是能够透露出一些民国时期大学校长的高等教育思想痕迹。譬如北大原校长周其凤，他在2011届本科生毕业典礼上的演讲中就有许多话语能在北大的老校长蔡元培、胡适等人身上找到影子。周其凤的演说中讲："正所谓'万物并育而不相害，道并行而不相悖'。我们北大的学生，要保持这种胸怀。……以平等的眼光和开放的胸怀迎接世界！"[①]他的这番话传承了蔡元培兼容并包的思想精髓和世界主义的学术情怀。蔡元培素来有一种世界大同的意识，他认为世界上各国人人是平等的，都有受教育的权利。周其凤的演说中强调了大学服务社会的使命，提到了"圆梦计划·北大100"项目。这个项目是服务于广州700名农民工，让他们享受北大网络教育的一个项目，并且对其中的100名全额免费。这一举措说明北大有着提高农民工知识素

---

① 潘鸿雁.中国大学校长演讲录·毕业篇［M］.北京：北京大学出版社，2011：4.

养和技能的社会服务意识。周其凤认为北大能帮助这些青年农民工兄弟圆梦，是件非常有意义的事情。细细比较，这个计划与蔡元培时期在北大开展平民夜校的举动是何等相似，都反映了北大主张教育平等、服务社会的思想。对于服务社会的号召及对于教育平等的呼唤仍是今日高等教育的主流思想所在，令我们不禁对蔡元培思想的影响长远性深深叹服。

同时，周其凤对毕业生寄予期望："未来，我希望你们永远保持读书、思考的习惯……作为一个北大人，如果能时时寻找出几个值得研究的学术问题，发展出一些不限于工作的兴趣思考，那一定会为人生的成功奠定更为坚实的基础。"① 这样的话语，似乎我们可以在胡适身上看到影子，1932 年 6 月胡适在《赠予今年的大学毕业生》一演说中讲："总得时时寻一两个值得研究的问题！我们出学校之后，离开了做学问的环境，如果没有一个两个值得解答的疑难问题在脑子里盘旋，就很难继续保持追求学问的热心。……总得多发展一点非职业的兴趣。最好的救济方法只有多多发展职业以外的正当兴趣与活动。"② 虽然胡适当时尚不是北大校长，然而其在北大的影响力却是异常强大。同时，其对之后的北大校长的影响也是颇为巨大的。

南开大学校长龚克 2011 年 1 月于上任，其在当年的本科生毕业典礼上做的演讲就已经自觉地借鉴南开大学创始人张伯苓的观点作为他演讲上的主题与核心了。他的演说主题是"秉公尽能搏击人生"。他说"公"就是要有"公"之志，要有"公"之操守，要有"公"之襟怀；"能"就是要"能"学习，"能"吃苦，"能"合作。他的演说完全是继承并发展了张伯苓的高等教育思想，把"公"与"能"的内涵解释得更为明晰，在演说风格上，亦是充满了拳拳的勉励之情。他最后激情澎湃地说："相信同学们定能秉公尽能，守正创新，以'实干'向世人昭示巍巍我南开之精神！"张伯苓也曾在《随时求学造就知识完人》一文中道："好在我们南开的校友都有一种所谓'南开精神'。"南开精神就好像是南开大学的灵魂一样，已经渗入了其血脉，融入了其骨骼，南开

---

① 潘鸿雁.中国大学校长演讲录·毕业篇［M］.北京：北京大学出版社，2011：3.

② 胡适.赠予今年的大学毕业生［M］//季蒙，谢泳.胡适论教育.合肥：安徽教育出版社，2006：52–53.

的发展和壮大离不了这种精神。每一个南开人都深深地受到这种精神的鼓舞和振奋，作为南开校长，其感悟则是更为透彻。

南开有南开精神，而浙江大学则有求是精神。浙江大学老校长潘云鹤曾在2006年也即他最后一年担任浙大校长的本科毕业典礼上对"求是"精神予以了更深入的阐发，解读为科学精神、变革精神、奉献精神和创新精神。① 浙江大学的校训"求是"是竺可桢校长时代提出的。竺可桢以王阳明先生为榜样来阐述"求是"这一精神。"阳明先生学说的精粹是'心即理''知行合一'和'致良知'三要点。本校推原历史的渊承（本校前身是前清的求是书院），深维治学的精义，特定的'求是'二字为校训。阳明先生这样的话，正是'求是'二字的最好注释。我们治学做人之最好指示。"② 而在人才培养上，竺可桢校长曾提出，"大学教育的目标，决不仅是造就多少专家如工程师医生之类，而尤在乎养成公忠坚毅，能担当大任，主持风会，转移国运的领导人才"③。如今浙江大学明确提出要培养"具有国际视野的未来的领导者"，显然也是结合了时代发展的背景，承继竺可桢大学使命观的产物。

由上观之，结合现今的高等教育治校理念和办校方略，可以使我们清晰地看到民国著名大学校长高等教育思想的一些传承痕迹。民国著名大学校长的高等教育思想并非静止的死物，而是流动的，是有生命的。它在现代大学的治理中得到反映，其生命得到延续。同时思想也是与时俱进的，是随着时代发展予以不断更新、完善的。要使它得以发展壮大，需要高等教育研究者们和大学校长们更多地探索和研究高等教育的规律。

（三）中国建设世界一流大学的理念挈领

借用一位学术前辈的话语："作为特定文化共同体共享的精神遗产，文化记忆或集体记忆通过各种有形的载体或无形的渠道得以世代相传。"④ 套用在此，

---

① 潘鸿雁．中国大学校长演讲录·毕业篇［M］．北京：北京大学出版社，2011：137–138.
② 竺可桢．王阳明先生与大学生的典范［M］//竺可桢．竺可桢文录．樊洪业，段异兵，编．杭州：浙江文艺出版社，1999：103–104.
③ 同② 108.
④ 杨子．社会场景中的记忆与文化重构专题研究［J］．河南社会科学，2015（9）：12.

可以说民国著名大学校长的高等教育思想作为高等教育界的文化记忆和数代学人的集体记忆直接影响到了我们今天的世界一流大学建设的思维导向。目前围绕世界一流大学建设所展开的学界研讨，其核心观点仍在于大学理念和教育理念，只是多了一些与时俱进的大学制度和章程与之相匹配。办学定位和人才培养模式始终是世界一流大学建设过程当中的重中之重。而这个重中之重还是得回溯到对于大学办学理念和教育理念这两个根本性问题的考问上来。尤其是现代社会对于人性的自由发展越来越看重，大学的人文素质教育和通识教育被提到一个新的高度，如何更好地开展通识教育有了进一步的研究空间。

进入新世纪，在探索大学具体的办学思想和模式当中，民国著名大学校长的高等教育思想如通识教育理念也被不遗余力地引入建设世界一流大学的过程当中。以民国著名大学校长名字命名的学院如雨后春笋，在国内一流大学相继产生，如成立于2000年5月的浙江大学竺可桢学院（Chu Kochen Honors College，Zhejiang University），这是一个延续了竺校长通识教育理念而培养领袖人才的荣誉学院。又如北京大学于2001年启动的"元培计划"，亦是遵从了蔡校长的遗绪来进行卓越人才培养的操作性典范。2007年，"元培计划"拓展成"元培学院"，将通识教育理念上升到组织制度层面。近十几年来，国内的其他一流大学如清华大学、复旦大学、南京大学等皆创设类似的"学院"或"书院"，筛选少量优秀学生进入其中，为之提供专注于人文素养的通识教育，成为促进培育世界一流大学学生的摇篮和最佳土壤。在现今社会，通识教育的整体理念没变，但是其具体开展模式因时代发展和知识内容更新而有所变化，因此，如何更好地继承和发展民国著名大学校长高等教育思想成为赋予高等教育思想研究者们眼前的重要使命。

第二节　民国著名大学校长高等教育
思想研究的再反思

一、民国大学校长研究的"神话"预制

近年来，学界对于民国著名大学校长高等教育思想的研究较多，整体上呈现两种类型：其一，以教育史学科相关学者专家为首，以分析民国大学校长的日记和传记为抓手来深入剖析他们形成高等教育思想的心路历程及特点，可谓用力颇深；其二，以教育领域相关的教师和研究者为代表的研究，他们多选择以民国大学校长个体或二三人为研究主体，对这些大学校长的高等教育思想或者高等教育实践条分缕析地予以铺陈介绍，在此基础上总结高等教育思想或者理念的可借鉴之处。对于民国大学校长研究方面的两种趋向，前者姑且不论，后者亦有其广泛的读者群体，在学术知识产出中占据了一席之地。我们确实无法否认后面这种类型的研究也是经过了作者的一番史料整理、思考和提炼的，然而，站在学术研究和发展的角度看，后面这种趋向泛化的研究会产生一种隐性的负面效应，即现在学界一些学者所注意到的高等教育研究所出现的"神话"[①]现象。借用学者孙碧的分类方式，可以将民国大学校长研究的神话分为以下几种子神话。

第一，角色胜任神话。近些年民国著名大学校长的相关研究将民国著名大学校长的角色剖析铺陈开来，认为他们的角色横跨学术政治两界。如认为民国著名大学校长具有胜任无数角色加身的能力，譬如学术角色（学者、学术上的象征者、引领者和推动者、教育家）、政治角色（政府行政官员、校内外事务的沟通者、协调者、政治事业的推动者）。他们认为民国大学校长就该是既能

---

① 关于高等教育史研究方面出现的神话现象，至今已有多位学者提及，如魏定熙早在 1998 年就在《蔡元培与北大——还原神话背后的历史》一文中注意到这一问题，时隔二十年，相继又有学者如田正平、潘文鸯的《教育史研究中的"神话"现象——以蔡元培和国立西南联合大学为个案的考察》，孙碧的《走出神话时代：中国的美国高等教育史研究三十年》一文放眼中国学者的美国教育研究史研究现状来对"神话"这一现象作更为透彻的解析。

够胜任学术管理，也能够打通政治场域的人物。

第二，人格（魅力）神话。研究将大学校长的人格描述为诸如敬业奉献、求真务实、抱志自励、坚贞爱国、勤奋笃学等方面的人格特质。如有学者将蔡元培总结为具有崇尚真理、淡泊名利的学人风范，博厚儒雅、谦和温恭的宽容气度，刚正不阿、特立不屈的正义品格，宽容、和蔼、慎独、淡泊、仁爱、谦让、真诚、民主、崇高、刚直的优秀人格特质；有学者总结竺可桢具有学者风范、为人师表、清正廉洁、克己奉公、襟怀广阔、平易近人等人格魅力和道德情操。也有学者认为大学教育改革的成功反映出人格因素对文化的影响，彰显了大学校长的人格魅力。他们大多认为这样的人格（魅力）是一个教育家型大学校长所不可或缺的。

第三，思想及理念神话。学界的研究将民国大学校长的高等教育思想及其实践予以剖析，试图从中抽取提炼出对于我国现行世界一流大学建设有所启迪的理念和建制。如蔡元培在北大的"思想自由、兼容并包"思想、张伯苓与南开大学的"土货化"办学方针、西南联大的"自由"和"民主"办学氛围。这些思想和理念令今人无比仰望民国时期的大学，也使学者们对民国时期的大学和大学校长产生迷恋与崇拜的心理，较少有人去质疑包裹在其中的历史细节是否真的如想象中那样美好。

二、场景特质的呈现及"神话"的解构

毋庸置疑，从现有的文献检索记录来看，前辈学人们对于民国大学校长思想和理念的研究成果不可谓不多，其中也不乏一些真知灼见，但是整体上却呈现出只重思想和实践的借鉴、不重场景和过程的还原，或只唱赞歌、不论反思的研究价值趋向。这一研究取向被学者视为"神话"的预制，即事先已有了假设，民国大学校长，尤其是民国著名大学校长的高等教育思想中存在值得今人学习之处。因此在对民国著名大学校长的一番简单介绍之后，便直奔主题，将他们的思想条分缕析，对口地用在今日的高等教育改革和世界一流大学的建设之上。然而，这一泛化的研究路径确实有其偏颇性，为何？结合本书构建的场景理论，具体原因可以表现为如下几个方面。

（一）高等教育思想产生场景具有不可复制性和不可替代性

民国时期，社会动荡，军阀混战，在这样的一种场景中诞生的高等教育思想，有着浓厚的教育救国的底色。在新兴知识分子的教育（学术）救国的口号之下，高等教育思想的产生具有一股天生的悲怆感。照理说，它该是一种"被迫"的知识生产，但是在民国著名大学校长的思维运作中，却将这一高等教育知识生产的环节恰如其分地融入他们对时局、政治、社会、文化的感慨和时评当中。换言之，他们对于高等教育思想是信手拈来，却丝毫不见违和。他们的高等教育思想与其说是他们披荆斩棘得来的，倒不如说是他们的水滴石穿和厚积薄发。正如胡适在一篇留美日记中提及他每到一个地方就要融入那一地方的政治、社会，认为"此种阅历，可养成一种留心公益事业之习惯，今人身居一地，乃视其地之利害得失若不相关，则其人他日归国，岂遽尔便能热心于其一乡一邑之利害得失乎？"① 他们对于自身所处场景有一种敏锐的参与意识。这充分说明了高等教育思想产生场景的依附性。如果这些大学校长在成为大学校长前没有积极地投身于自身所处的场景，没有关心中国高等教育事业的发展，在担任大学校长之前没有像一位大学校长那样在时刻思考、准备着，那么也不可能在被任命为大学校长之时，马上就能上手。著名大学校长中的胡适在美留学时即经常与人探讨中国高等教育问题。有一次与英文教师亚丹先生谈话，先生言道："办大学最先在筹款，得款后乃可择师。能罗致世界最大学者，则大学可以数年之间闻于国中，传诸海外矣。康乃耳之兴也，白博士（Andrew Dickson White）亲至英伦聘 Goldwin Smith（戈德温·史密斯），当日第一史家也；又聘 James Lowell（詹姆斯·洛威尔），当日文学泰斗也，得此数人，而学者来归矣。"② 胡适的高等教育思想也许就是从这些点滴积累中汇聚而成的。

民国著名大学校长在演说、文章、时评中的高等教育见解是将高等教育与整个社会改良密切结合在一起的，因为秉持着教育（学术）救国的信念，可以说从一开始就有浓厚的工具主义色彩。然而初看之下是工具主义理性，仔细推

---

① 胡适. 吾对于政治社会事业之兴趣［M］// 胡适. 胡适留学日记：下卷. 北京：同心出版社，2012：585.

② 胡适. 国立大学之重要［M］// 胡适. 胡适留学日记：下卷. 北京：同心出版社，2012：326.

敲之下却是有其中国文化的价值理性蕴含其中。它们所学习融通的高等教育思想决非西学的照搬，而是以东方文化为根，用西方文化立身行事，譬如在对待东西文化的问题上，蔡元培明确提出："能保我性，则所得之外国之思想、言论、学术，吸收而消化之，尽为'我'之一部，而不为所同化。"①可见民国著名大学校长也并非为了仅仅救国，而且还要"不为所同化"，这就涉及价值理性的层面了。这种将自身的个性使命完全融入社会时代场景，将高等教育思想全然浸融于社会文化场景当中，从而衍生出中西结合的高等教育思想的场面，对于今人来说是不可复制的。儒学传统的熏陶和修养塑造了他们坚毅不拔的心性，同时，西学的多学科修养养成了他们为人处世的方式和风度。民国著名大学校长的人格魅力其实正是融汇在他们的文化底蕴之中，不通过文化及其所处的文化场景去考察，而单纯就大学校长的人格魅力谈人格魅力，将民国著名大学校长的人格神化，其实是为一种学术研究的浅表性行为。论事之根底既不深，自然也无法真正地给予读者以深切的印象和感受。

同时，不可复制性也意味着不可替代性。民国著名大学校长高等教育思想的习得或者说高等教育思想的践行经历了高等教育发展的黄金时期（1912—1928），这一时期政局混乱，旧政局解体，新的社会秩序尚未完全建立，在这样一个政治失序的特殊环境中，知识分子面对社会中的权力真空状态会产生一种相对较大的自由。民国大学校长作为其中的代表人物，具有较大的话语权，并且凭他们的学识亦有能力为引领教育发展和保持学术独立争得一席之地，因此他们积极地运用手上掌握的学术权力去与政治权力对话，争取在失序的政治权力场域中成功建立一套相对独立的学术权力体系。②高等教育思想就是他们借以与政治权力作抗争的利刃和信念。

（二）高等教育思想产生和实践场景具有错综复杂性

民国大学校长的高等教育思想并非一蹴而就的，它首先是各种场景综合作

① 梁柱.蔡元培的文化创新发现观［EB/OL］.（1999-04-16）［2019-03-19］.https://www.gmw.cn/01gmrb/1999-04/16/GB/18028%5EGM9-1616.HTM.
② 李欣然.学术与政治的殊途而同归——民国大学校长角色考察［J］.当代教育科学，2019（1）：42.

用下的产物，具有复杂性和多元性。

第一，表现为民国著名大学校长高等教育思想的来源之复杂。"弄清楚一个时代'思想资源'的版图、轮廓与内容非常不容易。"[①]民国著名大学校长所处的社会处于新旧交替之时，新旧思想并存，中西思想汇通，各种西学译著正好为他们打开了鸟笼，放飞了思想，尤其是在走出国门之后，民国著名大学校长的高等教育思想更是随着所见所闻所学日新月异日渐拔高。就理论渊源而论，高等教育思想的来源因此也有了中国儒学文化思想、西方大学理念与现代性观念谱系的成分。可以说，民国著名大学校长生逢其时，所面临的正是各种思想和文化的大杂烩：中外古今，应有尽有。这些都引导着他们无形中生成一种容纳百家、自由问学的学术和思想志趣，由此，高等教育思想被放置于一个大开大合的格局视野之中：世界主义、民族主义、民主主义、科学主义、人文主义、理性与浪漫、个人主义、国家主义等社会思潮纷至沓来。

第二，表现为高等教育思想产生场景之多维面相。不同人眼中的民国著名大学校长的高等教育理念和实践，尤其是实践场景容易产生多种面相。如教育史学名家田正平等人经各方面史料和小说资源的分析，发现"事实上，西南联大并不像我们所以为的一样，是一片学术净土，它更不是一个远离政治、与世无争的世外桃源。在联大的校园里，有党派斗争，也有政治博弈"[②]。同理，在看待和评价一位大学校长的高等教育思想之时，单一的眼光和视角也是要不得的。

第三，表现为实践高等教育思想的社会角色之多元。大学校长们在这一时代背景中扮演了多种角色，本该扮演的角色和本不必行使的角色同时登场。如肖卫兵认为国立大学校长面临着作为行政官员和国立大学长校人的角色冲突；面临着办学经费使用者与办学经费筹措者的角色冲突；作为学者与行政管理者的角色冲突。其中办学经费筹措者的角色本身不是国立大学校长应该承担的，然而在民国政治腐败、经济衰颓、教育经费朝不保夕的时期，连国立大学校长

[①]　王汎森.中国近代思想与学术的系谱：增订版［M］.上海：上海三联书店，2018：204.

[②]　田正平，潘文鸯.教育史研究中的"神话"现象——以蔡元培和国立西南联合大学为个案的考察［J］.高等教育研究，2017（4）：81.

都需要花费极大的精力出入于政治场域为本校发展谋"稻粮"。对于现今的大学校长而言，这可能是他们所无法想象的。因为这其中还包含有一些不是高等教育思想实践的内容，但确是为了保障高等教育思想实施而付诸的努力。由此可见，民国时期大学校长高等教育思想的实践场景比之现代大学校长的高等教育思想实践场景的异动性更多。此外，个别民国大学校长并非天生就擅长在政治场域与学术场域之间进进出出，任职民国著名大学校长期间与政府官员的周旋乃是一种心性的忍让和为高等教育事业的献身。细细研究史实，隐藏在史实背后的真相通过当事人的一些往来日记得以揭开，决非如某一些研究者笔下的民国大学校长驾驭多重角色依然游刃有余的神话，反而更多的是为了过渡、维持和发展高等教育事业，为中国大学走向现代化而做出的殚精竭虑之思和无奈之举。

综上所述，正因为民国著名大学校长高等教育思想产生的场景存在这些特性，本书认为，民国著名大学校长高等教育思想的产生植根于他们与自身所处场景的契合性。因为他们能够很好地融入所处的场景之中，通过各个场景的成长和历练，产生了适合那个时代且为那个时代所需的高等教育思想。然而我们后辈学人不能想当然地因为民国大学校长高等教育思想有这样一种光环效应，就可不加选择地拿来借鉴。高等教育思想传承下来的绝对不仅仅是这些文字化的思想和理念，更是蕴含在他们如何产生高等教育思想的一种精神和意志当中。换言之，研究要深入和严谨，而不能仅停留在现象的介绍上。诚如史学界名家田正平先生所言："诚然，任何一种研究都具有现实情怀，以史为鉴更是历史研究的重要价值。然而，若是我们以一种实用主义的心态去对历史做'预制性'的解读，那么，这种解读便会阻碍我们对历史的正确理解，更谈不上对现实有何助益了。"[①] 学界后起之秀孙碧亦言："研究者不应采取狭隘实用主义的态度对研究主题、史料选取和结论评价进行先入为主、取我所需、脱离语境和忽视学术脉络的构建。"[②] 这些振聋发聩之语警醒着我们，高等教育史研究应该

---

① 田正平，潘文鸯．教育史研究中的"神话"现象——以蔡元培和国立西南联合大学为个案的考察［J］．高等教育研究，2017（4）：81.

② 孙碧．走出神话时代：中国的美国高等教育史研究三十年［J］．高等教育研究，2019（12）：55.

有一份厚实的态度沉下来搞研究，而不是盲目地被当前的研究潮流引导而对所研究的事物及现象做出一种研究上的价值预制。如此，研究方才能真正做到有价值的产出。譬如，在研究某一民国著名大学校长的高等教育思想之时，要注意到底他的思想是经历了何种历史语境的蜕变才最终得以形成的，为何他会形成具有符合他的文化场景的高等教育思想，为什么其他人会形成别的高等教育思想？为什么我要借鉴他的高等教育思想，他的高等教育思想产生的场景是否与我所研究的现阶段的高等教育思想场景有着某种程度的契合性，为何能拿来为我所用？这些都是在研究类似选题时需要充分考虑的问题。

民国的五四新文化运动至今仅百余年的时间，一个世纪的时间说长不长，说短也不短。从民国时期展开高等教育现代化进程，到21世纪的第一个二十年，我们已经努力开始争创高等教育强国，反映出时代场景的瞬息万变，也折射出现代高等教育研究者和高等教育行政相关人员对于高等教育发展的关注。然而我们在研究民国大学校长高等教育思想的同时，尤其还要警惕一个问题，即民国著名大学校长的高等教育思想是否还能够分毫不差地挪用到我们当代高等教育的发展之上。这里要注意的是一个原义、它义和今义之间的取舍。民国著名大学校长的高等教育思想在今天被不断阐述和细化，它会不会发生异化？民国著名大学校长所关注的高等教育思想——办学理念与教育理念的重心在今人看来是否发生了偏移？随着现代高等教育研究场景的变化，民国著名大学校长的高等教育思想是否可以挖掘出新意？这些想必是今后值得进一步研究和深思的问题。

三、"神话"的内伤：高等教育思想的历史局限性

事实上，民国著名大学校长的高等教育并非如学界所标榜的那样辉煌一片，当我们用一种理性的眼光来看待他们的高等教育思想时，发现受限于历史和时代因素，民国著名大学校长的高等教育思想虽然在发出时代先声方面尤为出色，对于后世高等教育学基本理论体系的奠基和型塑也起了一定的作用，然而他们的高等教育思想却存在一定的理论体系上的缺位。

李硕豪等认为："事实描述阶段是建构高等教育理论体系的基础和出发

点。……古今中外的高等教育活动积累了大量的经验事实和理论事实，这些事实是建构高等教育学概念、判断和结论形成的基本依据，也是论证高等教育基本原理的依据和形成理论体系的基础。"① 民国著名大学校长的文章或者演说大多是以描述、分析乃至解决某一问题为基础，还停留在建构高等教育思想体系的经验事实描述阶段。在这一阶段，民国著名大学校长的高等教育思想已经具备了经验事实的体系。目前高等教育学的很多问题，尤其是学生治理这方面的问题，都曾在这些大学校长们的文章中有过论述，而且前辈校长们引经据典、中西交融的问题分析方式确实将一些问题的研究提升到了相当的高度。他们所关注的焦点问题，无论是对当时还是现在，都有很强的触发作用。

概览这些大学校长的文章或演说，大都是针对特定的问题而生。譬如，傅斯年在其《教育崩溃的一个责任问题》一文中谈到："至于邱先生向我提出讨论的三件事，及大学应否有教育学院，煞是大题目，将来我当作一文，敬求指正。"② 由此可见一斑。通过对《选编》一书的统计③ 可得（见表6-2），11 位大学校长的文章中着重于现实问题提出和解决的相关文章有 67 篇，而倾向于理论探讨的文章则有 40 篇。

---

① 李硕豪，闫月勤.高等教育学理论体系研究之研究［J］.江苏高教，2004（5）：27.
② 傅斯年.教育崩溃的一个责任问题——答邱椿先生［G］//周谷平，赵师红.走向一流的历史轨迹：中外著名大学校长治校理念与办学制度文献选编（中国卷之一，1）.杭州：浙江大学出版社，2015：65.
③ 统计依据是：该篇文章是否有明确的理论论点并有大量的论据予以支撑。如果否，则是前者，如果是，则是后者。演说类的文章因为应用性较强，暂归于前者。当然，这种划分只是为了说明文章的某种倾向而已，还是相对粗糙的。

表6-2　倾向于问题提出（解决）和倾向于理论探讨的文章篇数统计

校长	倾向于问题提出（解决）的文章篇数	倾向于理论探讨的文章篇数	比值
蔡元培	19	4	19：4
傅斯年	6	0	6：0
郭秉文	3	0	3：0
胡适	7	3	7：3
胡先骕	4	3	4：3
蒋梦麟	6	4	6：4
罗家伦	1	4	1：4
梅贻琦	5	5	5：5
任鸿隽	7	8	7：8
张伯苓	3	5	3：5
竺可桢	6	4	6：4
总计篇数	67	40	67：40

由表6-2可见，对现实问题的探讨占了多数，说明民国著名大学校长高等教育思想方面的文章是以对经验事实的探讨为主，以对理论事实的探讨为辅。形成这种局面的原因在于：第一，当时的时代环境使然。民国时期，时局不稳，政局动荡，教育方面存在的问题较多，作为大学校长或关心高等教育的他们，需要认清种种问题，并寻求相应的对策，因此很多演说性文章都是对当时的某些热点问题展开的，尤其是对学生学风探讨的演说性文章是颇多的。第二，作为接受过中西方文化的熏陶的人物，这些学者和知识分子不仅就问题分析问题，同时也开始接触了一些西方高等教育的理念，因此他们的文章中涌现了一些现代大学理念的词汇，并对之进行了初步的理论性解读。这是中西文化交流碰撞的产物，是自然而然的。但是在实际的问题探讨中，可以看出主要还是沿用了儒家文化的思想资源，或者说儒家思想还是作为知识的主要背景和基础存在的。

从整体上看，民国著名大学校长对东西方各种教育理论学说保持着高度的敏感性。在当时救亡与启蒙的双重时代要求下，大学校长们对于所习得或者接触到的西方教育理论颇有种"不管三七二十一，先拿来再说"的思想。一旦发现其中有值得中国学习的，他们便将之拿来，与中国文化环境做一细细比较，权衡是否可资利用。"提炼与摄取西方思想资源、尝试一种西方式生活方式并进而构建一己之价值理念是为近代中国留学生思想演进的一般程式。"①他们在融会贯通上极尽所能，但是在创造性转化上却多有欠缺。因此，在民国当时很难称得上有自成一派的高等教育思想家，充其量只能成为教育家。蔡元培虽是其中的佼佼者，但是他的高等教育思想亦是多有借鉴德国的高等教育思想，再结合他本人根深蒂固的传统儒家思想生发而来。相比较而言，可能对于那些亲自创办一所大学的校长，如张伯苓、雷沛鸿而言，他们的高等教育思想中稍微带些个性化和本土化的东西，但是离体系化的思想终究还有一些距离。

造成上述问题的原因在于民国著名大学校长对于高等教育思想的把握只是处于自为阶段，尚未形成自觉意识。高等教育思想中的大学理念和教育理念均属于高等教育研究的内容范围，但是在当时，这些大学校长们并未形成主动的高等教育研究意识，他们只是就事论事，就现状言现状。因此，他们的高等教育研究少了一些系统性和理论性。换言之，他们只有作为大学校长履行治校职能之使命，却无高等教育理论建树之希冀。当然，这也与当时时代环境下高等教育研究的理论意识缺乏相关。我们不能因此而过于求全责备。

---

① 张睦楚.民族意识与自由主义的双重变奏：留美中国学生联合会之历史考察［M］.北京：社会科学文献出版社，2018：234.

第七章 结语及展望

第一节 基于场景分析的民国著名大学校长高等教育思想

一、形成过程

民国著名大学校长出国留学前置身于中国复杂剧变的社会场景中，他们高等教育思想文化价值观场景或者说高等教育思想形成的"真实性"与"合法性"处于酝酿和建构的过程当中。中国传统儒道思想早已深入骨髓，即使封建礼教遭遇新文化运动的大肆批判之后，其中的一些教育方面的道德伦理思想依然有着生命力，在与外来的西方现代大学理念、西方现代性价值观念、古希腊教育哲学思想的碰撞和交融中构成了民国著名大学校长高等教育思想生发的底色调。

如果说历史是一块调色盘，那么民国著名大学校长们就是那些调色之人。色调得好不好看，底色调是极为关键的，虽然底色调大体如一，但是每个人的落笔方式和着力点有所不同，因此画出来的画也有所差异。民国著名大学校长所置身的地域文化，所经历的留学教育，所拥有的学术师承，所参与的学术网络，所担任的社会职务呈现出不同的场景，因此也具有了高等教育思想上的一些个性化特征。在社会基础场景的共性和地域文化、教育（学术）和社会任职场景的个性的共同浇筑下，他们高等教育思想日渐成形，文化价值观场景中的"真实性"与"合法性"得到不同程度的彰显。

民国著名大学校长的高等教育思想正是在社会基础场景、地域文化和具体的教育文化和组织任职场景的共同作用下形成的，其中社会基础场景以及教育文化场景中传播的思想文化观念提供了高等教育思想的来源基础。或者更准确地说，民国著名大学校长的高等教育思想是他们将社会基础场景中的高等教育相关思潮、理念与个人教育、学术、任职中的信念、理想和价值观念融合在一起，通过进一步筛选和化合而成的。这种合成不是一种物理意义上的简单搅拌，而是化学意义上的质变新生，对于我国现代大学的创办、定位、运行和管理产生了前所未有的重大影响。

二、影响因素

民国著名大学校长在高等教育思想形成过程中，受到了场景中各种要素的影响，并且场景的空间结构也对他们高等教育思想的意义建构和场景的深层次结构产生作用。

首先是基础场景对民国著名大学校长行动和文化价值观的规约性。在内忧外患的时代和局势影响下，民国著名大学校长很早就认识到了他们出国留学、游学的目的和获取高等教育思想的理由，教育、学术、科学救国的信仰成为他们出国留学、游学的精神和动力支撑。在"无序且多元"的思想文化的冲击下，民国著名大学校长高等教育思想的基础思想资源相当丰富，高等教育思想产生的合法性得到确认。

其次是教育文化场景所带来的身份界定和自我认知的加强。通过接受中西两种不同的教育（尤其是高等教育）和对中西文化进行比较，他们认识到自身作为时代新知以及传播、实践高等教育思想的角色和使命，遂进一步树立了想要创办现代一流大学的使命。不同留学国度（德国和美国）的文化和不同形态的学术谱系（学术师承或学术网络）对于他们高等教育思想的思维模式、认知结构、高等教育价值观等起到了潜移默化的影响。西方大学理念和古希腊教育哲学思想的直接体悟或间接阅读进一步深化了他们对于高等教育思想的认知。他们获取高等教育思想的能力和知识储备日益提高和完善，从而使他们高等教育思想产生的真实性得到体认。

最后是社会任职场景对于民国著名大学校长外在共同表现的影响。社会任职场景是一面镜子，某种程度上可以检验民国著名大学校长高等教育思想的真伪和效度。民国著名大学校长本质上是否坚持他所提出的高等教育思想，从他推行的高等教育管理制度以及他是否义无反顾地捍卫其大学校长的职责使命就可以得到体现。他们高等教育思想的社会实践呈现多元面相。为了使自身融入社会任职场景之中，成功扮演好大学校长这一角色，他们无论是在"前台"还是在"后台"都付出了较大的努力，按照戈夫曼的拟剧理论，某种程度上来说高等教育思想实践的戏剧性也得到彰显。

综上，场景中的深层次结构（合法性、戏剧性和真实性三个主维度）受到民国著名大学校长所置身的场景空间结构的影响。场景深层次结构的体认对于民国著名大学校长高等教育思想的形成和实践而言是至关重要的。

三、形成特点

在民国著名大学校长高等教育思想形成过程中，由于场景空间结构的影响以及场景中大学校长的行动和角色扮演，高等教育思想在形成过程中呈现了一些特点。

第一，高等教育思想形成的场景主导性。结合如上高等教育思想形成及意义建构的影响因素分析，可以看出场景对民国著名大学校长高等教育思想形成的主导作用。他们的高等教育思想是从当时的社会时代环境、社会文化思潮和教育文化场景中汲取而来的，或称之为是对中国近代高等教育在社会—历史条件之下如何发展的一种遐思与探究。他们汲取这些高等教育思想（大学理念和教育理念）的初心并非为了去胜任大学校长的角色，而是骨子里有一种受命于时代和时势、力图通过改造教育进而改造社会的知识分子的"先天下之忧而忧"的使命感。因此，才有了他们接下来的一系列作为和实践。他们的高等教育思想形成受到场景（社会思想文化场景）启发，依赖于场景（教育文化场景），甚至他们高等教育思想的传播和实践也以中国现实场景为依托，场景主导性正是他们高等教育思想形成中的一个显著特征。

第二，高等教育思想形成的场景交叠性。民国著名大学校长所处的具体场景之间具有一定的相关性，譬如地域文化场景与教育文化场景有着交集，而教育（学术）场景与社会组织的任职场景又有着千丝万缕的联系。但是教育（学术）场景始终是高等教育思想生发的关键性场景。书中阐述国内不同的出生地域和身处不同的留学地域会形成不同的个性特质和思维模式，两者都是后天生成的，而这之间的权衡往往就呈现为中西不同文化、知识结构和思维模式的对决。两者的交集就是最后成功地融入民国著名大学校长高等教育思维结构和理念中的那部分。类似的，对于当时广为重视学术思想交流的民国知识分子而言，教育（学术）场景和社会任职场景对他们来说在某种层面上是重叠的。如前所述，这种重叠不仅仅是指地域空间上的重合，还指向学术师承、网络（学术关系）的深化维系层面，有些大学校长拥有着相似的学术师承，如胡适和蒋梦麟，因此在一同管理北大的实践中具有更多的共同话语。而对于个别大学校长而言，在某一时间同时置身于教育文化场景和社会任职场景中也是有可能的，譬如蔡元培在担任北大校长期间，还曾数次游学德法。概而言之，民国著名大学校长在接受教育（包括自学）和学术交游的过程中生发了自身独特的高等教育感悟，在大学校长的管理岗位上积累了实用的高等教育办学理念和教育理念。高等教育思想的形成和传播是并行不悖的。高等教育思想在思想的不断交流和传播中形成，而形成过程又是沿着有助于传播的路径进行的。他们的高等教育思想在某种程度上是可以通过所在社会场景的重叠性得以共享、承继和流变的。

第三，高等教育思想形成的"人—场景"契合性。虽然在高等教育思想形成过程中，场景的影响无处不在，但是若没有能够契合所在场景的人的主观作用，高等教育思想却也不是能够形成的。民国著名大学校长所面临的时代场景是不可复制的，教育文化场景尤其是社会任职场景更是复杂多元，这就需要他们始终不忘教育救国的信念以及创设现代一流大学的使命，在人与场景的互动中，付出迥异于常人的努力。同时也正是因为他们自身具备较好的素质，能够很好地融入所处的场景之中，并通过在各个场景中的成长和历练，产生了适合那个时代并为之所需的高等教育思想。在当时内忧外患的时代环境下，民国著名大学校长高等教育思想的形成不仅是社会对他们的要求，更是他们主观意识上的自觉选择，是他们的社会责任感和民族使命感的展现。他们欲"于世界学术界中争一立脚之地"，就必须大力发展中国的高等教育，就必须探寻那些适合中国国情的高等教育思想并将其制度化，落实到实践。正如一位学者所言"民族意识与现代高等教育及现代学术的关系，实在是一个一言难尽的复杂问题"①。同时还值得注意的是，民国著名大学校长在面临社会场景转换和社会角色变更之时也承受了一些心理上和生理上的压力，但是他们能够积极调试心态，借助外力去沟通和斡旋，为他们高等教育思想的实施排除了后顾之忧。这说明无论大学校长处于何种场景（如学域场），对于与之相关的场景（如政域场）的认知和维系也是非常重要的。大学校长如何维系好所处场域之间的关系应该是一个可以进一步深化的研究方向。

第二节　现代大学校长高等教育思想
形成的场景状貌

现代大学校长高等教育思想的获得更多地依赖文本式的学习和自身对高等教育的体验，对于高等教育的感触可能更多地停留在理性思考层面，少了一点民国时期大学校长那种时不我待、教育救国的激情澎湃。这点或许是改变不了的事实，因为如今已经缺少民国时期那种时代氛围了。这正是由民国著名大学校长高等教育思想产生基础场景的不可复制性和不可替代性所决定的。与民国著名大学校长高等教育思想产生的场景相比，现今大学校长所处的基础场景、教育场景和社会任职场景，虽仍有一些共通性，然而在其场景的功能发挥上，却表现出较大的差异。

一、基础场景健全平稳却无法形成核心凝聚力

不似民国时期那样动荡不安，现代大学校长所处的时代是一个和平、稳定的时代，在经济政治文化的发展上面，与民国时期自是不可同日而语，尤其是在日新月异的思想文化领域，更是不同于民国著名大学校长高等教育思想孕育初期较为简单的底色调。由于人类知识正以几何级数递增，现代人获取知识的方式与民国时代知识分子相比多了很多种途径，如通过互联网和邮件进行沟通

---

① 郭晨虹. 大学模式转换与中国高等教育变革——对北京大学的考察（1917—1937）[D]. 杭州：浙江大学，2010：208.

交流，与此同时，知识构成亦呈现了很大的不同。正如学界所言，"场景不是别的，就是人们日常生活的世界"[①]。现代社会越来越成为一个多媒体交互及渗透无处不在的"超链接"共同体。由于人们面临的可获取的思想资源多元且庞杂，这使得人们很难有一种固定的价值取向或者人生信念追求。如果放到现代大学校长身上，则表现为普遍缺乏一种发自内心深处的强有力的高等教育信念和追求，更遑论大学校长之间形成一股强有力的创建高等教育强国的凝聚力。这可能是因为缺少一种时代的危机感而导致高等教育理想和信念的不发达。所谓"时势造英雄"，其实"卓越大学校长"往往也需要借助时势来造就。解决这一问题，可能还是需要进一步加强爱国主义教育，培养青年知识分子心中对于献身于高等教育的使命感和责任感。

二、教育文化场景宏大规整且"亚教育文化场景"开始出现

现代大学校长，从年龄上推算，大多出生于 20 世纪 60—70 年代，相较于民国时期大学校长，这一时代的大学校长绝大多数接受了系统的现代化教育，其留学教育不仅仅局限于欧美等特定的几个发达国家，而是放眼世界各高等教育强国，他们在教育上以取得高学历文凭为旨归，在思想上大多受过多学科知识领域的洗礼，具备宽口径的知识储备，在教育文化场景中可谓是熠熠发光。曾有学者对我国公办高职院校校长任职特征进行过研究，发现"我国高职校长以理工科背景为主，占 51.6%，超过校长总数的二分之一，人文社科类背景较少，而教育学、管理学出身的高职校长仅为 14.5%，说明高职校长整体上缺少学校教育管理经验"[②]。由此或可大致推断，综合大学校长中研究教育出身或专事高等教育研究的大学校长也只占少数。然而，"因为高等教育研究对象的独特性，任何置身于高等教育领域中的人都可以就高等教育的问题进行分析、论辩和发表自己的观点"[③]。所以非教育科班出身并不妨碍大学校长们在教育文化

---

① 阎峰. "场景"即生活世界——媒介化社会视野中的"场景"传播研究［D］. 上海：上海师范大学，2018：19.

② 毛建青，陈文博. 我国公办高职院校校长任职特征及问题管窥［J］. 黑龙江高教研究，2018（1）：122.

③ 杨凯良. 高等教育学学科知识生成路径分析［J］. 江苏高教，2016（3）：56.

场景中孕生自己独特的大学理念或者教育理念。现代社会有着民国时期无法比拟的丰富的高等教育思想交流渠道。大学校长们可以通过互联网络途径获知世界高等教育局势并实时把握国家高等教育发展状况，而这正是媒介化场景社会所带来的对于教育及学术长足促进和发展的益处，姑且可将其称之为"亚文化教育场景"。

三、社会任职场景中高等教育思想的实践面临着主客观挑战

"教育家"是现代社会人士给予民国著名大学校长如蔡元培、张伯苓、梅贻琦等人的美誉，然而若真结合民国的时代环境，"教育家"只是他们所扮演的"教育救国者"或"学术救国者"角色的自然而然的升华而已，他们高等教育思想的本质出发点在于救国和强国。为此，他们在多种场合发表演说等途径鼓舞学风、提倡改革。他们将思想不仅惠及大学师生，也惠及广大社会民众，敢为人先地为社会开一系列风气。他们的眼光不仅着眼于发展大学的学术，也是要通过改造教育来改造社会。他们不仅是新思想的磨刀者，也是吹动新思潮传遍中国大地的鼓风机。

结合现实的社会语境，建设世界一流大学，办好人民满意的高等教育，大学校长的社会角色定位也显得更为复杂。由于现代社会公立大学校长普遍采用政府直接任命的方式，因此其角色更多的只能是政府官员而非教育家，这就与现实高等教育发展要求的语境相悖，事实上确实存在着高等教育思想实践的主客观挑战。

来自主体层面的挑战在于：民国著名大学校长的社会任职场景对他们的诉求使他们的角色超脱于纯粹的一校之长，那么现代大学的一校之长只需管好一所学校的发展就够了吗？显然是不够的。虽然大学服务社会的功能已为现代大学校长大力强调，但那只是在学校的政策或是制度宣传层面，我们鲜少看到如今的大学校长主动公开发表一些提倡社会风气或发展社会文化的文章或演说。虽然不置身于民国那种特定的时代环境，缺少一些能够令人心潮澎湃需要诉诸高等教育演说的场景，然而大学校长作为知识分子中的精英，是社会的良心所在，对于社会公共知识分子的角色应该更多一份领悟和行动。毕竟投身于建设

世界一流大学与关注于社会文化和谐发展可以并行不悖。

来自客观层面的挑战在于：在政府直接任命和委任的制度下，深具高等教育情怀的公立大学的大学校长一切以国家整体发展形势和政治言论为风向标，久而久之，大学内部日渐流失学术自由思想自由的活力，大学理念和教育理念实践的应有空间遭到挤压，最终形成高等教育系统的整体和局部"失语"现象。到时，徘徊于政府官员和学者教育家之间的大学校长又该何去何从？

第三节　现代大学校长高等教育思想
场景建设的路向

现任中央财经大学党委副书记、校长王瑶琪在《功能·领导力·角色定位：现代大学与大学校长》一文中，对于大学校长的领导力提出了六点美好的希冀，即：具备坚定的政治信仰与深厚的家国情怀；具备用哲学观和历史观理性分析问题的能力；具备一流的教育理念与学术前瞻能力；具有广阔的国际视野与全球战略眼光；具有坚定的执行推进与综合协调能力；拥有高尚的道德修养与人格魅力。他认为，成为真正懂政治的教育家应是大学校长们的共同追求和首要角色。[①]这番展望为我们寻求现代大学校长高等教育思想场景建设的路向提供了思路和方向。

首先，在基础场景层面，应给予现代大学校长一种无与伦比的危机感和强烈的使命感。"时至今日，新的科技产业革命、全球文化冲突、世界多极化发展、政府（市场、社会）等主体的多样需求，使大学组织处于更加复杂与不确定的发展环境中。"[②]大学校长面临的高等教育强国建设使命时不我待。大学校长应该摒弃一种只为一己职务之履行的简单思维，而有一种舍我其谁的强烈现

---

①　王瑶琪. 功能·领导力·角色定位：现代大学与大学校长 [J]. 北京教育（高教），2019（10）：79-81.

②　王瑶琪. 功能·领导力·角色定位：现代大学与大学校长 [J]. 北京教育（高教），2019（10）：80.

实关怀和深厚教育情怀，认识到这一点，他们高等教育思想产生的场景才能有灵魂指引，他们也不至于迷失了高等教育思想实践的方向。

其次，在教育（学术）文化场景层面，可以借由各种线下和线上途径加强国际国内先进高等教育思想的宣贯，使全球高等教育治理思维扎根现代大学校长内心深处。短期或长期的国际教育访问与交流仍不失为一种很好的校长们共通高等教育思想的渠道。高等教育思想的本土化和全球化等问题的探讨开始进入学界的研究视域。大学校长们亦可借由大学校长高峰论坛等形式来共享交流高等教育思想，使得大学校长的高等教育思想达到互通有无，取长补短。此外，如前所言，也可以利用网络平台所搭建的"亚教育文化场景"创设高等教育思想的共享和繁荣。

最后，在社会任职场景的维系上，通过建立相对完善的大学校长遴选制度，培育出一批懂政治的教育家，为大学校长高等教育思想的传播与实践筛选出更为合适的人选，如此也可以更好地促进和保障现代大学校长任职实践过程中的自我认同和自我完善。较之民国大学校长，现代大学校长中更多的是一些理工科类型的专家、学者，因此，是否具有深切的人文关怀，是否深谙高等教育规律，能否在认清当前高等教育面临的理想和现实之矛盾的同时心中仍保有美好教育的情怀并朝着教育理想不断努力，能否真正地以教学为支撑、以学术发展为本位、以服务社会为方向，能否自如地在政域场和学域场之间调适高等教育管理思维以达至高等教育治理效能的最大化等诸如此类的问题和因素应当是衡量大学校长胜任与否的一些关键性指标。

此外，应当鼓励和倡议现代大学校长在推动教育事业发展的本职之外不忘观照社会改革事业，为促进社会良性运行积极建言献策，成为推动社会改革和发展的旗帜性人物，也会使得大学校长高等教育思想的推行更具说服力，博得更高的支持度。

参 考 文 献

［1］（美）史密斯.民族：是真实的还是想象的［M］//莫迪默，法恩.人民·民族·国家.刘泓，黄海慧，译.北京：中央民族大学出版社，2009.

［2］（美）M·E·斯皮罗.文化与人性［M］.徐俊，译.北京：社会科学文献出版社，1999.

［3］（美）简·杜威.杜威传［M］.单中惠，编译.合肥：安徽教育出版社，1987.

［4］《江西师范大学校史》编写组.江西师范大学校史［M］.南昌：江西高校出版社，2000.

［5］《南大百年实录》编辑组.南大百年实录：上卷·中央大学史料选［M］.南京：南京大学出版社，2002.

［6］白吉庵，刘燕云.胡适教育论著选［M］.北京：人民教育出版社，1994.

［7］蔡元培.蔡元培自述［M］.文明国，编.北京：人民日报出版社，2011.

［8］陈宝云.学术与国家：《史地学报》及其学人群研究［M］.合肥：安徽教育出版社，2008.

［9］陈独秀.陈独秀著作选：第一卷［M］.上海：上海人民出版社，1984.

［10］陈明珠.五四健将——罗家伦传［M］.杭州：浙江人民出版社，2006.

［11］陈平原，谢泳.民国大学：遥想大学当年［M］.北京：东方出版社，2012.

［12］陈旭麓.近代中国社会的新陈代谢［M］.北京：生活·读书·新知三联书店，2017.

［13］陈学飞.美国高等教育发展史［M］.成都：四川大学出版社，1989.

［14］陈远.负伤的知识人：民国人物评说［M］.北京：商务印书馆，2011.

［15］ 程舜英.两汉教育制度史资料［M］.北京：北京师范大学出版社，1983.

［16］ 崔志海.蔡元培传［M］.北京：红旗出版社，2009.

［17］ 党跃武.川大记忆——校史文献选辑：第一辑［M］.成都：四川大学出版社，2010.

［18］ 东南大学高等教育研究所.郭秉文与东南大学［M］.南京：东南大学出版社，2011.

［19］ 杜成宪，崔运武，王伦信.中国教育史学九十年［M］.上海：华东师范大学出版社，1998.

［20］ 杜威.民主主义与教育［M］.王承绪，译.北京：人民教育出版社，2版.2001.

［21］ 范寿康.教育哲学大纲［M］.上海：商务印书馆，1923.

［22］ 费希特.对德意志民族的演讲［M］.梁志学，沈真，李理，译.沈阳：辽宁教育出版社，2003.

［23］ 费正清.剑桥中国晚清史（1800—1911）：下卷［M］.北京：中国社会科学出版社，2007.

［24］ 冯夏根.文化关怀与民族复兴——罗家伦的思想人生［M］.北京：人民出版社，2009.

［25］ 傅斯年.傅斯年全集［M］.台北：联经出版事业有限公司，1980.

［26］ 傅斯年.傅斯年自述［M］.文明国，编.安徽：安徽文艺出版社，2014.

［27］ 高平叔.蔡元培全集：第3卷［M］.北京：中华书局，1984.

［28］ 高平叔.蔡元培全集：第4卷［M］.北京：中华书局，1984.

［29］ 高瑞泉.中国现代精神传统——中国的现代性观念谱系［M］.上海：上海古籍出版社，2005.

［30］ 格里德尔.知识分子与现代中国［M］.单正平，译.天津：南开大学出版社，2002.

［31］ 格林菲尔德.民族主义：走向现代的五条道路［M］.王春华，祖国霞，魏万磊，等译.上海：上海三联书店，2010.

［32］ 郭秉文.中国教育制度沿革史［M］.储朝晖，译.北京：商务印书馆，

2014.

［33］ 郭建．哈佛大学发展史研究［M］．石家庄：河北教育出版社，2000.

［34］ 郭廷以．近代中国的变局［M］．北京：九州出版社，2012.

［35］ 哈佛燕京学社．人文学与大学理念［M］．南京：江苏教育出版社，2007.

［36］ 韩文宁，张爱妹．罗家伦史学与教育论著选［M］．南京：南京大学出版社，2010.

［37］ 何雨．社会学芝加哥学派：一个知识共同体的学科贡献［M］．北京：社会科学文献出版社，2016.

［38］ 贺国庆．近代欧洲对美国教育的影响［M］．保定：河北大学出版社，1994.

［39］ 贺照田．在历史的缠绕中解读知识与思想：下［M］．长春：吉林人民出版社，2011.

［40］ 黑格尔．哲学史讲演录：第一卷［M］．北京：商务印书馆，1981.

［41］ 胡绳武．清末民初历史与社会［M］．上海：上海人民出版社，2002.

［42］ 胡适，朱永新．做不受人惑的人［M］．苏州：古吴轩出版社，2016.

［43］ 胡适．博爱：胡适人生讲演集［M］．昆明：云南人民出版社，2012.

［44］ 胡适．胡适留学日记：上卷［M］．北京：同心出版社，2012.

［45］ 胡适．胡适留学日记：下卷［M］．北京：同心出版社，2012.

［46］ 胡适．中国哲学史大纲［M］．北京：中国城市出版社，2012.

［47］ 胡颂平．胡适之先生年谱长编初稿：第一册［M］．台北：联经出版公司，1984.

［48］ 胡宗刚．不该遗忘的胡先骕［M］．武汉：长江文化出版社，2005.

［49］ 胡宗刚．胡先骕先生年谱长编［M］．南昌：江西教育出版社，2007.

［50］ 华银投资工作室．思想者的产业——张伯苓与南开新私学传统［M］．海口：海南出版社，1999.

［51］ 黄延复，钟秀斌．一个时代的斯文：清华大学校长梅贻琦［M］．北京：九州出版社，2011.

［52］ 黄炎培．吾师蔡孑民先生哀悼辞［M］//梁柱．蔡元培与北京大学．北京：

北京大学出版社，1996.

［53］ 霍益萍．近代中国的高等教育［M］．上海：华东师范大学出版社，1999.

［54］ 季蒙，谢泳．胡适论教育［M］．合肥：安徽教育出版社，2006.

［55］ 蒋梦麟，梁启超，蔡元培，等．心理学的盛宴［M］．简宁，编．哈尔滨：哈尔滨出版社，2019.

［56］ 蒋梦麟．过渡时代之思想与教育［M］．北京：知识产权出版社，2016.

［57］ 蒋梦麟．西潮［M］．昆明：云南人民出版社，2016.

［58］ 蒋梦麟．西潮·新潮［M］．长沙：岳麓书社，2000.

［59］ 蒋梦麟．西潮与新潮——蒋梦麟回忆录［M］．北京：东方出版社，2006.

［60］ 蒋梦麟．现代世界中的中国——蒋梦麟社会文谈［M］．上海：学林出版社，1997.

［61］ 蒋梦麟．蒋梦麟自传：西潮与新潮［M］．北京：团结出版社，2004.

［62］ 蒋廷黻．中国近代史［M］．武汉：武汉出版社，2012.

［63］ 教育杂志社．教育法令选：下［M］．上海：商务印书馆，1914.

［64］ 金忠明，廖军和，张燕，等．中国近代科学教育思想研究［M］．北京：科学普及出版社，2007.

［65］ 李传玺．现代大学校长文丛：胡适卷［M］．合肥：安徽教育出版社，2015.

［66］ 李济．考古琐谈［M］．武汉：湖北教育出版社，1998.

［67］ 李明德．西方教育思想史——人文主义教育之演进［M］．北京：人民教育出版社，2008.

［68］ 李清华．中国传统人文教育思想［M］．福州：福建教育出版社，2015.

［69］ 梁吉生．张伯苓的大学理念［M］．北京：北京大学出版社，2006.

［70］ 梁启超，王国维，蔡元培，等．国学的盛宴［M］．高敬，编．北京：新世界出版社，2016.

［71］ 梁启超．梁启超全集：第5册［M］．北京：北京出版社，1999.

［72］ 梁启超．清代学术概论［M］．北京：人民出版社，2008.

［73］ 梁漱溟．东西文化及其哲学［M］．北京：商务印书馆，1987.

［74］ 列文森.儒教中国及其现代命运［M］.郑大华，任菁，译.桂林：广西
师范大学出版社，2009.

［75］ 林毓生.思想与人物［M］.台北：联经出版社，1985.

［76］ 刘桂生，张步洲.陈寅恪学术文化随笔［M］.北京：中国青年出版社，
1996：17.

［77］ 刘克选，方明东.北大与清华——中国两所著名高等学府的历史与风格
［M］.北京：国家行政学院出版社，1998.

［78］ 刘梦溪.中国文化的张力：传统解故［M］.北京：中信出版集团股份有
限公司，2019.

［79］ 刘述礼，黄延复.梅贻琦教育论著选［M］.北京：人民教育出版社，
1993.

［80］ 刘维开.罗家伦先生年谱［M］.中国国民党中央委员会党史委员会，
1996.

［81］ 罗久芳.罗家伦与张维桢——我的父亲母亲［M］.天津：百花文艺出版
社，2006.

［82］ 罗素.西方的智慧［M］.瞿铁鹏，殷晓蓉，王鉴平，等译.2版.上海：
上海人民出版社，2017.

［83］ 吕思勉.中国通史［M］.北京：民主与建设出版社，2011.

［84］ 马亮宽，李泉.傅斯年：时代的曙光［M］.台北：五南图书出版股份有
限公司，2013.

［85］ 孟丹青.罗家伦的教育思想及实践［M］.南昌：江西人民出版社，2012.

［86］ 明立志，吴小龙，乾恩，等.蒋梦麟学术文化随笔［M］.北京：中国青
年出版社，2001.

［87］ 聂国柱.国立中正大学：《江西文史资料》第五十辑［M］.南昌：出版
社不详，1993.

［88］ 欧阳哲生.傅斯年全集：第一卷［M］.长沙：湖南教育出版社，2003.

［89］ 欧阳哲生.胡适文集［M］.北京：北京大学出版社，1998.

［90］ 欧阳哲生.傅斯年全集：第七卷［M］.长沙：湖南教育出版社，2003.

［91］ 潘鸿雁 . 中国大学校长演讲录·毕业篇［M］. 北京：北京大学出版社，
　　　 2011.

［92］ 潘懋元，王伟廉 . 高等教育学［M］. 福州：福建教育出版社，1995.

［93］ 钱穆 . 民族与文化［M］. 贵阳：贵州人民出版社，2019.

［94］ 曲士培 . 蒋梦麟教育论著选［M］. 北京：人民教育出版社，1995.

［95］ 桑逢康 . 胡适人际关系［M］. 上海：文汇出版社，2010.

［96］ 石原皋 . 闲话胡适［M］. 合肥：安徽人民出版社，1985.

［97］ 石钟扬 . 五四三人行：一个时代的路标［M］. 西安：陕西人民出版社，
　　　 2009.

［98］ 舒新城 . 近代中国留学史［M］. 上海：上海文化出版社，1989.

［99］ 斯考伯，伊斯雷尔 . 即将到来的场景时代［M］. 赵乾坤，周宝曜，译 .
　　　 北京：北京联合出版公司，2014.

［100］四川大学校史编写组 . 四川大学史稿［M］. 成都：四川大学出版社，
　　　 1985.

［101］眭依凡 . 大学校长的教育理念与治校策略［M］. 北京：人民教育出版社，
　　　 2001.

［102］孙孔懿 . 论教育家［M］. 北京：人民教育出版社，2006.

［103］孙善根 . 走出象牙塔——蒋梦麟传［M］. 杭州：杭州出版社，2004.

［104］唐德刚，夏志清，周策纵 . 我们的朋友胡适之［M］. 长沙：岳麓书社，
　　　 2015.

［105］唐凯麟，曹刚 . 重释传统：儒家思想的现代价值评估［M］. 上海：华东
　　　 师范大学出版社，2008.

［106］田正平 . 中外教育交流史［M］. 广州：广东教育出版社，2004.

［107］王东杰 . 建立学界 陶铸国民——四川大学校长任鸿隽［M］. 济南：山东
　　　 教育出版社，2011.

［108］王法周 . 胡适自述［M］. 郑州：河南人民出版社，2004.

［109］王汎森 . 傅斯年：中国近代历史与政治中的个体生命［M］. 王晓冰，译 .
　　　 北京：生活·读书·新知 三联书店，2012.

［110］王汎森.中国近代思想与学术的系谱：增订版［M］.上海：上海三联书店，2018.

［111］王昊.近代中国大学校长的文化选择［M］.天津：天津教育出版社，2010.

［112］王世儒.蔡元培日记：上［M］.北京：北京大学出版社，2010.

［113］王栻.严复集：第1册［M］.北京：中华书局，1986.

［114］王学珍，郭建荣.北京大学史料：第2卷1912—1937年第1册［M］.北京：北京大学出版社，2000.

［115］吴相湘.传记文学丛刊之十八：民国百人传：第一册［M］.台北：传记文学出版社，1982.

［116］肖海涛.大学的理念［M］.武汉：华中科技大学出版社，2001.

［117］新潮社.蔡孑民先生言行录：下册［M］.上海：新潮社，1920.

［118］熊权.《新青年》图传［M］.西安：陕西人民出版社，2013.

［119］许纪霖.公共性与公共知识分子［M］.南京：江苏人民出版社，2003.

［120］许纪霖.家国天下——现代中国的个人、国家与世界认同［M］.上海：上海人民出版社，2017.

［121］许纪霖.无穷的困惑［M］.上海：三联书店，1989.

［122］许小青.诚朴雄伟 泱泱大风——中央大学校长罗家伦［M］.济南：山东教育出版社，2012.

［123］许小青.政局与学府：从东南大学到中央大学［M］.北京：中国社会科学出版社，2009.

［124］杨东莼.中国学术史讲话［M］.长沙：岳麓书社，2011.

［125］杨东平.大学精神［M］.辽宁：辽海出版社，2000.

［126］叶赋桂.新制度与大革命——以近代知识分子和教育为中心［M］.北京：教育科学出版社，2010.

［127］叶隽.大学的精神尺度［M］.福州：福建教育出版社，2011.

［128］叶隽.另一种西学：中国现代留德学人及其对德国文化的接受［M］.北京：北京大学出版社，2005.

［129］ 叶隽.异文化博弈：中国现代留欧学人与西学东渐［M］.北京：北京大学出版社，2009.

［130］ 叶文心.民国知识人：历程与图谱［M］.北京：生活·读书·新知三联书店，2015.

［131］ 余音.现代大学校长文丛：竺可桢卷［M］.合肥：安徽教育出版社，2015.

［132］ 张彬.倡言求是 培育英才——浙江大学校长竺可桢［M］.济南：山东教育出版社，2003.

［133］ 张大为，胡德熙，胡德焜.胡先骕文存［M］.南昌：江西高校出版社，1995.

［134］ 张国有.大学章程：第一卷［M］.北京：北京大学出版社，2011.

［135］ 张乐天，檀传宝.蔡元培传［M］.北京：团结出版社，1998.

［136］ 张睦楚.民族意识与自由主义的双重变奏：留美中国学生联合会之历史考察［M］.北京：社会科学文献出版社，2018.

［137］ 张汝伦.现代中国思想研究［M］.上海：上海人民出版社，2001.

［138］ 张晓唯.蔡元培［M］.昆明：云南教育出版社，2008.

［139］ 张研，孙燕京.非常时期之报纸——报纸之重要及其功用［M］//张研，孙燕京.民国史料丛刊：第1115卷：文教·文化概括.郑州：大象出版社，2009.

［140］ 赵元任.从家乡到美国——赵元任早年回忆［M］.上海：学林出版社，1997.

［141］ 中国蔡元培研究会.蔡元培全集：第3卷［M］.杭州：浙江教育出版社，1997.

［142］ 中国社会科学院近代史研究所中华民国史组.胡适来往书信选：中册［M］.北京：中华书局，1979.

［143］ 中国文化书院学术委员会.梁漱溟全集：第3卷［M］.济南：山东人民出版社，1989.

［144］ 周策纵.五四运动：现代中国的思想革命［M］.南京：江苏人民出版社，

2005.

［145］周川，黄旭．百年之功［M］．福州：福建教育出版社，2005.

［146］周谷平，张雁，孙秀玲，等．中国近代大学的现代转型——移植、调适与发展［M］．杭州：浙江大学出版社，2012.

［147］朱兆萃．实验主义与教育［M］．上海：商务印书馆，1929.

［148］竺可桢．竺可桢全集：第2卷［M］．上海：上海科技教育出版社，2004.

［149］竺可桢．竺可桢全集：第6卷［M］．上海：上海科技教育出版社，2005.

［150］竺可桢．竺可桢日记：第1册［M］．上海：上海科技教育出版社，2010.

［151］兹纳涅茨基．知识人的社会角色［M］．郏斌祥，译．南京：译林出版社，2012.

［152］BRUBACHER J，Rudy W. *Higher Education in Transition: An American History*，1636–1956［M］．New York: Harper & Row Publisher，1958.

［153］DEWEY J / DEWEY A C. *Letters from China and Japan*［M］．New York: E.P. Dutton&Company.1920.

［154］JO ANN B，RALPH R. *The Middle Works of John Dewey*，*Volume 13*，*1899-1924: 1921-1922*［M］．Carbondale and Edwardsville: Southern Illinois University Press，2008.

［155］TOW J. *The Real Chinese in America*，*being an Attempt to give the General American Public a Fuller Knowledge and a Better Understanding of the Chinese People in the United States*［M］．New York: The Academy Press，1923.

［156］东南大学档案馆．东大创办研究院案1：第29卷［A］．出版地不详：出版者不详，1923.

［157］江西省档案馆．国立中正大学概览（J037–1–00393–0001）［A］．1941：12.

［158］中国第二历史档案馆．中华民国史档案资料汇编［A］．南京：江苏古籍出版社，1991：165.

［159］《科学》编辑部．科学投稿的一个统计：1卷1期至11卷12期［J］．科

学，1926，11（12）：1774.

［160］《新教育》编辑部．新教育［J］.1919，1（1）：评论 1.

［161］《新教育》编辑部．新教育［J］.1919，1（3）：300.

［162］本学期第二次纪念周胡校长训话［J］.国立中正大学校刊，1942，3（3）：
11.

［163］蔡海榕．中国近代科学中的理想主义与功利主义形成的地域文化因
素——试论吴越文化与岭南文化对中国近代科学精神气质的影响［J］.
自然辩证法通讯，2005（3）：37.

［164］蔡元培．北大第二十二年开学式演说词（节选）［J］.北京大学日刊，
1919-09-22（443）.

［165］蔡元培．北京大学月刊发刊词［J］.北京大学月刊，1919，1（1）.

［166］蔡元培．读周春嶽君《大学改制之商榷》［J］.新青年，1918，4（5）.

［167］蔡元培．我在北京大学的经历［J］.东方杂志，1934，31（1）.

［168］陈红民，段智峰．抗战期间竺可桢主持浙大的一个侧面——解读竺可桢
与朱家骅的几封往来函件［J］.晋阳学刊，2010（5）：95.

［169］陈玉玲，田正平．20 世纪 20 至 30 年代初期中国高等教育的问题——基
于时人视野的考察［J］.现代大学教育，2012（1）：74.

［170］崔玉婷．胡适、陶行知接受杜威实用主义教育思想的方法论比较［J］.
宁波大学学报（教育科学版），2005（6）：48.

［171］丁道勇．杜威在民国时期受到的批评［J］.全球教育展望，2018（10）：
90-101.

［172］董楚平．近代的吴越文化［J］.杭州师范学院学报（人文社会科学版），
2001（3）：18.

［173］范铁权，任晓燕．竺可桢与中国科学社［J］.自然辩证法通讯，2007（2）：
82.

［174］方光华．"自由"观念与 20 世纪中国思想史的中西会通［J］.天津社会
科学，2015（1）：184.

［175］傅斯年．教育崩溃之原因［J］.独立评论，1932-07-17（9）.

［176］顾肃.现代中国自由主义知识分子的社会角色与境遇［J］.学术界，2003（1）：50.

［177］郭贵春.欧洲大陆和英美哲学传统之间的区别、关联与融合——记与德国哲学家沃尔夫冈·诺义萨教授的谈话［J］.哲学动态，2005（1）：43-44.

［178］郭继民.试析欧陆哲学与中国哲学思想上的"亲和性"［J］.烟台大学学报（哲学社会科学版），2014（6）：7.

［179］国立北京大学内部组织试行章程［J］.少年世界，1920（1）：36.

［180］韩延明.大学理念及其相近概念辨析［J］.教育发展研究，2004(7/8)：9.

［181］胡适.非个人主义的新生活［J］.新潮，1920，2（3）.

［182］胡适.非留学篇［J］.留美学生年报，1914（3）：4-29.

［183］胡先骕.认识我们的学校［J］.国立中正大学校刊，1941，2（5）：6.

［184］蒋梦麟.世界大战后吾国教育之注重点［J］.教育杂志，1918，10(10).

［185］蒋梦麟.学潮后青年心理的态度及利导方法［J］.新教育，1919，2（2）：113.

［186］蒋梦麟.高等学术为教育学之基础［J］.教育杂志，1918，10（1）.

［187］蒋廷黻.民族复兴的一个条件［J］.国闻周报，1934，11（28）：1-2.

［188］亢小玉，姚远.大型科技学术期刊《科学》的编辑与启示［J］.中国科技期刊研究，2014（6）：774.

［189］克拉克.场景理论的概念与分析：多国研究对中国的启示［J］.李鹭，译.东岳论丛，2017（1）：18.

［190］雷沛鸿.西江学院是什么［J］.教育导报，1946，1（7）.

［191］李欢.走向白璧德：学衡派之"前史"——以梅光迪、胡先骕为例［J］.中国现代文学研究丛刊，2016（1）：44.

［192］李硕豪，闫月勤.高等教育学理论体系研究之研究［J］.江苏高教，2004（5）：27.

［193］李欣然.学术与政治的殊途而同归——民国大学校长角色考察［J］.当代教育科学，2019（1）：42.

［194］李颖 . 自由的理性追寻——古希腊时代精神与教育思想分析［J］. 社会
科学战线，2005（6）：238.

［195］梁漱溟 . 杜威教育哲学之根本观念［J］. 乡村建设，1934（6）：1–10.

［196］刘广远，张青岭 . 现代性视野中的共时性理论——巴赫金的《陀思妥耶
夫斯基诗学》理论之一［J］. 电影文学，2007（6 下）：72.

［197］陆君 . 蒋梦麟致蔡元培函［J］. 民国档案，2004（2）：3.

［198］吕光斌，时培磊 . 蒋梦麟教育思想的学术谱系与内在理路——以其博士
论文为中心的考察［J］. 高等教育研究，2015（2）：81–82.

［199］马句 . 北大校长胡适若干旧事［J］. 北京党史，2013（1）：57.

［200］毛建青，陈文博 . 我国公办高职院校校长任职特征及问题管窥［J］. 黑
龙江高教研究，2018（1）：122.

［201］欧阳哲生 . 评蔡元培的中西文化观［J］. 清华大学学报（哲学社会科学
版），2009（2）：102+103.

［202］彭江 . 民国时期中国高等教育思想中的科学与人文之争［J］. 黑龙江高
教研究，2008（11）：12.

［203］钱理群 . 北京大学教授的不同选择——以鲁迅与胡适为中心［J］. 文艺
争鸣，2003（1）：5.

［204］任鸿隽 . 整顿农学院计划——在农学院纪念周演说［J］. 国立四川大学
周刊，1935（4）.

［205］施雅风 . 南高、东大时期的竺可桢教授［J］. 地理研究，1987（2）：
58+59.

［206］宋武红 . 希腊哲学的"明珠"——思辨理性［J］. 文教资料，2007（1）：
94.

［207］苏全有 . 对傅斯年学术识见的思考［J］. 新乡师范高等专科学校学报，
2005（1）：39.

［208］孙碧 . 走出神话时代：中国的美国高等教育史研究三十年［J］. 高等教
育研究，2019（12）：55.

［209］唐汉卫 . 古希腊的生活道德教育思想探微［J］. 山东师范大学学报（人

文社会科学版），2003（3）：116.

［210］唐小兵．形塑社会想象的思想资源与概念工具——以二十世纪二三十年代"社会问题"系列图书为中心的考察［J］.中共党史研究，2016（5）：22.

［211］田正平，潘文鸾．教育史研究中的"神话"现象——以蔡元培和国立西南联合大学为个案的考察［J］.高等教育研究，2017（4）：81.

［212］田正平，肖朗．中国近代教育家群体特征综论［J］.教育研究，1999（11）：48.

［213］田正平．蔡元培与民初教育改革［J］.高等教育研究，2011（7）：92.

［214］王华．对当前中国高校人文教育的反思［J］.咸宁学院学报，2012（9）：112-113.

［215］王金礼．传播的理论与理论的传播：传播学史研究及其知识社会学方法［J］.南京社会科学，2017（2）：119.

［216］王立平，熊华军．纽曼的理性自由教育思想刍议［J］.高教发展与评估，2013（3）：109.

［217］王晴锋．戈夫曼与情境社会学：一种研究取向的阐释性论证［J］.社会科学研究，2018（3）：123.

［218］王文杰．"松控"与"自治"：论民国初期（1912—1927年）大学与政府关系［J］.北京联合大学学报（人文社会科学版），2015，13（1）：104.

［219］王瑶琪．功能·领导力·角色定位：现代大学与大学校长［J］.北京教育（高教），2019（10）：79-81.

［220］吴芳．论古希腊教育思想［J］.教育理论与实践，2002，22（S1）：26.

［221］吴军．城市社会学研究前沿：场景理论述评［J］.社会学评论，2014（2）：92.

［222］吴玉伦．论"教育救国"思想的积极意义［J］.江汉大学学报（社会科学版），2005（1）：81.

［223］吴玉伦．论"教育救国"思想的积极意义［J］.江汉大学学报（社会科

学版），2005（1）：83.

［224］伍光良.“科玄论战”与马克思主义［J］.自然辩证法通讯，2015（4）：76.

［225］熊式辉.国立中正大学创立的意义及今后的希望［J］.江西地方教育，1940（200）：67.

［226］鄢家娟.从六艺教育看中国古代人文教育的起源［J］.长春教育学院学报，2015（11）：24.

［227］杨凯良.高等教育学学科知识生成路径分析［J］.江苏高教，2016（3）：56.

［228］杨子.社会场景中的记忆与文化重构专题研究［J］.河南社会科学，2015（9）：12.

［229］叶隽.《留德学人与德国》系列随笔——贺麟［J］.德语学习，2001（3）：13.

［230］叶隽.北大立新与“新青年”之会聚北平——蔡元培、陈独秀、胡适之的新文化场域优势及其留学背景［J］.清华大学学报（哲学社会科学版），2016（3）：74.

［231］叶隽.现代中国大学制度之肇创、流变与得失［J］.教育学报，2010(1)：101.

［232］叶隽.现代中国大学制度之肇创、流变与得失［J］.教育学报，2010(1)：97.

［233］于胜刚.回望与凝思：北京大学评议会制度的历史变迁（1915—1932）［J］.高教探索，2013（5）：127-142.

［234］张灏.中国近代思想史的转型时代［J］.二十一世纪，1999，52（4）：29.

［235］张孟闻.《科学》的前三十年［J］.科学，1985（01）：75.

［236］张其昀.复刊辞［J］.思想与时代，1947（41）：1.

［237］张晓唯.1945年北大“易长风波”［J］.书屋，2005（9）：22.

［238］张晓唯.喟叹一声罗家伦［J］.书屋，2005（3）：16.

［239］赵慧芝.任鸿隽年谱（续）［J］.中国科技史料，1988，9（4）：38+41.

［240］赵慧芝.任鸿隽年谱［J］.中国科技史料，1988，9（2）：60.

［241］赵九霞，范忠雄，马德山.高等教育本质的变迁——基于美国高等教育发展史的考察［J］.陕西学前师范学院学报，2015（5）：82.

［242］郑师渠.新人文主义与胡先骕的教育思想［J］.江西社会科学，1996(1)：33.

［243］余英杰.学术性格论［J］.社会科学，1988（9）：54.

［244］周谷平，陶炳增.近代中国大学校训——大学理念的追求［J］.清华大学教育研究，2005（2）：96.

［245］周谷平，杨凯良.学术谱系解读：基于美国印第安纳大学高等教育研究学者的访谈分析［J］.教育学报，2017（2）：103.

［246］周谷平，张雁.我国创新型大学建设中的理念引领——兼论经典大学理念与现代大学理念间的张力［J］.教育研究，2006（11）：29.

［247］周谷平，张雁.我国创新型大学建设中的理念引领——兼论经典大学理念与现代大学理念间的张力［J］.教育研究，2006（11）：32.

［248］周谷平，张雁.中国古代太学与欧洲中世纪大学之比较——兼论我国现代大学的起源［J］.高等教育研究，2006（5）：90.

［249］周光礼.论高等教育的适切性——通识教育与专业教育的分歧与融合研究［J］.高等工程教育研究，2015（2）：67.

［250］周洪宇，李艳莉.郭秉文与现代中国实用主义教育学术范式的建立——基于《中国教育制度沿革史》及相关论著的研究［J］.教育学报，2014（5）：55.

［251］BELIER，WOUTER W. DURKHEIM，MAUSS. Classical Evolutionism and the Origin of the Religion［J］. *Method & Theory in the Study of Religion*，1999，11（1）：23–24.

［252］SUNG K. China's Call to Her Returning Students［J］. *The Chinese Students' Monthly*，1922（11）：44–46.

［253］郭晨虹.大学模式转换与中国高等教育变革——对北京大学的考察

（1917—1937）［D］. 杭州：浙江大学，2010：16.

［254］ 黄翠红. 近代中国科学事业的拓荒者——任鸿隽生平研究［D］. 扬州：扬州大学，2014：137+148+149.

［255］ 刘群. 新月社研究［D］. 上海：复旦大学，2006：7.

［256］ 荀渊. 中国高等教育从传统向现代的转型——对 1901—1936 年间中国高等教育变革的考察［D］. 上海：华东师范大学，2002：9.

［257］ 阎峰. "场景"即生活世界——媒介化社会视野中的"场景"传播研究［D］. 上海：上海师范大学，2018：19.

［258］ 阎峰. "场景"即生活世界——媒介化社会视野中的"场景"传播研究［D］. 上海：上海师范大学，2018：4.

［259］ 张梅. 杜威的经验概念［D］. 上海：复旦大学，2008：5.

［260］ 钟波. 近代中国大学校长治校理念与中国高等教育近代化（提要）［D］. 湘潭：湘潭大学，2003：提要 1.

［261］ 朱鲜峰. 中国近代高等教育史上的"学衡派"——以其人文教育思想和实践为研究中心［D］. 杭州：浙江大学，2016：144-145.

［262］ 朱鲜峰. 中国近代高等教育史上的"学衡派"——以其人文教育思想和实践为研究中心［D］. 杭州：浙江大学，2016：162-163.

［263］ 朱鲜峰. 中国近代高等教育史上的"学衡派"——以其人文教育思想和实践为研究中心［D］. 杭州：浙江大学，2016：168.

［264］ 朱鲜峰. 中国近代高等教育史上的"学衡派"——以其人文教育思想和实践为研究中心［D］. 杭州：浙江大学，2016：199.

［265］ Monlin Chiang. *Study in Chinese Principles of Education*［D］. Shanghai: The Commercial Press，Limited，1924.

［266］ 陈学恂，田正平. 中国近代教育史资料汇编：留学教育［G］. 上海：上海教育出版社，2007.

［267］ 陈元晖，陈学恂. 中国近代教育史资料汇编·学制演变［G］. 上海：上海教育出版社，1991.

［268］ 樊洪业，潘涛，王勇忠. 中国近代思想家文库：任鸿隽卷［G］. 北京：

中国人民大学出版社，2014.

［269］高明.郭秉文先生纪念文集［G］.台北：中华学术院，1971.

［270］孟宪承.中国古代教育文选［G］.北京：人民教育出版社，1996.

［271］任鸿隽.科学救国之梦：任鸿隽文存［G］.樊洪业，张久春，编.上海：
上海科技教育出版社，2002.

［272］尚明轩.孙中山生平事迹追忆录［G］.北京：人民出版社，1986.

［273］中国李白研究会 马鞍山李白研究所.中国李白研究（2009 年集）——中
国李白研究会第十四届年会暨李白国际学术研讨会论文集［C］.合肥：
黄山书社，2009.

［274］周谷平，赵师红.走向一流的历史轨迹：中外著名大学校长治校理念
与办学制度文献选编：中国卷之一，1［G］.杭州：浙江大学出版社，
2015.

［275］竺可桢.竺可桢文录［G］.樊洪业，段异兵，编.杭州：浙江文艺出版
社，1999.

［276］费路.蔡元培在德国莱比锡大学［C］//蔡元培研究会.论蔡元培：纪念
蔡元培诞辰 120 周年学术讨论会文集.北京：旅游教育出版社，1989：
460-464.

［277］中国百科大辞典编委会.中国百科大辞典［Z］.北京：华夏出版社，
1990.

［278］蔡元培.北大平民夜校开学日演说词［N］.北京大学日刊，1920-01-24
（523）.

［279］蔡元培.北大平民夜校开学日演说词［N］.北京大学日刊，1920-01-24
（523）.

［280］丁钢.20 世纪上半叶哥大师范学院的中国留学生［N］.文汇报（第 00C
版），2012-11-26.

［281］傅斯年.漫谈办学［N］.北平《经世日报》，1946-08-04.

［282］胡适.写在孔子诞辰纪念之后［N］.独立评论，1934-09-09（117）.

［283］胡适.争取学术独立的十年计划（节选）［N］.中央日报，1947-09-28.

［284］胡宗刚.胡先骕与胡适："两个反对的朋友"［N］.中华读书报，2005-
10-12.

［285］罗家伦.大学应当为女子开放教育［N］.晨报，1919-05-11（7）.

［286］马元材，非百.曦园回忆录之三［N］.团结报，1982-10-30.

［287］南京东大之善后办法［N］.申报，1924-01-14（7）.

［288］三次全教会.蒋委员长讲：教育的当前任务［N］.新华日报，1939-
03-05.

［289］竺可桢.我国大学教育之前途（节选）［N］.大公报（重庆），1945-
09-23.

［290］汉语辞海.校训［EB/OL］.（2012-05-12）［2019-08-13］.http://www.
esk365.com/cihai/chshow.asp?id=minztitp.

［291］赫胥黎.天演论［M/OL］.严复，刘帅，译.重庆：重庆出版社，2018
［2019-12-10］.https://read.douban.com/reader/ebook/161967331/?dcs=ebook.

［292］李大钊.东西文明根本之异点［EB/OL］.（2017-12-11）［2019-09-21］.
https://www.sohu.com/a/209920255_700680.

［293］梁柱.蔡元培的文化创新发现观［EB/OL］.（1999-04-16）［2019-03-19］.
https://www.gmw.cn/01gmrb/1999-04/16/GB/18028%5EGM9-1616.HTM.

［294］刘海峰.大学章程与教授治学在历史记忆中准确重构［EB/OL］.（2014-
02-12）［2019-09-21］.https://ksyj.xmu.edu.cn/info/1031/1328.htm.

［295］书摘天下（古诗词）.虞夏书［EB/OL］.（2013-09-13）［2019-03-12］.
http://www.shuzhai.org/gushi/shangshu/6673.html.

［296］杨天石.蒋介石的五大毛病和对国民党的反思［EB/OL］.（2012-06-14）
［2018-01-27］.https://taiwan.huanqiu.com/article/9CaKrnJvPtN.

［297］沈伟.梁启超《灭国新法论》中的编辑与翻译问题［EB/OL］.（2019-04-
29）［2019-11-17］.http://dzb.whb.cn/html/2019-04/29/content_784385.html.

附　　录

附录1　大学校长关于大学使命和功能的表述

校　长	时　间	表　述
蔡元培	1917年1月	"大学者，研究高深学问者也。"——《就任北京大学校长之演说》
郭秉文	1918年10月； 1923年7月	"必使学者能思想以探智识之本源，能应用以求智识之归宿。至于所思想应用之事物，则以适合于社会需要为本，总期所思所用，皆与社会生活有密切之关系。"——《代理校长郭秉文关于本校概况报告书（节选）》 "大学的责任是造就具有国际头脑、贤明、无私、能够抛弃自己民族偏见与偏爱的世界主义者。大学的责任是培养四海之内皆兄弟、宽容、和谐与平等的精神。"——《太平洋国家的大学如何促进国际间了解与友谊》
胡先骕	1945年12月	"教育之目的在教人如何增进其知能，修养其德性，以适应一切生活之环境。……大学教育在养成一国之领袖人才，故倍宜提高其标准，与充实其内容。"——《教育之改造》
蒋梦麟	1918年1月	"大学及高等专门教育者，所以养成平民主义之领袖者也。"——《世界大战后吾国教育之注重点（节选）》
罗家伦	1932年10月	"一定要把一个大学的使命认清，从而创造一种新的精神，养成一种新的风气以达到一个大学对于民族的使命。这种使命，我觉得就是为中国建立有机体的民族文化……"——《中央大学之使命》
梅贻琦	1931年12月	"办学校，特别是办大学，应有两种目的：一是研究学术，二是造就人材。"——《就职演说》
任鸿隽	1933年7月	"若是大学教育还有它的目的与意义的话，培养社会上健全与有用的分子，就是它的最高的目的与意义。"——《烦闷与大学教育》
张伯苓	1916年1月	"造就学生将来能通力合作，互相扶持，成为活泼勤奋、自治治人之一般人才。"——《南开学校的教育宗旨和方法（节选）》
竺可桢	1938年11月	"大学教育的目标，决不仅是造就多少专家如工程师医生之类，而尤在乎养成公忠坚毅，能担当大任，主持风会，转移国运的领导人才。"——《王阳明先生与大学生的典范》（日记，节选）

附录2　大学校长关于思想自由的表述

校　长	时　间	表　述
蔡元培	1917年3月； 1918年11月； 1919年6月； 1930年	"行为不能极端自由，而信仰不可不自由。"——《在清华学校高等科演说词》 "各国大学，哲学之唯心论与唯物论，文学、美术之理想派与写实派……常樊然并峙于其中，此思想自由之通则，而大学之所以为大也。"——《北京大学月刊》发刊词 "思想自由，是世界大学的通例。"——《不肯再任北大校长的宣言》 "大学以思想自由为原则。"——《大学教育》
郭秉文	1923年7月	"应鼓励思想自由、言论自由、尽量避免过度的政治和资本的干涉。"——《太平洋国家的大学如何促进国际间了解与友谊》
胡适	1922年12月； 1947年9月	"注重学术思想的自由，容纳个性的发展。这个态度的功效在于：（一）使北大成为国内自由思想的中心……"——《回顾与反省》 "从这个新的'大学'观念出发，现行的大学制度应该及早彻底修正，多多减除行政衙门的干涉，多多增加学术机关的自由与责任。"——《争取学术独立的十年计划》
胡先骕	1945年12月	"各大学宜有充分之经费设备与人才，以设立研究院与研究所，宜给与此项研究机关以较大之自由……"——《教育之改造》
蒋梦麟	1919年3月； 1923年12月	"文明之进步，赖自动的领导，赖高等教育之思想及言论自由以养成之。……吾国高等教育，近方萌芽，欲求将来学问之发达，亦非保留其学问自由不可"。——《教育评论》（节选） "本校里面，各种思想能自由发展，不受一种统一思想所压迫，故各种思想虽平时互相歧异，到了有某种思想受外部压迫时，就共同来御外侮。"——《北大之精神》
梅贻琦	1941年4月	"所不可不论者为自由探讨之风气。……所谓无所不思，无所不言，以今语释之，即学术自由（Academic Freedom）而已矣。……此犹仅就学者一身内在之制裁而言之耳，若自新民之需要言之，则学术自由之重要，更有不言而自明者在。"——《大学一解》
竺可桢	1945年9月	"……在这种以人民为前提原则之下，大学无疑的应具有学术自由的精神。"——《我国大学教育之前途（节选）》

附录3　大学校长关于学术（教育）独立的表述

校　长	时　间	表　述
蔡元培	1919年6月	"北京大学，向来受旧思想的拘束，是很不自由的。……世界有这种不自由的大学么？还好我去充这种大学的校长么？"——《不肯再任北大校长的宣言（节选）》
傅斯年	1932年8月	"大学教育不能置之一般教育系统中，而应有其独立之意义。大学也是教育青年的场所，自然不能说他不是个教育机关，不过，这里边的教育与中小学之教育意义不同。……既澄清了大学教员界，然后学术独立，学院自由，乃至大学自治，皆可付给之。"——《改革高等教育中几个问题》
郭秉文	1923年7月	"为了这一目标，应鼓励思想自由、言论自由、尽量避免过度的政治和资本的干涉。……如果国家的行为与最高的道德理想不一致，大学应该维护正义，敢讲真话，这样才不辱其最高使命。"——《太平洋国家的大学如何促进国际间了解与友谊》
胡适	1947年9月	"我所谓'学术独立'必须具有四个条件……"——《争取学术独立的十年计划（节选）》
胡先骕	1925年	"在一独立之国家，教育自应独立，不可永远扶墙摸壁，谓哲人之马首是瞻；故自一种意义言之，留学政策，实为治标方法。" ——《留学问题与吾国高等教育之方针》
张伯苓	1928年	"……吾人更可断定，土货化必须从学术之独立入手。"——《知中国服务中国——南开大学发展方案》
竺可桢	1945年9月	"大学虽不应受政治的影响，但必须适合社会环境，而对于国策亦须配合……政党的交替，政治舞台上人物的进退，决不影响到大学办学的方针。"——《我国大学教育之前途（节选）》

附录4　大学校长关于学生自治的表述

校　长	时　间	表　述
蔡元培	1919 年 9 月、1920 年 9 月、1936 年 6 月	"大学的学生并不是熬资格，也不是硬记教员讲义，是在教员指导之下自动的研究学问的。""研究学理，不可不屏除纷心的嗜好……。"——《北大第二十二年开学式演说词（节选）》 "须知服务社会的能力，仍是以学问为基础，仍不能不归宿于切实用功。还有一层，望大家励行自治。……以后望注意'自治'二字，人人能管理自己，同学能互相管理，不要如从前样子，定要学监、舍监来管才好。"——《北京大学二十三年开学日演说词（节选）》 "学生自治会，就是促进各人自己努力的机关。"——《复兴民族与学生（节选）——在大夏大学学生自治会演说词》
郭秉文	1918 年 10 月、20 世纪 20 年代中期前	"教授依据智育方法，以养成思想独立之能力为目的，故重启发不重注入，重自修不重听讲。……研究亦为锻炼思想独立之一法。"——《代理校长郭秉文关于本校概况报告书（节选）》 "养成学生自动之能力，令学生笔记先生之讲义……"——《南京高等师范学校校长郭秉文报告》
胡适	1922 年 12 月、1932 年 6 月、1941 年 6 月	"至于自治一层，我们更惭愧了。……十月十七日的风潮，还不够使我们感觉学生自治团体的需要吗？今回办纪念会的困难，还不够使我们感觉二千多人没有组织的痛苦吗？"——《回顾与反省》 "总得时时寻一两个值得研究的问题！"——《赠予今年的大学毕业生（节选）》 "独立思考、客观判断、有系统的推理和根据证据来相信某一件事的习惯"——《知识的准备（节选）》
蒋梦麟	1919 年 7 月、1919 年 10 月	"深望诸君，本自治之能力，研究学术，发挥一切，以期增高文化。"——《初到北京大学时在学生欢迎会中之演说》 "我想我们讲学生自治，要研究三个要点。第一就是学生自治的精神……在学校里面，我们亦叫他做'学风'；第二是学生自治的责任——学生自治，有四个大责任。（一）是提高学术程度的责任。（二）公共服务责任。（三）产生文化的责任。（四）改良社会的责任。第三点是学生自治的问题——学生团体，是全校团体的一部分。学生团体所做的事，是全校负责任的。所以学生团体与学校中他团体有密切关系。要联络进行，共谋全校幸福。"——《学生自治——在北京高等师范演说》
梅贻琦	1933 年 9 月、1934 年 11 月	"无论入那一系，习那一科，经教授指导途径后，真实的功夫，要自己努力去做。而在自己一方面，尤其是思想上，要具有自动的力量……"——《1933 年度秋季开学典礼上的讲话》 "吾们在今日提倡体育，不仅在操练个人的身体，更要藉此养成团体合作的精神。"——《体育之重要》
任鸿隽	1933 年 7 月	"各分子之间的合作尤为重要。如果不能养成一个合群、克己、向一个较大目的而通力合作的习惯，我们可以说他的大学教育是一个完全的失败。"——《烦闷与大学教育》

续 表

校 长	时 间	表 述
张伯苓	1916 年 1 月；1925 年 11 月	"造就学生将来能通力合作，互相扶持，成为活泼勤奋、自治治人之一般人才"——《南开学校的教育宗旨和方法（节选）》 "少年人做事要有眼光，要有合作的精神。"——《熏陶人格是根本》
竺可桢	1936 年；1938 年 6 月；	"今后精研科学，充实国力，大学生固然应负极重大的责任，而尤其重要的是养成一种组织和系统的精神。……必须注意其精神的修养，俾能对于一切事物有精细的观察、慎重的考虑、自动的取舍之能力。"——《大学教育之主要方针（日记，节选）》